Teufelsglaube und Hexenprozesse

Herausgegeben von
Georg Schwaiger

Verlag C. H. Beck

Mit 15 Abbildungen im Text

Die Deutsche Bibliothek – CIP-Einheitsaufnahme

Teufelsglaube und Hexenprozesse / hrsg. von
Georg Schwaiger. – Orig.-Ausg., 4. durchges. Aufl. –
München : Beck, 1999
  (Beck'sche Reihe ; 337)
  ISBN 3 406 45037 7

Originalausgabe
ISBN 3 406 45037 7

Vierte Auflage. 1999
Umschlagentwurf: Groothuis + Malsy, Bremen
Umschlagbild: Hans Baldung
Grien, Hexen. (Archiv für Kunst und Geschichte, Berlin)
© C.H.Beck'sche Verlagsbuchhandlung (Oscar Beck), München 1987
Gesamtherstellung: C.H.Beck'sche Buchdruckerei, Nördlingen
Printed in Germany

Inhalt

Vorwort

Die Geschichte der Menschheit kennt nicht nur todbringende körperliche Krankheiten verheerenden Ausmaßes, sondern ebenso geistige Epidemien. Ganze Völker und Kontinente können davon ergriffen werden. Eine der schlimmsten Verirrungen der abendländischen Welt bildeten über Jahrhunderte hinweg Hexenwahn und Hexenprozesse. Auf dem sumpfigen Boden überall verbreiteten Aberglaubens und archaisch-magischer Vorstellungen, kräftig genährt durch theologische Abwege, feierte dieser Wahn vor allem seit dem 15. Jahrhundert bis ins 18. Jahrhundert herein seine düsteren Triumphe. Frauen wurden die hauptsächlichen Opfer – eingeschüchtert, verängstigt, durch die Folter zu „Geständnissen" gezwungen und am Ende verbrannt. Tausende unschuldiger Menschen wurden auf solche Weise zu Tode gebracht, ungezählte Familien mitbetroffen. Die schwere Schuld liegt auf allen Christen und – nach Ländern und Regionen nur gemildert – auf allen christlichen Kirchen. Weltliches und geistliches Schwert, weltliche und geistliche Gewalt, verbanden sich in der katholischen Kirche und in den reformatorischen Kirchen, von wenigen kleinen Gemeinschaften abgesehen, um die Reinheit des wahren Glaubens zu verteidigen und satanisches Einwirken abzuwehren: mit Nötigung und Zwang bis zur qualvollen Hinrichtung. Und zum Schlimmsten zählt, daß die meisten Akteure lange meinten, dadurch Gottes Namen zu ehren. Es bleibt, durch den zeitlichen Abstand der Jahrhunderte nicht gemindert, die objektive Trauer des Historikers.

Jeder weiß, daß in weiten Teilen der gegenwärtigen Welt Menschenrechte mißachtet, Menschen in dem Grundrecht körperlicher und seelischer Unverletzbarkeit, auch in einem Mindestmaß an sozialer Sicherheit tief getroffen werden. Zwar

8

spricht man heute nicht mehr von Hexenverfolgung und Hexenprozessen, aber die Methoden grausamer Bedrückung haben gerade im 20. Jahrhundert ein Ausmaß erreicht wie nie zuvor in der Geschichte der Menschheit.

Im Sommersemester 1986 habe ich an der Ludwig-Maximilians-Universität München mit einem kleinen Schülerkreis ein Oberseminar zum Thema Hexenwahn und Hexenprozesse gehalten. Aus dieser gemeinsamen Arbeit ist vorliegendes Werk erwachsen. Die Absicht war, aus den Quellen und aus der kritischen neueren Literatur die Herkunft des Zauber- und Hexenglaubens aufzuzeigen, die wesentlichen Epochen der Hexenverfolgungen herauszustellen und so einen fundierten Überblick zu gewinnen.

In der Überschwemmung der Okkultismus-Literatur jüngster Zeit mag das kleine Werk in seiner strengen Sachlichkeit dem historisch interessierten Leser ein solider Leitfaden sein, dem Christenmenschen eine ernste Besinnung, Lehrern und Schülern im Unterricht eine gemeinsame Hilfe. Nachweise und Schrifttum wurden auf das Notwendigste beschränkt, können aber den Weg zur eingehenderen Beschäftigung aufzeigen.

Den Mitarbeitern im Seminar und allen, die bei der Herstellung dieses Werkes geholfen haben, danke ich herzlich.

München, am 2. Februar 1987   *Georg Schwaiger*

Zur 3. Auflage (1991)

Das Werk hat eine erfreuliche Aufnahme gefunden und wird besonders in den Höheren Schulen, bei Studierenden und in breiten Kreisen eines interessierten Publikums als solide Information geschätzt. Aus dem neuesten Schrifttum sei nur auf folgende Arbeiten ergänzend hingewiesen: P. Segl (Hg.), Der Hexenhammer. Entstehung und Umfeld des Malleus maleficarum von 1487 (Bayreuther Historische Kolloquien 2), Köln-Wien 1988. – W. Schieder (Hg.), Hexenverfolgung in der dörflichen

Gesellschaft: Geschichte und Gesellschaft 16, Göttingen 1990, Heft 1. – Einen besonderen Aspekt des Hexenwahns im 20. Jahrhundert untersucht Barbara Schier in ihrer Magisterarbeit: Hexenwahn und Hexenverfolgung. Rezeption und politische Zurichtung eines kulturwissenschaftlichen Themas im Dritten Reich, in: Bayerisches Jahrbuch für Volkskunde 1990, 43–115. Die Arbeit bringt S. 44–47 einen knappen Forschungsbericht zum Thema Hexenwahn.

München, am 26. März 1991   *Georg Schwaiger*

Zur 4. Auflage (1999)

Das anhaltende Interesse nach sachlicher Information zum Thema Hexenwahn und Hexenprozesse, niedergelegt in einem preisgünstigen Taschenbuch, macht eine vierte Auflage des Werkes notwendig. Der Text blieb gegenüber der dritten Auflage unverändert. Das neueste Schrifttum, auch über Hexenkulte im Sektenwesen der letzten Zeit, bringen vor allem folgende Arbeiten: D. Harmening, Zauberei im Abendland, Würzburg 1991; W. Behringer (Hg.), Hexen und Hexenprozesse in Deutschland, München ²1993; H. C. E. Midelfort, Geschichte der abendländischen Hexenverfolgung, in: Hexen und Hexenverfolgung im deutschen Südwesten, hg. von S. Lorenz, Ostfildern 1994, S. 49–58; R. Decker, Die Hexen und ihre Henker, Freiburg i. Br. 1994; C. Opitz (Hg.), Der Hexenstreit. Frauen in der frühneuzeitlichen Hexenverfolgung, Freiburg i. Br. 1995; B. P. Levack, Hexenjagd, München 1995; H. Weber, „Von der verführten Kinder Zauberei". Hexenprozesse gegen Kinder im alten Württemberg, Sigmaringen 1996; dazu der leider allzu knappe Hexen-Artikel im Lexikon für Theologie und Kirche, Band 5, Freiburg i. Br. ³1996, Sp. 79–81 (M. S. Laubscher, P. Segl, D. Pahnke).

München, am Aschermittwoch (25. Februar) 1998

                                             Georg Schwaiger

Reiner Braun
Teufelsglaube und Heilige Schrift

Der Glaube an die Existenz nicht-menschlicher personaler Wesen, die für das Böse in der Welt verantwortlich sind, stellt eine entscheidende Wurzel für den Hexenwahn früherer Zeiten dar. Weil ein solcher Teufelsglaube jedoch keineswegs der Vergangenheit angehört, sich vielmehr in letzter Zeit einer ungeahnten Renaissance erfreut, erhebt sich um so dringlicher die Frage, ob er schon allein deshalb von der Heiligen Schrift gedeckt wird, weil im Alten und – ungleich häufiger und intensiver – im Neuen Testament vom Teufel, von Dämonen, bösen Geistern und anderen finsteren Mächten die Rede ist.

Wie widersprüchliche Aussagen innerhalb der Bibel und verschiedene naturwissenschaftliche Erkenntnisse zeigen, kann nicht jede biblische Aussage unter Berufung auf den Offenbarungscharakter und die göttliche Inspiration der Heiligen Schrift als verbindliche Glaubenslehre gelten. Gerade die historisch-kritische Methode der Bibelwissenschaft hat zu Grundeinsichten geführt, hinter die ein rational verantwortbares Zurück nicht möglich ist. Dazu gehört die Erkenntnis, daß auch biblische Texte ihre konkrete Gestalt zahlreichen Faktoren verdanken, die es bei einer sachgemäßen Interpretation zu berücksichtigen gilt. Zu ihnen zählt die literarische Gattung, der zeitliche und kulturelle Hintergrund des Autors, vorgegebene Denk-, Sprach- und Erzählformen, die Bedeutung des Kontextes, in dem einzelne Aussagen stehen, und anderes mehr. Erst wenn darüber Klarheit erzielt ist, kann eine Antwort auf die entscheidende Frage gegeben werden, ,,was die heiligen Schriftsteller wirklich zu sagen beabsichtigten und was Gott mit ihren Worten kundtun wollte".[1]

Ehe diese nun für den Bereich Teufel und Dämonen versucht

wird, sei noch eines klargestellt: Die Begriffe „Teufel" und „Dämonen" meinen transzendente, d. h. außer- und überweltliche Wirklichkeiten, deren reale Existenz weder zu beweisen noch zu widerlegen ist. Es kann somit im folgenden lediglich darum gehen zu prüfen, welches Gewicht den biblischen Aussagen beizumessen ist.

Das Alte Testament

Das Problem des Bösen

Die ständige Konfrontation mit dem Bösen in seinen vielfältigen Erscheinungen gehört zu den bedrückendsten Erfahrungen des Menschen. Zu allen Zeiten stellte die Frage nach Ursprung, Wesen und Bewältigung des Bösen eine Herausforderung gerade an den religiösen Menschen dar. Wie lassen sich Krankheit und Tod, Hunger und Krieg, Unrecht und Unterdrückung, Lüge und Mord mit einem unendlich guten Gott vereinbaren, dessen Schöpfung als „gut", ja als „sehr gut" (Gen 1,31) bezeichnet wird? Im Alten Testament finden sich verschiedene, zeitlich und inhaltlich nicht streng geschiedene Deutungsversuche für das Phänomen des Bösen, das sich letztlich jedem Zugriff entzieht.

Im ersten Gebot des Dekalogs (Ex 20,3; Dtn 5,7) und in der für das Judentum bis heute zentralen Bekenntnisformel des Sch°ma („Höre, Israel! Jahwe ist unser Gott, Jahwe allein", Dtn 6,4²) kommt der Glaube an die Einzigkeit des Bundesgottes Jahwe zum Ausdruck. Der Alleinigkeitsanspruch Jahwes, im Alten Testament durchgängig vertreten, verbot eine dualistische Sicht, wonach alles Gute auf einen guten, alles Böse aber auf einen bösen Gott zurückzuführen sei. Es war nach verbreiteter Auffassung also Jahwe als der eine Ursprung und die umfassende Wirklichkeit alles Seienden selbst, der Gutes schuf und Böses wirkte, aus dessen Hand der Mensch Freud und Leid, Gesundheit und Krankheit empfing. Zur Zeit des babylonischen Exils (586–538 v. Chr.) hat diese Überzeugung der Prophet Deuterojesaja so formuliert: „Ich bin der Herr, und sonst niemand. Ich erschaffe das Licht und mache das Dunkel, ich bewirke das Heil und erschaffe das Unheil. Ich bin der Herr, der das alles vollbringt" (Jes 45,6–7). In diesem Sinne gibt der „Prediger" Kohelet (3. Jhdt. v. Chr.) zu bedenken: „Am Glückstag erfreue dich deines Glücks, und am Unglückstag sieh ein: Auch diesen hat Gott geschaffen" (Koh 7,14).

Die alttestamentlichen Autoren scheuen sich nicht, Jahwe in anthropomorphen Zügen darzustellen. So kann das Böse in der Welt als gerechte Strafe des zürnenden Gottes gedeutet werden. Darin äußert sich dann nicht etwa göttliche Willkür oder Laune, sondern die Absicht, den einzelnen oder das Volk durch Züchtigung wieder auf den rechten Weg zurückzuführen. Jahwes Zorn entbrennt besonders gegen jene, die sich von ihm ab- und dem Dienst an anderen Göttern zuwenden (vgl. Dtn 11,13–17). Als Strafe für den Glaubensabfall wird auch die Zerstörung Jerusalems und die Deportation nach Babylon (586 v. Chr.) gedeutet. Trotz seines Zornes bleibt Jahwe aber der barmherzige Gott, als den ihn vor allem die Propheten verkünden (vgl. Jes 54,8–10).

Noch heute begegnen wir zumal bei religiös denkenden Menschen der Ansicht, daß Unheil, das über einen Menschen, eine Familie, ein Volk oder die Menschheit insgesamt hereinbricht, eine „Strafe" Gottes sei. Eine solche Vorstellung ist offenbar im Menschen tief verwurzelt und entspricht einem innerweltlichen „Gespür" für ausgleichende Gerechtigkeit, übersieht aber, daß bereits im Buche Ijob ein derartiges Ausgleichsdenken in Frage gestellt wurde: Das unermeßliche Leid, das über den frommen Ijob hereinbricht, ist eine Prüfung, keine Strafe.

Im Alten Testament begegnet sogar die Auffassung, Jahwe verleite den Menschen zur Sünde: Sein Zorn ist es, der David zu einer Volkszählung anstiftet (2 Sam 24,1). (Diese Volkszählung galt deshalb als sündhaft, weil sie dazu diente, aus Mißtrauen gegen Gottes Heilszusage das Wachstum des Volkes zu überprüfen.) In der Regel wird der Mensch jedoch selbst für die Sünde verantwortlich gemacht. Damit sind wir bei einer zweiten Erklärung des Alten Testamentes für den Ursprung des

Bösen angelangt: Das Böse gelangte durch die Sünde des Menschen in die Welt.

In der Erzählung vom Sündenfall (Gen 3,1–24) schildert der älteste Theologe des Alten Testamentes, der sog. Jahwist (10. Jhdt. v. Chr.), wie die Sünde durch den Ungehorsam des Menschen in Gottes gute Welt gekommen ist. Das Böse breitet sich daraufhin lawinenartig aus: im Brudermord des Kain (Gen 4,1–16), in der hemmungslosen Blutrache Lamechs (Gen 4,23–24), in der zunehmenden Bosheit der Menschen (Gen 6,5–7), im zügellosen Leben der Zeitgenossen Noachs (Gen 6,1–9,29), im Turmbau zu Babel (Gen 11,1–9), dem Gipfel menschlicher Hybris gegenüber Gott. Die mythologische Erzählung vom Sündenfall verfolgt kein historisches Interesse. Sie zeigt typologisch auf, was zu jeder Zeit gilt: Der Mensch kann sich als Geschöpf Gottes in Freiheit auch für das von Gott Verbotene entscheiden und damit die von Gott zu seinem Heil gesetzte Ordnung übertreten. Mit einem solchen Akt entfernt sich der Mensch jedoch aus der Gemeinschaft mit Gott, die durch den Garten Eden symbolisiert wird.

Die Schlange, die den Menschen zum Ungehorsam gegen Gott verführt, ist keine personale böse Macht und schon gar nicht der Teufel, auf den die Verantwortung abgeschoben werden könnte. Eine solche Sicht versucht ja der Jahwist auszuschließen, wenn er „die Schlange ausdrücklich als Geschöpf Gottes bezeichnet und damit gerade zeigen will, daß die Verführung zum Ungehorsam unerklärt und unerklärbar bleibt".[3] Zwar kommt in der Schlange zum Ausdruck, daß – im Gegensatz zur Verführbarkeit zum Bösen – das Böse selbst nicht im Wesen des Menschen liegt, sondern als Macht auf ihn zukommt. Doch ist der Jahwist bestrebt, „die Verantwortung so wenig wie möglich aus dem Menschen heraus zu verlegen. Es geht allein um den Menschen und seine Schuld".[4] Diese Sicht wurde von der alttestamentlichen Theologie konsequent durchgehalten. Auch der Verfasser des (nachexilischen) 51. Psalmes denkt nicht daran, seine Sünden auf andere abzuwälzen:

„Gott, sei mir gnädig nach deiner Huld,
tilge meine Frevel nach deinem reichen Erbarmen!
Wasch meine Schuld von mir ab,
und mach mich rein von meiner Sünde!
Denn ich erkenne meine bösen Taten,
meine Sünde steht mir immer vor Augen.
Gegen dich allein habe ich gesündigt,
ich habe getan, was dir mißfällt." *(Ps 51,3–6)*

Das Gottesbild des Alten Testamentes ist nicht statisch. Wer und was Gott ist, erweist sich in der Geschichte, in der immer neue Erfahrungen mit diesem Gott gemacht werden. Von größtem Einfluß auf das Gottesbild war das babylonische Exil (586–538 v. Chr.). Daß der Jahweglaube aus der mächtigen Bedrohung durch die babylonische Götterwelt geläutert und gefestigt hervorging, war hauptsächlich den Exilspropheten Ezechiel und Deuterojesaja zu verdanken. Sie verkündeten Jahwe gerade angesichts der Katastrophe als den geschichtsmächtigen, unvergleichlichen und treuen Gott. Im Jahrhundert des Exils vollzog sich wohl auch die endgültige Wandlung von der Jahwe-allein-Bewegung hin zu einer monotheistischen Religion.

Schon vor dem Exil ist bei den alttestamentlichen Theologen eine Tendenz zur Vervollkommnung und immer stärkeren Transzendierung Jahwes zu beobachten. So betont der sog. Elohist am Ende des 8. Jahrhunderts „stärker als die Jahwe-Schicht den Abstand Gottes von Welt und Mensch".[5] Die Einzigkeit und Transzendenz Jahwes wurde aber durch die Erfahrungen der Exilszeit entscheidend verstärkt, und zwar nicht nur, um Jahwe von den babylonischen Göttern abzugrenzen. Nachdem Israel seine politische Selbständigkeit eingebüßt hatte und an das Perserreich gefallen war, „erleichterte die Vorstellung von der Transzendenz Jahwes es weiten Kreisen des Frühjudentums, sich mit der politischen Machtlosigkeit abzufinden".[6]

Daß die Transzendenz Jahwes immer stärker betont wurde, äußert sich nicht nur in der zunehmenden Scheu, den Gottesnamen zu verwenden. Allmählich entwickeln sich auch Eigenschaften und Kräfte Gottes zu Hypostasen, d. h. „zu Wesenheiten eigener Art, die aus sich heraus handeln und in deren Wirkungen der Mensch das Wirken Jahwes selbst erfährt, ohne ihm unmittelbar zu begegnen".[7] Im Falle des „Wortes Gottes" wird dies besonders deutlich bei der Berufung der Propheten („Das Wort des Herrn erging an …") und an der bekannten Stelle beim Propheten Deuterojesaja, wo es scheinbar losgelöst von Gott seinen Auftrag erfüllt: „Denn wie der Regen und der Schnee vom Himmel fällt und nicht dorthin zurückkehrt, sondern die Erde tränkt und sie zum Keimen und Sprossen bringt, … so ist es auch mit dem Wort, das meinen Mund verläßt: Es kehrt nicht leer zu mir zurück, sondern bewirkt, was ich will, und erreicht all das, wozu ich es ausgesandt habe" (Jes 55,10–11). Andere Hypostase-Vorstellungen sind der Geist, das Angesicht, die Herrlichkeit oder die Weisheit Jahwes (letztere besonders eindrucksvoll Spr 8,22–31).

Der zwischen dem transzendenten Gott und der Welt klaffende Raum wird zunehmend mit Zwischenwesen angefüllt. Obwohl Jahwe wegen seiner Einzigkeit keine anderen Götter neben sich duldet, ist er kein „einsamer" Gott, sondern in Analogie zu altorientalischen Großkönigen von einem „Hofstaat" umgeben. Dessen Mitglieder („Engel", „Gottessöhne", „Himmlische" usw.) sind ihm unterstellte und dienstbare Himmelswesen. Natürlich können sich hinter solchen Vorstellungen auch außerisraelitische Einflüsse verbergen, die in den Jahweglauben integriert wurden, hinter Ijob 1;2 etwa das im kanaanäischen Raum verbreitete Bild einer Götterversammlung unter dem Vorsitz des höchsten Gottes El.

Allmählich setzt sich auch die Überzeugung durch, daß der eine erhabene und heilige Gott ausschließlich Gutes wirke und daher das Böse seinen Ursprung nicht bei ihm haben könne. Erst an dieser Stelle tritt im Alten Testament der Satan als Verursacher des Bösen in Erscheinung.

Das hebräische Wort *satan* bedeutet zunächst einfach „Feind",
„Widersacher". Wenn etwa die Philisterfürsten den David, der
bei ihrem König Zuflucht gefunden hat, vor dem Krieg gegen
Saul nach Israel zurückschicken, dann deshalb, weil er ihnen im
Kampfe zum *satan* werden könnte (1 Sam 29,4). Im engeren
Sinne meint *satan* den Widersacher vor Gericht, den Prozeß-
gegner oder Ankläger (Ps 109,6).

An drei Stellen des Alten Testamentes, allesamt aus nachexili-
scher Zeit, wird mit *satan* ein himmlisches Wesen bezeichnet.

Beim Propheten Sacharja (um 520 v. Chr.) gehört der Satan
zum Hofstaat Jahwes. Er hat, vielleicht nach dem Vorbilde des
höchsten Aufsichtsbeamten im persischen Großreich, offenbar
die Aufgabe, für Ordnung in der Welt zu sorgen, denn er will
den Hohenpriester Jeschua wegen seiner Unwürdigkeit vor
Gottes Gericht anklagen. Der Engel Jahwes weist ihn jedoch
zurecht, weil er damit dem Heilsplan Gottes widerspricht (Sach
3,1–7).

Schärfere Konturen als bei Sacharja gewinnt der Satan im
Prolog des Buches Ijob, das seine endgültige Gestalt frühestens
im 5. Jahrhundert v. Chr. erhalten hat. Unter den „Gottessöhnen", die kommen, „um vor den Herrn hinzutreten" (Ijob 1,6;
2,1), erscheint auch der Satan. Nach Ansicht der meisten Exege-
ten spielt er im Ijob-Buch die Rolle eines „himmlischen Staats-
anwaltes", der die Menschen inspiziert und ihr unrechtes Tun
vor Gottes Gericht bringt. Im Falle Ijobs gibt Gott sogar der
Forderung des Satans nach und läßt durch ihn über Ijob eine
Prüfung hereinbrechen, die an Grausamkeit in der Bibel ihres-
gleichen sucht. Während frühere Theologen noch keine Bedenken hatten, Gott selbst zum Urheber schwerer Glaubensproben
zu machen – man denke an die Forderung Gottes, Abraham
solle seinen Sohn Isaak opfern (Gen 22,1–19) –, glaubte der
Autor des Buches Ijob anscheinend, menschenfeindliche Züge
aus dem Gottesbild eliminieren zu müssen. Mit deren Übertra-
gung auf den Satan ist ihm dies aber nicht gelungen, denn dieser
handelt ja mit ausdrücklicher Billigung Gottes: „Gott ist und

bleibt überall und jederzeit im Buch Ijob Träger des Geschehens."[8] Das lassen auch die Worte Ijobs erkennen: „Der Herr hat gegeben, der Herr hat genommen; gelobt sei der Name des Herrn" (Ijob 1,21). Der bestimmte Artikel (hassatan = der Satan) macht übrigens – wie schon im Buche Sacharja – deutlich, daß es sich nicht um einen Eigennamen, sondern um eine Funktionsbezeichnung, einen Titel für ein Mitglied des himmlischen Hofstaates handelt.

Eine entscheidende Wandlung im Satansbild vollzieht sich im ersten Buch der Chronik. Tat der Satan bei Sacharja und im Buche Ijob als Beamter Gottes letztlich „nur seine Pflicht",[9] so wird seine Gestalt nun mit dem Reiz zum Bösen verknüpft. Im zweiten Samuelbuch, das wahrscheinlich noch in der Exilszeit entstanden ist, wird – wie wir sahen – vom Zorne Gottes berichtet, der David zu einer Volkszählung (und damit zu einer schweren Sünde) reizt. Von dieser Volkszählung berichtet auch das erste Buch der Chronik (1 Chr 21,1), nur ist hier der Zorn Gottes durch den Satan ersetzt. Offensichtlich „wollte der Verfasser das Ereignis zwar nicht außerhalb des göttlichen Heilsplanes verlegen, aber es doch einigermaßen von Jahwe distanzieren, und dafür bot sich ihm die Gestalt des Satans an, dem man neben seinen juristischen Kompetenzen doch mehr und mehr auch unmotiviertes Böses zutraute".[10] Indem der Chronist, der sein Geschichtswerk erst um 300 v. Chr. schrieb, eine unmittelbare Beteiligung Jahwes an der Sünde ausschloß, „wurde dieser Teil der göttlichen Wirksamkeit gewissermaßen als selbständige Hypostase von Gott abgelöst"[11] und das ursprünglich vielschichtigere Gottesbild von scheinbar widersprüchlichen Zügen entlastet. Das Zwischenwesen Satan (der Artikel fehlt hier!) kommt persisch-dualistischen Vorstellungen nun bedenklich nahe, doch wird nach seiner Herkunft noch nicht gefragt.

Zusammenfassung: An den drei Stellen, an denen (der) Satan im Alten Testament auftritt, bleibt er entweder von Gott abhängig (Sacharja, Ijob), oder er wird eingeführt, damit Gottes Transzendenz und Heiligkeit in keiner Weise beeinträchtigt wird (erstes Chronikbuch). Von einem unversöhnlichen Ge-

genspieler Gottes mit eigener Macht oder gar eigenem Reich kann nicht die Rede sein.

Dämonen

Der israelitische Volksglaube teilte mit seiner Umwelt die Vorstellung, daß es böse Geister gebe, die den Menschen bedrohen oder zu schädigen suchen. Im Alten Testament selbst wird ein solcher Dämonenglaube jedoch nur an wenigen Stellen greifbar. Einmal gefährdete die Anerkennung feindlicher, von Jahwe unabhängiger Mächte die Einzigkeit Jahwes und wurde deshalb von der offiziellen Theologie entschieden abgelehnt (vgl. Ex 22,17; Dtn 18,9–14). Zum anderen konnte der Dämonenglaube auf verschiedene Weise in den Jahweglauben integriert werden. So verraten noch einige Stellen des Alten Testamentes die Tendenz, Züge des Bedrohlichen und Unheimlichen auf Jahwe selbst zu übertragen. Hinter dem Manne, mit dem Jakob an der Furt des Flusses Jabbok ringt (Gen 32,23–33), verbirgt sich ein dämonischer Flußgeist, der schließlich mit Gott identifiziert wurde. Dämonen konnten aber auch zu Jahwe untergeordneten Wesen „degradiert" werden. Der „Engel", der im Auftrage Gottes nach Davids Volkszählung zum Schlag gegen Israel ausholt (vgl. 2 Sam 24,16–17), war vermutlich einmal ein Angst und Schrecken verbreitender Unheilsdämon. Wenigstens an einigen Stellen darf man hinter Tieren (z.B. Jes 13,21–22; 34,14–15) oder Krankheiten (z.B. Ijob 6,4) Tier- oder Krankheitsdämonen und hinter Begriffen wie „Schrecken", „Pfeil", „Pest", „Seuche" (Ps 91,5–6) Manifestationen dämonischer Mächte vermuten.

Astralkult, Zauberei, Magie, Toten- und Dämonenbeschwörung galten als Abgötterei und wurden vor allem von den Propheten vehement bekämpft, weil sie in solchen Praktiken einen Abfall von Jahwe erblickten. Gleichwohl lassen manche Stellen des Alten Testamentes die Verwendung apotropäischer Gegenstände, Gesten und Worte (Beschwörungen) zur Abwehr von Dämonen durchschimmern. Sie konnten jedoch im Lichte des Jahweglaubens neu interpretiert werden. Die zahlreichen alttestamentlichen Opfer- und Reinheitsbestimmungen dürften nicht selten antidämonistischen Ursprungs sein. Wenn im Pascharitus nach einer Weisung Jahwes die Türpfosten mit dem Blute des Paschalammes bestrichen werden, damit der „Vernichter" nicht ins Haus eindringe und zuschlage (Ex 12,21–23), so verbirgt sich hinter diesem „Vernichter" wohl ein Mensch und Tier schädigender Dämon.

Es ist klar, daß die Relikte eines volkstümlichen Dämonenglaubens, der in erster Linie auf das Konto vorjahwistisch-frühisraelitischer und außerisraelitischer Einflüsse geht, nach den genannten Uminterpretationen nur schwer auszumachen und viele alttestamentliche Aussagen hinsichtlich eines etwaigen dämonischen Hintergrundes umstritten sind. Nur wenige Dämonen werden (Zugeständnisse der Tradenten an den Volksglauben?) mit Namen genannt, so z. B. das „Nachtgespenst" Lilit (Jes 34,14), die bocksgestaltigen Wüstendämonen S^{e}irim (u. a. Lev 17,7) oder Asasel (Lev 16,8.10.26), der beim Ritual des Versöhnungsfestes als Empfänger des Sündenbockes gilt (ursprünglich Beschwichtigung eines Wüstendämons?).

Zusammenfassend können wir festhalten: Das Alte Testament ist grundsätzlich dämonenfeindlich und bietet höchstens ein „Strandgut umweltlichen Dämonenglaubens".[12] Es zeigt, daß im Volke durchaus mit der Existenz böser Geister gerechnet wurde, deren Macht aber nicht zu fürchten brauchte, wer sich an Jahwe hielt (vgl. Ps 91, 5–6). An Spekulationen über die Dämonen (etwa über ihre Herkunft oder Abwehr) hat sich das Alte Testament nicht beteiligt.

Die zwischentestamentliche Literatur

Im Frühjudentum, also etwa seit dem 3. Jahrhundert v. Chr., machte sich eine pessimistisch-dualistische Weltsicht breit, die z. T. auf Einflüsse von außen zurückzuführen ist. Als Palästina zum Perserreich gehörte (vom Ende des Exils bis zum Jahre 331 v. Chr.), dürfte der iranische Zoroastrismus, der nach streng dualistischer Sicht alles Gute auf ein gutes und alles Böse auf ein böses Urprinzip zurückführte (später gipfelnd in den einander feindlich gegenüberstehenden Gottheiten Ahuramazda und Ahriman), nachhaltig auf das Judentum eingewirkt haben. Derartige dualistische Tendenzen wurden jedoch durch eine Polarisierung innerhalb des Judentums verschärft. Sie warf die Frage nach dem Bösen in neuer Schärfe auf und soll hier kurz skizziert werden.[13]

Nach dem Ende der Perserherrschaft wuchs das Judentum in der Auseinandersetzung mit dem Hellenismus, empfangend und abwehrend, zu einer Weltreligion heran. Während sich ein Teil der Juden der hellenistischen Kultur öffnete und im Zuge dieser Öffnung seit dem 3. Jahrhundert v. Chr. die Septuaginta, die griechische Bibelübersetzung, in Ägypten entstand, wehrten sich andere Kreise gegen eine Hellenisierung des Judentums. Gerade unter dem Seleukidenherrscher Antiochus IV. Epiphanes (175–164 v. Chr.) mit seiner betont antijudaistischen Politik formierten sich Kreise, die sich mit der augenblicklichen politischen Lage nicht abfinden wollten. Der gegen Antiochus IV. losbrechende Makkabäeraufstand wurde wesentlich mitgetragen von der Partei der Chassidim („Frommen"), die die prophetisch-eschatologische Hoffnung auf eine Wiederherstellung Israels weitertrug und in kompromißloser Treue zum mosaischen Gesetz (Tora) die ihrer Ansicht nach „Gottlosen" bekämpfte, die sich der Hellenisierung vorbehaltlos öffneten. Nach dem stark apokalyptisch geprägten Geschichtsbild der Chassidim sollte die von Not und Drangsal geprägte Weltzeit fortdauern, bis der Anbruch der Gottesherrschaft, der neue Äon, sie beenden und die „Gottlosen" dem Gerichte Gottes überantworten würde (vgl. Dan 12,2–3).

Ähnliche Gedanken prägten eine Gruppe radikaler Chassidim, die sich als „heiliger Rest" nach Qumran am Toten Meer zurückgezogen hatte. Zur Erklärung der politisch-religiösen Spaltung bediente man sich dort der Vorstellung zweier sich in ewigem Haß befehdender Engelsparteien. Diese kämpften unter einem guten bzw. bösen Anführer (Michael – Belial) um die Menschen, die ihrerseits in Söhne des Lichtes (= Mitglieder der Qumran-Gemeinde) und Söhne der Finsternis geschieden wurden. Die Existenz der bösen Engel wurde in Qumran, wie der Dualismus Licht – Finsternis überhaupt, als von Gott geschaffen hingenommen, über die Herkunft der bösen Engel somit nicht weiter spekuliert. Auffallend aber ist, daß die bösen Geister und Dämonen, die ursprünglich in keiner Beziehung zum Satan standen, sondern „ein eigenes unkontrollierbares Heer zwischen Himmel und Erde bildeten"[14], in Qumran mit den Geistern Belials identifiziert wurden.

Der dualistische Zug des Frühjudentums schlug sich auch in einer Reihe der sog. Apokryphen („Verborgenen") nieder. Darunter versteht man jene Schriften aus frühjüdischer Zeit, die weder in die hebräische Bibel noch in die griechische Bibelübersetzung, die Septuaginta, aufgenommen wurden, die aber doch so verbreitet waren, daß man ihren Einfluß auf das jüdische Weltbild zur Zeit Jesu und der neutestamentlichen Autoren nicht unterschätzen darf. Dies ist für uns insofern von Bedeutung, als die im Alten Testament noch keineswegs üppige Angelologie (Engelslehre) in den Apokryphen eine extensive Entfaltung erfuhr. Ein besonderes Interesse galt dabei gefallenen Engeln, bösen Geistern und Dämonen, also finsteren Mächten mit ihrem Anführer, der verschiedene Namen erhielt (Semjasa, Asasel, Belial, Mastema u. a.). Die Figur des Satan hatte zunächst keinen Bezug zu den dämonischen Mächten!

Im Unterschied zu den Schriften der Qumran-Gemeinde suchte man, wohl auch, um die Neugierde des Volkes zu befriedigen, in den Apokryphen leidenschaftlich nach einer Antwort auf die Frage, woher die bösen Mächte kamen. Mußte man ein Gott unabhängig gegenüberstehendes böses Urprinzip ausschließen und war andererseits die Vorstellung untragbar, der gute Gott habe böse Geister erschaffen, so blieb nur die eine Erklärung, daß ein Teil der von Gott geschaffenen guten Geister von sich aus böse geworden und von Gott aus dem Himmel gestürzt worden war. In diese Überlegungen wurde die ursprünglich von den bösen Geistern und Dämonen unterschiedene Figur des Satan mit hineingezogen, so daß noch im Neuen Testament vom Sturze Satans die Rede ist (vgl. Lk 10,18; Joh 12,31). Die Offenbarung des Johannes schildert anschaulich den endzeitlichen Kampf des Erzengels Michael und seiner (guten) Engel mit dem Drachen und dessen (bösen) Engeln: „Da entbrannte im Himmel ein Kampf; Michael und seine Engel erhoben sich, um mit dem Drachen zu kämpfen. Der Drache und seine Engel kämpften, aber sie konnten sich nicht halten, und sie verloren ihren Platz im Himmel. Er wurde gestürzt, der große Drache, die alte Schlange, die Teufel oder Satan heißt und die ganze Welt verführt; der Drache wurde auf die Erde gestürzt, und mit ihm wurden seine Engel hinabgeworfen" (Offb 12,7–9).

Schier unbegrenzte und nicht selten abstrus anmutende Spekulationen ranken sich in den Apokryphen um die Frage, worin die Sünde der bösen Geister bestand, warum sie aus dem Himmel gestürzt wurden. Ausgehend von einem mythologischen Bericht im Buche Genesis (Gen 6,1–4) sah man den Grund für den Fall der guten Geister in einer Engelsünde. Da sich die phantastischen Spekulationen über Engelsünde und Engelsturz schon innerhalb der einzelnen Schriften kaum systematisieren lassen, soll in den folgenden Abschnitten nur das Wichtigste dargelegt werden.

Nach einer verbreiteten Vorstellung bestand die Engelsünde in fleischlicher Begierde. Im ersten oder äthiopischen Henochbuch, der umfangreichsten und im Frühjudentum angesehensten apokryphen Schrift, wird im direkten Anschluß an Gen 6,1–4 davon berichtet, daß sich die Engel nach der Erschaffung der Menschen an den schönen Menschentöchtern vergingen. In einer Art Strafrede fragt Henoch die gefallenen Engel: „Warum verließet ihr den hohen, heiligen und ewigen Himmel, schliefet bei den Weibern, verunreinigtet euch mit den Menschentöchtern, nahmet euch Weiber, tatet wie die Erdenkinder und zeugtet Riesensöhne?" (1 Hen 15,3–4).[15] Die bösen Engel sollen darüber hinaus den Menschen allerlei obskure Künste und Techniken geoffenbart haben, so z. B. Zauberei, Magie, Astrologie, Kriegshandwerk, Heilkunst und Kosmetik (vgl. 1 Hen 7,1; 8,1.3). Welch grauenhafte Folgen die Vorstellung einer körperlichen und/oder moralischen Verführung von Menschen durch böse Geister haben konnte und welch unsägliches Leid sie bis hinein in die Neuzeit über zahllose Menschen brachte, dafür ist der Hexenwahn vergangener Jahrhunderte ein erschreckendes Dokument.

Neben dem sexuellen Fehltritt, von dem auch Paulus weiß (vgl. 1 Kor 11,10), kennt das Frühjudentum eine weitere Erklärung für den Sturz der Engel. Sie geht aus von Gen 1,26–27, wonach Gott den Menschen nach seinem Bilde und – so überlegte man nun weiter – damit herrlicher als alle Engel geschaffen hat. Als nun Gott von den Engeln verlangte, Adam als sein Abbild zu verehren, gehorchte nur ein Teil von ihnen unter der Führung Michaels. Satan aber und die ihm unterstehenden Engel weigerten sich und wurden zur Strafe aus dem Himmel verwiesen. Voller Neid versucht daraufhin Satan, auch Adam zum Ungehorsam gegen Gott zu verleiten und ihn so um sein paradiesisches Glück zu bringen. Dies gelingt ihm nur auf dem Wege über Eva. In einer apokryphen Schrift mit dem Titel „Leben Adams und Evas" (1. Jhdt. v. Chr.) schildert Satan den Vorfall so: „Und Michael kam dann herauf und rief den Engeln allen zu: Verehret Gottes Ebenbild, wie Gott, der Herr, befiehlt! Und Michael verehrte ihn zuerst. Dann rief er mich und sprach: Verehre Gottes Ebenbild! Ich sprach: ... Ich werde den doch nicht verehren, der jünger und geringer ist als ich ... Er sollte mich verehren ... Und Gott, der Herr, ward über mich gar zornig, und er verbannte mich von unserer Herrlichkeit, samt meinen Engeln, und also wurden wir aus unsern Wohnungen in diese Welt vertrieben und auf die Erde hier verstoßen deinetwegen ... Und dich in solcher Freud und Wonne sehen zu müssen, betrübte uns. Mit List umgarnte ich dein Weib und brachte es dahin, daß du aus deiner Freud und Wonne ihretwegen wardst vertrieben, wie ich aus meiner Herrlichkeit vertrieben ward" (VitAd 14.16). Der Einfluß dieser mythologischen Vorstellung vom Satansneid wird besonders deutlich im Buche der Weisheit, das im ersten vorchristlichen Jahrhundert entstanden ist und zum katholischen Bibelkanon gehört; dort heißt es: „Doch durch den Neid des Teufels kam der Tod in die Welt" (Weish 2,24). Die Identifizierung der Schlange mit dem Teufel als dem Versucher zur Sünde schlechthin hat sich für die weitere Theologiegeschichte als äußerst folgenreich erwiesen.

Eine dritte Erklärung für den Fall der Engel ist ihre offene Rebellion gegen Gott, ihr Anspruch, wie Gott zu sein. Deshalb will Michael „nicht unter des Herrn Auge für sie eintreten; denn der Herr der Geister ist über sie ergrimmt, weil sie tun, als wären sie der Herr" (1 Hen 68,4).

Verwirrend ist die Vielfalt der Überlieferungen auch in der Frage, welche Strafe die gefallenen Engel zu erwarten haben. Nach einer Version müssen sie gefesselt in einem finsteren Wüstenloch das Gericht des Jüngsten Tages erwarten, um dann für immer in den Feuerpfuhl geworfen zu werden (so 1 Hen 10, 4–6). Diese Vorstellung machten sich auch einige Verfasser später neutestamentlicher Schriften zu eigen. So lesen wir im Judasbrief: „Die Engel, die ihren hohen Rang mißachtet und ihren Wohnsitz verlassen haben, hat er mit ewigen Fesseln in der Finsternis eingeschlossen, um sie am großen Tag zu richten" (Jud 6). Und im zweiten Petrusbrief heißt es: „Gott hat auch die Engel, die gesündigt haben, nicht verschont, sondern sie in die finsteren Höhlen der Unterwelt verstoßen und hält sie dort eingeschlossen bis zum Gericht" (2 Petr 2,4). Nach einer anderen Auffassung müssen die gefallenen Engel ihr Unwesen in den Luftregionen treiben, weil sie aus dem Himmel und von der Erde vertrieben wurden. In diesem Sinne kann der Epheserbrief von der Herrschaft jenes Geistes sprechen, „der im Bereich der Lüfte regiert und jetzt noch in den Ungehorsamen wirksam ist" (Eph 2,2).

Am Ende dieses Kapitels sei festgehalten, daß Schriften, deren Gedanken um Engelsünde oder Engelsturz kreisen, keineswegs repräsentativ sind für das gesamte Frühjudentum. In einer ganzen Reihe weiterer für das Judentum nichtkanonischer Schriften spielen Satan oder böse Geister keine oder nur eine untergeordnete Rolle. Es spricht durchaus für das feine theologische Gespür des Judentums, daß es alle satanologischen und dämonologischen Spekulationen von seinen heiligen Schriften ferngehalten bzw. Schriften mit derartigen Spekulationen die Würde und Verbindlichkeit Heiliger Schrift nicht zuerkannt hat.[16]

Teufel, Dämonen, Mächte und Gewalten, Sünde

Für das Neue Testament ist das in der Welt wirkende Böse eine zwar im Kern einheitliche Macht, die sich jedoch in vielfältigen Erscheinungen kundtut. Diese Gestalten des Bösen können personalen Charakter tragen, ohne daß ihr Wesen näher beschrieben wird. Sie werden auf dem Hintergrund des zeitgenössischen Weltbildes als bekannt vorausgesetzt.

Vom Teufel als dem unversöhnlichen Widersacher Gottes ist im Neuen Testament häufig die Rede. Er heißt *satanás* (nach dem hebräischen *satan*) oder *diábolos,* mit dem die Septuaginta *satan* übersetzt und von dem sich unser Lehnwort „Teufel" herleitet (eigentlich „Verleumder", „Widersacher", „Entzweier": der Teufel will das Verhältnis Gott – Mensch zerstören). An einer Stelle (2 Kor 6,15) wird der Teufel mit dem aus Qumran bekannten Beliar (= Belial) identifiziert. Dazu kommen weitere Bezeichnungen wie „der Feind" (Lk 10,19), „der Böse" (Mt 13,19), „der Herrscher dieser Welt" (Joh 12,31), „der Gott dieser Weltzeit" (2 Kor 4,4), „der Mörder von Anfang an", „Lügner" und „Vater der Lüge" (Joh 8,44), „der Drache" oder „die alte Schlange" (beide Offb 20,2).

Auch die Dämonen, die ja ursprünglich in keiner Verbindung zum Teufel standen, begegnen an zahlreichen Stellen *(daímones, daimónia)*. Sie treten als Schadensgeister, näherhin als Krankheitsdämonen, auf und sind Gegenstand der Krankenheilungen und Exorzismen Jesu. Weil sie nach Meinung des Judentums verunreinigende Wirkung haben, werden sie auch „unreine Geister" *(pneúmata akátharta)* genannt. Paulus bezeichnet die heidnischen Götzen als Dämonen, mit denen die Gläubigen sich nicht einlassen dürfen (vgl. 1 Kor 10,20–21). – Im Neuen Testament sind die Dämonen Satan unterstellt.

Ist vom Teufel und von den Dämonen hauptsächlich in den Evangelien die Rede, so treffen wir in den übrigen, vor allem paulinischen Schriften auf „Mächte und Gewalten". Obgleich es sich hierbei ursprünglich um neutrale kosmische Potenzen handeln dürfte, sind sie im Neuen Testament dem satanischen Bereich zugeordnet. Man wird in ihnen „eine Art personalen Wesens von Macht"[17] sehen, sie aber „schwerlich zu selbständigen, unterscheidbaren Wesen erheben"[18] können. Wo von ihnen die Rede ist, steht meist „die universale und die Kirche bedrohende Wirksamkeit des Bösen im Blick".[19] Wenn daneben – ohne daß besondere Unterschiede deutlich würden – auch von „Kräften", „Thronen" oder „Herrschaften" die Rede ist, so zeigt diese Variabilität „einmal, daß es dem Neuen Testament offenbar auf die einzelnen Bezeichnungen nicht viel ankommt; zweitens, daß mit ihnen im wesentlichen ein und dasselbe Phänomen gemeint ist; und endlich, daß dieses Phänomen nicht mit einem der im übrigen traditionellen, ja konventionellen Begriffe begriffen werden kann, sondern sozusagen zwischen allen diesen Begriffen liegt".[20] Im jeweiligen Kontext geht es vorwiegend um die Unterwerfung der „Mächte und Gewalten" durch Christus, der sie, wie die größte Unheilsmacht, den Tod, in seinem Kreuzestod partezipatorisch bereits besiegt hat (vgl. 1 Kor 15,24; Röm 8,38–39; Kol 2,15).

Personalen Charakter trägt, besonders bei Paulus, auch die Sünde, wo nicht die einzelne Verfehlung, sondern die in allem Sündigen wirksame transsubjektive Macht des Bösen *(hamartía)* gemeint ist. Sie läßt sich nicht ohne weiteres auf den Teufel zurückführen oder gar mit ihm identifizieren.

Das Böse wird im Neuen Testament jedoch nicht nur als anonym wirkende Macht dargestellt, sondern auch im Verhalten des Menschen aufgespürt und als Sünde *(hamártema)* benannt. Ihrem Begriff „ist im Sinne einer biblisch orientierten Theologie ein eindeutiger Vorrang einzuräumen, wenn es darum geht, den Sachverhalt des Bösen im Zusammenhang von Theologie und Anthropologie darzustellen. Begriffe wie ›Teufel‹ und ›Dämonen‹ haben demgegenüber eine mehr supplementäre Bedeutung, um bestimmte Dimensionen der Wirklichkeit und Wirksamkeit des Bösen anzuzeigen und deutlich zu machen."[21]

Mit diesen Worten ist angedeutet, daß die verschiedenen Bezeichnungen jeweils bestimmte Aspekte zum Ausdruck bringen, unter denen das Böse in der Welt wirksam ist. Es ist daher nicht legitim, diese Begriffe in einen Topf zu werfen und zu behaupten, das Neue Testament gebrauche „wechselweise und bedeutungsgleich die Begriffe: der Satan, der Teufel, die Welt, die Sünde, das Böse".[22] Von entscheidender Bedeutung ist der theologische Kontext, in dem solche Begriffe stehen. Gerade weil die zeitbedingten Vorstellungen, die sich in den einzelnen Begriffen widerspiegeln, nicht unbekümmert übernommen, sondern durch das Auftreten und die Botschaft Jesu entscheidend modifiziert wurden, ist ein interpretativer Zugang unerläßlich. An zwei Beispielen soll dies nun erläutert werden.

Die Versuchung Jesu

Die Vorstellung, der Teufel sei eine reale, personale Macht, gründet im allgemeinen wohl auf seiner Rolle als Versucher, als der er in der Wüste an Jesus herantritt. Betrachtet man die einschlägigen Texte jedoch genauer, so zeigt sich, daß sie an satanologischen Aussagen gar nicht interessiert sind.

Wenden wir uns zunächst dem kurzen Text bei Markus zu. Bei seiner Taufe im Jordan wurde Jesus als Sohn Gottes geoffenbart und als Messias „beauftragt". Hierauf „trieb der Geist Jesus in die Wüste. Dort blieb Jesus vierzig Tage lang und wurde vom Satan in Versuchung geführt. Er lebte bei den wilden Tieren, und die Engel dienten ihm" (Mk 1,12–13).

Dieser kurze, von biblischen Motiven durchtränkte Text macht programmatische Aussagen über Jesus. Die Wüste galt von jeher als Aufenthaltsort Satans, der Dämonen und wilder Tiere sowie als Stätte der Erprobung und Bewährung. Jesu vierzigtägiger Aufenthalt in der Wüste erinnert an die vierzigjährige Wüstenwanderung Israels. Wie das auserwählte Volk (vgl. Dtn 8,5; Hos 11,1) wird Jesus bei seiner Taufe „Sohn Gottes" genannt, aber er ist es in einem unvergleichlich höheren Maße: Im Gegensatz zu Israel nämlich, das wiederholt gegen Gott aufbegehrte und murrte, besteht er die Erprobung in der Wüste. Daß Jesus vom Satan versucht wird, legt noch eine andere Typologie nahe: Jesus ist der „neue Adam", der dem Versucher widersteht und mit dem das paradiesische Heil, das der erste Mensch im Ungehorsam gegen Gott verlor, wieder anbricht. Daran soll die Aussage erinnern, Jesus habe mit den wilden Tieren gelebt (vgl. Gen 2,19–20 und die Vision vom endzeitlichen Tierfrieden Jes 11,6–8). Wenn die Engel Jesus dienen, ihn also mit Speise und Trank versorgen, deutet dies vielleicht auf die besondere Fürsorge Gottes für seinen erwählten Sohn.

Worin aber bestand nun die Versuchung Jesu? Der Schlüssel zur Antwort auf diese Frage liegt in der christologischen Motivation der Erzählung: Es geht um die Bewährung Jesu als Gottessohn, um die Treue zu seiner messianischen Sendung. Der Versucher in der Wüste verkörpert alle Versuchungen Jesu (vgl. Lk 22,28), die ihn auf seinem ganzen Lebensweg, in besonderer Dichte noch einmal während seiner Passion, von seiner Sendung abzubringen versuchen. (Allenfalls in dieser Hinsicht trägt die Versuchungsgeschichte mit Gewißheit biographischen Charakter.) Weil solche Versuchungen von seiten der Menschen, als „teuflisches Einreden" gegen den Auftrag Gottes, an ihn herantreten, kann Jesus Petrus als „Satan" bezeichnen und fortfahren: „Geh mir aus den Augen! Denn du hast nicht das im Sinn, was Gott will, sondern was die Menschen wollen" (Mk 8,33).

Die Funktion des Satans ist damit in der markinischen Versuchungsgeschichte reduziert auf ein „Darstellungsmedium der messianisch-endzeitlichen Erfüllungsgeschichte".[23]

Der Sieg Jesu und die Ohnmacht Satans werden noch gesteigert in den (später entstandenen und weitaus umfangreicheren) Versuchungsgeschichten der synoptischen Seitenreferenten (Mt 4,1–11; Lk 4,1–13).

Anhand von Schriftzitaten führt der Satan Jesus dreimal in Versuchung. Wenn davon die Rede ist, daß Jesus vom Satan in die Wüste, auf den Tempel und auf einen hohen Berg geführt wurde, dann dienen diese Angaben allein der Illustration der sich von Mal zu Mal steigernden Versuchungen. Worin diese nun im einzelnen bestehen, soll uns hier nicht weiter beschäftigen. Wie die Anrede des Satans zeigt („Wenn du der Sohn Gottes bist, ..."), geht es in jedem Falle um eine Pervertierung der Gottessohnschaft, die Jesus bei seiner Taufe zugesprochen wurde. Jesus aber bleibt seiner Sendung treu und setzt – ebenfalls mit Schriftzitaten aus dem Alten Testament! – den Versuchungen des Satans seinen Gehorsam gegen das Wort Gottes entgegen. Insofern ist die Geschichte, obgleich nicht als Paränese konzipiert, doch auch eine Ermahnung: Der Gehorsam gegenüber Gott, wie ihn Jesus gezeigt hat, ist von allen Menschen gefordert.

Die Versuchungsgeschichten zeugen von der Niederlage des Satans. Die eschatologische Hoffnung auf dessen Entmachtung ist in Jesu Wirken und vor allem in seinem Tod am Kreuze bereits in Erfüllung gegangen. In diesem Sinne deutet auch das visionäre Jesuswort: ,,Ich sah den Satan wie einen Blitz vom Himmel fallen" (Lk 10,18) die endzeitliche Entmachtung des Teufels als des Anklägers der Schöpfung vor Gott an, und nach der präsentischen Eschatologie des Johannes ist der ,,Herrscher dieser Welt" bereits jetzt entmachtet (Joh 12,31). Weil aber das Böse weiterhin zur bedrückenden Erfahrung des Menschen in dieser unerlösten Welt gehört, hat man den Versuchungen Jesu schon früh soteriologische Bedeutung (Heilsfunktion) beigemessen. Daß die eigenen Versuchungen zusammen mit dem erhöhten Herrn zu bestehen sind, formuliert der Hebräerbrief im Rahmen seiner hohenpriesterlichen Theologie so: ,,Wir haben ja nicht einen Hohenpriester, der nicht mitfühlen könnte mit unserer Schwäche, sondern einen, der in allem wie wir in Versuchung geführt worden ist, aber nicht gesündigt hat" (Hebr 4,15). Deshalb ,,kann er denen helfen, die in Versuchung geführt werden" (Hebr 2,18).

Abschließend soll noch etwas zur Schwierigkeit gesagt werden, die viele Menschen mit dem anthropomorphen Auftreten des Satans in der Versuchungsgeschichte bei Matthäus oder Lukas haben. Die Gestalt des Satans bringt hier die Erfahrung zum Ausdruck, ,,daß das Böse nicht einfach im freien Belieben des Menschen steht, sondern Macht über ihn haben kann".[24] Eine derart mythologisch geprägte Geschichte dient sicher nicht der Einschärfung zeitgenössischer Mythologie. Es kommt vielmehr darauf an, ,,die grundsätzliche Dimension des Gehorsams des

Gottessohnes, die durch die mythischen Kategorien dargestellt wird, nicht zu verlieren … Ohne ihre mythischen Dimensionen würde unsere Geschichte zu einem Beispiel für Alltagserfahrungen degenerieren, die man manchmal so, manchmal auch anders machen kann. Durch ihre mythischen Dimensionen aber wird sie zu einem Stück Hoffnung und zu einem Ausdruck der Zuversicht auf den Gottessohn".[25]

Die Exorzismen Jesu

Im öffentlichen Wirken Jesu spielen Krankenheilungen und Exorzismen eine bedeutende Rolle. Bei beiden geht es um die Wiederherstellung eines wie auch immer in seiner Selbstentfaltung beeinträchtigten Menschen; beide berühren sich zudem insofern, als Krankheit und Besessenheit zur Zeit Jesu auf das Wirken dämonischer Mächte zurückgeführt wurden. So können die therapeutischen Formen bei Krankenheilungen (z. B. der des Aussätzigen Mk 1,40–45) an Exorzismen erinnern, während umgekehrt die Austreibung von Dämonen den Charakter einer Heilung trägt. (Allein Mk 3,23 ist – aus rein argumentativen Gründen! – von einer Teufelsaustreibung die Rede.)

Als besessen galten zur Zeit Jesu Menschen mit auffallenden, besonders abschreckenden Anomalien, in erster Linie also Geistes- und Gehirnkranke. Vom Stande unserer medizinischen Erkenntnis aus können wir eine Reihe von Erscheinungen, die uns das Neue Testament als Besessenheit vorführt, anhand der Symptome mit bestimmten physischen oder psychischen Krankheiten identifizieren; mit Epilepsie etwa im Falle jenes Knaben, der von einem stummen Geist besessen ist und von dem sein Vater sagt: „Immer wenn der Geist ihn überfällt, wirft er ihn zu Boden, und meinem Sohn tritt Schaum vor den Mund, er knirscht mit den Zähnen und wird starr" (Mk 9,18). Es ist aber auch von Menschen die Rede, die von einem Dämon, einem unreinen oder bösen Geist heimgesucht werden, ohne daß weitere Symptome genannt würden. Hier liegt der Nachdruck eindeutig „auf der destruktiven Macht des Dämons, der der Mensch ausgeliefert, von der er ergriffen und in seinem Wesen verändert wird . . . Das Kennzeichen solcher Besessenheit ist die Selbstentfremdung des Menschen, der Verlust des Beziehungsgefüges, das sein Leben zutiefst menschlich bestimmt".[26] Auch in diesem größeren Rahmen sind Besessene Kranke, aber sie signalisieren mit ihrer Krankheit eine Unheilssituation, die über das Schicksal des einzelnen hinaus die Menschen überhaupt betrifft, theologisch gesprochen: die Erlösungsbedürftigkeit des Menschen.

Aus diesen Bemerkungen wird deutlich, daß man den Exorzismusgeschichten des Neuen Testamentes nicht gerecht wird, wenn man bei einer phänomenologischen Betrachtung stehenbleibt. Die Exorzismen Jesu sind „mehr als nur ein Kurieren an Symptomen".[27] Mögen sie formal den Dämonenbannungen anderer jüdischer Exorzisten weitgehend geglichen haben – soweit sich dies aus den stark schematisierten Berichten der Evangelien überhaupt rekonstruieren läßt –, sie erhalten ihre eigentliche Bedeutung erst im Gesamtkontext der Botschaft Jesu vom Reiche Gottes. Den Zugang eröffnet hier am ehesten das Jesuswort: „Wenn ich aber die Dämonen durch den Geist Gottes austreibe, dann ist das Reich Gottes schon zu euch gekommen" (Mt 12,28). In ihrer Ausrichtung auf die Reich-Gottes-Botschaft zeigt die exorzistische Tätigkeit Jesu an, daß die universale Heilszukunft im Wirken Jesu angebrochen und bereits erfahrbar ist. Die befreiende Liebe Gottes, die Jesus verkündet, gilt allen Menschen, auch den Armen und Kranken. Die Zuwendung Gottes gerade ihnen gegenüber „praktiziert Jesus durch seine Tätigkeit als wandernder Arzt".[28] Daß er die Not der Menschen sieht und Hilfe bringt, ohne nach Schuld oder Ursache zu fragen, ist ein „Protest gegen eine hypertrophierte Vergeltungslehre, nach der die leidenden und gequälten Menschen als von Gott Gestrafte angesehen wurden".[29]

Es ging Jesus ganz und gar nicht darum, bestimmte zeitgenössische Vorstellungen zu bestätigen. Ob er sie geteilt hat, ist in Anbetracht seiner eigentlichen Intentionen von keiner großen Bedeutung. Es lag ihm nicht am Wesen der Dämonen oder am Ritus, der sie zum Ausfahren bringt. Jesus bediente sich vielmehr zeitbedingter Anschauungen und Formen, um an ih-

Die Heilung des Besessenen von Gerasa. Aus: Hitda – Codex aus Meschede (um 1020). Hessische Landes- und Hochschulbibliothek Darmstadt

nen und durch sie seine Botschaft vom universalen Heilswillen Gottes verständlich zu machen. Tat und Wort gehören aufs engste zusammen! Auch sind die Krankenheilungen und Exorzismen Jesu nicht in dem Sinne „Wunder", daß sie die Naturgesetze durchbrechen (ein solch fragwürdiger Wunderbegriff ist der Bibel völlig fremd), sondern daß sich in Jesu machtvollem Wirken Gott als der Wunderbare erweist, der gerade arme, kranke und ausgestoßene Menschen aus Entfremdung und Verzweiflung zur Fülle des Lebens führt. Weil die Exorzismen Jesu den Anbruch der Gottesherrschaft signalisieren, sind sie Zeichen der Hoffnung für die heilsbedürftige Menschheit insgesamt.

Wenn Jesus also seinen Jüngern aufträgt, in seiner Nachfolge Kranke zu heilen und Dämonen auszutreiben (Mk 3,14–15; 6,7–13), „dann beruft er sie damit in die Praxis seiner Gottesreichverkündigung in Wort und Tat und nicht zur Übernahme bestimmter ritueller Praktiken".[30] Das bedeutet nichts anderes, als daß die Kirche den Auftrag ihres Herrn nicht schon mit dem Vollzug eines Ritus wie des „Großen Exorzismus" erfüllt, sondern überall dort, wo sie sich den leiblich und seelisch Kranken zuwendet, wo sie den in Not Geratenen Hilfe bringt.

In diesem Zusammenhang soll auch ein Textabschnitt erörtert werden, der die Vermutung nahelegen könnte, Jesus habe von einem hierarchisch strukturierten „Reich Satans" gesprochen, das dem Reiche Gottes gegengeordnet sei. Abgesehen davon, daß eine solche Redeweise einem dualistischen Welt- und Gottesbild gefährlich nahekäme, läßt sie sich aus den entsprechenden Texten gar nicht erhärten.

Wir haben gesehen, daß Jesu Exorzismen zutiefst mit seinem Anspruch zusammenhängen, Träger der kommenden Gottesherrschaft zu sein. Weil seine Gegner diesen Anspruch nicht annehmen können und wollen, andererseits aber seine exorzistischen Taten nicht leugnen können, versuchen sie, seine Person und sein Werk zu disqualifizieren. Der Vorwurf, er sei besessen und treibe mit Beelzebul, dem Anführer der Dämonen, die Dämonen aus, stellt somit eine „Verteufelung der Exorzismen Jesu"[31] dar. Jesus, der die Exorzismen in der Kraft

Gottes (vgl. Mt 12,28) und nicht im Bunde mit Beelzebul vollbringt, gibt zur Antwort: „Jedes Reich, das in sich gespalten ist, geht zugrunde, und keine Stadt und keine Familie, die in sich gespalten ist, wird Bestand haben. Wenn also der Satan den Satan austreibt, dann liegt der Satan mit sich selbst im Streit, wie kann sein Reich dann Bestand haben?" (Mt 12,25–26; ähnlich Lk 11,17–18). Jesus antwortet also in Gleichnissen, die die gegnerischen Vorwürfe angesichts ihrer Unlogik ad absurdum führen sollen. Wenn bei Matthäus und Lukas (nicht bei Markus! Vgl. Mk 3,23–26) von einem „Reich Satans" die Rede ist, so wirkt hier vermutlich noch das kurz zuvor verwendete Bild vom gespaltenen Reich nach, während das Gewicht eindeutig auf einer Übereinstimmung Satans mit sich selbst liegt. Im Sinne der biblischen Botschaft kann man von einem „Reich Satans" höchstens in übertragenem Sinne sprechen, insofern sich der Widerspruch gegen Jesu Frohbotschaft im Verhalten von Menschen konkretisiert.

Worauf es den Versuchungs- und Exorzismusgeschichten ankommt, können wir mit Rudolf Pesch so zusammenfassen: „Mit dem Anbruch der Gottesherrschaft geht Satans Herrschaft zu Ende. Gegen die Helfershelfer Satans, die unreinen Geister und Dämonen, erweist sich der mit Gottes Geist ausgerüstete Gottessohn ... als überlegener Sieger."[32]

Der Teufel – ein personales Wesen?

„Gott in Christus – das Heil der Welt" (Johann Michael Sailer) ist die zentrale Botschaft des Neuen Testamentes. Sie entzieht jedem Teufelsglauben den Boden. Die Frohbotschaft von der vergebenden Liebe Gottes, die sich unüberbietbar im Kreuzestod Jesu manifestiert, darf nicht in eine Drohbotschaft vom Teufel pervertiert werden.

Mit dieser Feststellung ist die Frage, ob sich hinter den Begriffen „Teufel" und „Dämonen", die dem Neuen Testament vom jüdischen Weltbild vorgegeben waren, personale Wesen mit geistiger Erkenntnis und eigenem Willen verbergen, zwar nicht beantwortet, sie erscheint aber doch für den christlichen

Glauben von keiner zentralen Bedeutung. Es muß daher niemanden verunsichern, wenn in dieser Frage unter den Theologen kein Konsens besteht.

Der Alttestamentler Herbert Haag hat dem Teufel den Abschied gegeben, weil nach seiner Überzeugung die Satansaussagen des Neuen Testamentes nicht zum verbindlichen Offenbarungsgut, sondern nur zum unverbindlichen Weltbild der Bibel gehören und weil jeder Teufelsglaube zur Erklärung der Herkunft der bösen Geister auf die unbiblischen jüdischen Legenden von Engelsünde und Engelsturz zurückgreifen muß.[33] Doch auch wer die Existenz des Teufels leugnet, erfährt das Böse in der Welt als geheimnisvolle, reale Macht; auch für ihn sind Unheil und Leid nicht nur Ergebnis einer freien Tat: Sie werden auch als Verhängnis erfahren.

Demgegenüber hält das katholische Lehramt aus verschiedenen Gründen an der realen Existenz des Teufels und der Dämonen fest, betont aber nachhaltig, daß deren Macht nicht unbegrenzt ist.[34]

Wer mit dem Teufel „rechnet", muß sich davor hüten, den Menschen mit einem Hinweis auf den „Versucher" von persönlicher Schuld oder von der Verantwortung für gesellschaftliche Mißstände und ungerechte „Strukturen" zu entlasten. Die Verantwortung des einzelnen darf nicht bagatellisiert werden. Schreibt man dem Teufel Personalität zu, so wird man diesen Personbegriff sicher nicht im Sinne eines tragenden Beziehungsgefüges positiv sehen können. Dann nämlich ist der Teufel „eine sich ins Anonyme und Antlitzlose auflösende Ungestalt, ein Wesen, das sich ins Unwesen pervertiert, ... die sich fortzeugende Destruktion seiner selbst".[35] Will man schließlich mit der traditionellen Schultheologie Teufel und Dämonen ein übermenschliches Maß an Intelligenz und Macht zuschreiben, dann sollte ihr Wirken nicht schon dort gesehen werden, „wo es sich um fast kindlich läppische Manifestationen handelt, die weder weltgeschichtlich noch heilsgeschichtlich eine irgendwie bedeutsame Rolle spielen", etwa „wo ein Heiliger eine Treppe herunterfällt oder ein armes Mädchen schizophrene oder epileptische Syndrome aufweist".[36]

Waltraut Jilg
"Hexe" und "Hexerei" als kultur- und religionsgeschichtliches Phänomen

Der Begriff "Hexe" ist ein *Sammelbegriff*,[1] der zum Teil auf sehr altem Zauber- und Gespensterglauben beruht. Unzählige Gestalten aus Märchen, Sage und Mythos haben Teil am Bild der Hexe. Wahrsager und Zauberer gab es bei allen Völkern des Altertums, Zaubersprüche und Bannformeln faszinierten den Menschen seit Jahrhunderten und Jahrtausenden. Die Frau als Trägerin geheimer Macht, ein Elementargedanke vieler Völker, begegnet uns als Mondgöttin Hekate in der Mythologie ebenso wie die Totenbeschwörerin oder Hexe von En-Dor im Alten Testament[2] oder als Lilith,[3] die Urverführerin der altjüdischen Überlieferung. Feen und Dämonen, Kräuterweiber und Sirenen, weise Frauen und Gespenster, Nymphen, Nixen und Gorgonen gibt es, seit der Mensch begann, für die Kräfte seiner Umwelt Erklärungen zu finden und sie in das Bild menschenähnlicher Wesen zu bannen.

Die Entwicklung des Begriffes "Hexe" in seiner besonderen Bedeutung als Grundlage der großen Hexenverfolgungen und -prozesse des 15. bis 17. Jahrhunderts erfolgte durch die Theologie der mittelalterlichen Kirche. Die Ausführungen der mittelalterlichen Theologen, die antiken und orientalischen Volksglauben in ein gelehrtes System verarbeitet hatten, wurden in den jeweiligen Ländern auf Grund ähnlicher Vorstellungen im Volke leicht angenommen, und die durch die Folter erpreßten Geständnisse wurden durch eigenen Volksglauben ergänzt und erweitert.

Schriftlich fixiert wurde die systematische Hexenlehre des Spätmittelalters im "Malleus maleficarum", im sogenannten "Hexenhammer" (1487), in dem sich die verschiedenen vorangehenden Vorstellungen zu einem Hexenbegriff verbanden.

Die Phantasie eines Volkes, die durch Zauberwahn und Hexenglaube nur noch mehr beflügelt wird, drückt sich in vielfältiger Form in Märchen und Sagen aus.

Fällt das Wort „Hexe", so denkt auch ein jeder von uns wahrscheinlich zunächst an die *Märchenhexe*,[4] die uns aus Kindertagen wohlvertraut ist: an jenen Typus der alten Frau mit rotgeränderten Triefaugen und krummer Nase, die gebückt am Stock einherhumpelt, auf deren Schulter ein schwarzer Rabe oder Kater hockt. Meist ist sie im Inneren des Waldes beheimatet, verbunden und vertraut mit dem geheimnisvollsten und unheimlichsten Teil der Natur. Sie spricht mit den Tieren und kennt die Kräfte der Kräuter. Oft verwandelt sie vor allem verirrte Kinder in Tiere oder lockt sie mit vorgetäuschter Freundlichkeit in ihr Knusperhäuschen, um sie zu töten und zu verzehren. Eine andere Form der Märchenhexe ist die böse Stiefmutter, deren abgrundtiefer Haß sich gegen ganz bestimmte Personen, besonders gegen ihre Stiefkinder richtet. Das Märchen zeigt uns also das Böse – ohne Mitwirkung des Teufels – in Gestalt der Hexe, einer negativ gezeichneten Frau von ausgesprochener Häßlichkeit, die aus Gier, Bosheit, Neid und Haß ihren unschuldigen Opfern um jeden Preis Schaden zufügen will.

Bei den *Hexensagen*,[5] die im Gegensatz zum Märchen sehr individualisierende Züge aufzeigen, sind ebenfalls zwei Hauptgruppen zu unterscheiden: In einigen Fällen ist die „Hexe" entstanden aus Gestalten einst selbständiger Sagengruppen, die die Züge der Hexen annahmen oder deren Eigenschaften den Hexen beigefügt wurden. Zu nennen sind die Wind- und Wetterhexen, die aus alten Gewitterdämonen entstanden, sowie die Sagen von bösen Hausgeistern, vom Werwolf, von Alp[6] und Trude.[7] In den meisten Sagen handelt es sich jedoch bei den Hexen um weibliche Personen, die ihre Macht und ihre besonderen Fähigkeiten einem Bündnis mit dem Satan verdanken.

Im Gegensatz zu den Hexenprozessen aber, deren Hexenbe-

Albrecht Dürer, Die Hexe

griff im Anschluß zu charakterisieren ist, tritt deren Hauptursache, nämlich die Mitwirkung des Teufels, in den Hexensagen stark in den Hintergrund, ja verschwindet fast ganz. Meist treibt die Hexe aus eigenem Antrieb, aus dem allgemeinen Wunsch nach irdischen Gütern (meist nach Geld), aus Unzufriedenheit, Bosheit und Rachsucht, also aus sehr menschlichen Motiven ihr Unwesen. Aus Furcht, ihre soziale Stellung zu verlieren, unternimmt sie von Geheimhaltung, Verwandlung in Tiergestalt, Annahme einer Scheingestalt bis zum Besuch der Kirche alles, um von ihrer Umwelt nicht als Hexe erkannt zu werden. Ist der Teufel dennoch einmal im Spiel, so erweist er sich als ehrlicher Partner, der seine Versprechungen einhält, während die Hexenprozesse ihn als Betrüger entlarven.

Die Hexenversammlung, der *Hexensabbat*, wird zur ausgelassenen, harmlosen Feier mit Spiel, Tanz und fröhlichem Gelage, bei dem der Teufel oft in der bescheidenen Rolle des Gastgebers oder Dieners erscheint, wie auch in der Sage vom Krautakker, in der um Mitternacht der Teufel – als männliche Gestalt mit Strohhut, Schwanz und Pferdefuß – auf dem Krautfeld eifrig dabei ist, Würmer und anderes Ungeziefer von den Krautköpfen abzuklauben.[8]

Überhaupt wird der Sieg des Christentums und die Ohnmacht des Teufels gegen alles Christliche bei jeder Gelegenheit gezeigt. In einigen Sagen stellen Hexen sogar ihre Kraft gegen die Macht des Teufels für gute Zwecke zur Verfügung.

Verstärkt tritt dagegen in den Sagen die Bedeutung des Teufelspaktes hervor: Der erfolgte Abfall von Gott bedeutet den unwiderruflichen Verlust der ewigen Seligkeit – weder Buße noch Gebet können Abhilfe schaffen.

Bereits dieser kurze Überblick über Märchen und Sage, die wesentliche Elemente des Hexenbegriffes im Volksglauben, wie Vertrautsein mit der Natur und den Tieren, Verwandlung von Menschen in Tiere, Kindermord und Kannibalismus, Schadenzauber jeglicher Art an Natur, Vieh und Mensch, manchmal auch Verbindung mit dem Teufel widerspiegeln, macht deutlich, daß der Begriff „Hexe" ein Sammelbegriff ist, der Elemente aus ganz verschiedenen Kulturbereichen in sich vereinigt. So sind orientalische Einflüsse, altindische, altpersische und altägyptische Religionssysteme, außerdem keltischer, germanischer und slawischer Zauber- und Gespensterglauben, nicht zuletzt auch die Mythologie der griechisch-römischen Antike, von entscheidender Bedeutung für den Hexenaberglauben geworden.

Die *Theologen des Mittelalters* prägten für den neuen Begriff, für den sie kein entsprechendes Wort vorfanden, zum Teil neue Namen[9] *(haeretici fascinarii, Valdenses idolatrae, strigimagae, sobaces)*, zum Teil übernahmen sie ältere einfachere Namen *(Gazarii, Waudenses* oder *lamiae, strigae* oder *maleficae)*, die jedoch nur einer Teilvorstellung des neuen Sammelbegriffes entsprachen. Im Bereich der Volkssprache drängte auf deutschem und von da aus auf nordischem Gebiet das Wort „Hexe" alle anderen Zauberer- und Dämonennamen zurück. In den literarischen Denkmälern bis ins 14. Jahrhundert ist diese Bezeichnung jedoch sehr selten nachzuweisen; häufiger finden sich „lamia", „striga" oder das Synonym „Unholde".

Die älteste Wortform für „Hexe", das althochdeutsche *hagazussa*,[10] hat dieselbe Bedeutung wie das altnordische Wort „tunriþa", das oberdeutsche „zunrîte" und das niederdeutsche „walrîderske", nämlich „Zaunreiterin". Diese Wortform wurde ebenso wie „haezus" und das altenglische „haegtesse" („die vom ,hag', der Gehöfteinfriedung, aus Schadenstiftende") als Tabuname verwendet. Diese Hexe war ein kindermordendes, menschenfressendes, nachts herumschwebendes weibliches Gespenst, das mit schädigendem Zauber *(maleficium)* noch nichts zu tun hatte, also ein Dämon, der zum Teil auch menschlich gedeutet wurde.

Die völlige Vermenschlichung des Begriffs, nun auch in Verbindung mit der Vorstellung von schädlichem Zauber, ist oberdeutschen Ursprungs: So wird das Wort „Hexe", das nun eine nachtfahrende, schädigende Zauberin bezeichnet, erst seit dem 13. Jahrhundert vom schweizerisch-alemannischen Sprachgebiet her gebräuchlich. Eine andere Bezeichnung, „herbaria", deutet auf die Kräuterfrau im Wald, die sich wohl auch auf den Schadenzauber in Form des Giftmischens verstand.

Die nordische Hexe ist durch Ekstase zur Seelenwanderung und Tierverwandlung, zum Flug durch die Luft und zur Annahme eines Scheinlebens fähig, während sich die Hexe Italiens mehr im Liebeszauber und als Kupplerin betätigt.

Besonders gefürchtet war die Hexe in frühgermanischer Zeit als Wettermacherin, als Verursacherin von verheerenden Stürmen und Hagelunwettern.

Im Mittelalter verbanden sich germanischer und orientalischer Hexenglaube. Wie in der Religionsgeschichte die Götter einer unterlegenen Religion für die Auffassung der Sieger oft zu Dämonen wurden, so hat auch die christliche Theologie der Spätantike und des Mittelalters die heidnischen Götter zu Dämonen umgedeutet und diese ethisch disqualifiziert.[11] Deutlich zeigt dies das Beispiel der Kybele, einer phrygischen Gottheit, die als Magna Mater Deum, als Große Mutter der Götter, zur Magna Mater Daemonum wurde. Da der Teufel an der Spitze der Dämonen steht, wurde sie somit auch zur Groß-Mutter des Teufels.

Die verschiedenen Bestandteile der einzelnen Überlieferungsstränge flossen im *Spätmittelalter* zu einer systematischen *Hexenlehre* zusammen, die die Grundlage für die *Hexenprozesse* bildete: ein europäisches Phänomen, das vor der Mitte des 15. Jahrhunderts seinen Anfang nahm, von ca. 1590–1630 seinen Höhepunkt erreichte, gegen 1700 merklich abnahm, aber erst am Ende des 18. Jahrhunderts – mit dem Sieg der Aufklärung – sein Ende fand. Schriftlichen Niederschlag fand diese Lehre im Malleus ,,maleficarum", im sogenannten ,,Hexenhammer" der beiden Dominikaner Heinrich Institoris und Jakob Sprenger, der 1487 in Straßburg zum ersten Mal gedruckt wurde und bis 1669 in 29 weiteren Auflagen erschien. Zu den Hauptkennzeichen einer Hexe nach dem ,,Hexenhammer"[12] gehörten die Abschwörung Gottes und der Pakt mit dem Teufel, der geschlechtliche Umgang mit dem Teufel, also die ,,Teufelsbuhlschaft" als Bekräftigung dieses Paktes, der Schadenzauber, der Flug durch die Luft und die Verwandlung in Tiere sowie die Teilnahme am Hexensabbat, der Teufelstanzversammlung. Diese Annahme eines kollektiven Hexenbegriffes

Treiben der Hexen und Zauberer. Aus: Ulrich Tengler, Laienspiegel (1511)

war ein Hauptgrund für die große Zahl der als Hexen verfolgten Frauen, die am Sabbat andere Hexen gesehen haben mußten. Die Namen der am Sabbat Beteiligten wurden durch grausame Foltermethoden aus den Beschuldigten herausgequält.

War gerichtlich bewiesen, daß ein Angeklagter sich eines dieser Vergehen schuldig gemacht habe, so wurde auch auf die Ausführung der anderen Verbrechen als selbstverständlich geschlossen – wurde doch ein innerer Zusammenhang dieser Vorstellungen untereinander angenommen.

Betrachtet man die einzelnen Bestandteile dieses im 15. Jahrhundert vorhandenen Sammelbegriffs der Hexerei, wie ihn theologische Wissenschaft und juristische Praxis jener Zeit darstellen, so zeigt sich, daß es sich um mehrere Gruppen von Vorstellungen handelt, die getrennt voneinander unter den orientalischen und europäischen Völkern seit langer Zeit vorhanden waren.

Im folgenden soll nun der Versuch unternommen werden, wesentliche Züge der verschiedenen Bestandteile dieses Hexenbegriffes nach Herkunft und Bedeutung aufzuzeigen.

Ursprünge der einzelnen Elemente des Hexenglaubens

Der Vorwurf der *schädigenden Zauberei*, die bei allen Völkern sehr ähnlich ist, setzt sich aus einer Vielzahl von Vorstellungen zusammen. Aus diesem Vorstellungskreis stammen die Bezeichnungen *Zauberer, maleficus, incantator, divinator, sortiarius, sorcière (sortiaria), witch, sorcerer, fatturiera, hechicera* und *pythonissa*, da Wahrsagen oft mit Zauberei verbunden war. Hinzu kamen Elemente aus dem volkstümlichen Gespensterglauben und aus den Rätseln des Traumlebens. Aus diesem Vorstellungskreis stammen die Bezeichnungen *hagazussa, striga, masca, lamia, estrie* und *bruja*.

Hierher gehören nun drei aus dem Bereich des Zauberglaubens stammende Vorstellungen: das *maleficium*, die *Striga* und die Verwandlung von Menschen in Tiere.[13]

Das *maleficium*, die Vorstellung, daß Menschen mit Hilfe

44

von Dämonen andere Menschen schädigen, galt bereits im Pentateuch als Götzendienst und wurde mit dem Tod durch Steinigung bestraft (Exodus 22,17).

In Rom war die Möglichkeit, bösen Zauber zu üben, im offiziellen Strafrecht seit dem Zwölftafelgesetz (um 450 v. Chr.) erwähnt.

Das *maleficium* ist außerordentlich vielgestaltig. Es kann zunächst dazu angewendet werden, um den Menschen zu töten, ihn krank oder schwach zu machen oder auch seinen Geist zu beeinflussen. Die Behexung trifft weitaus am häufigsten die Beziehungen zwischen Mann und Frau, vor allem verursacht sie Impotenz beim Mann, seltener Unfruchtbarkeit bei der Frau. In diesen Bereich des Liebes- und Wahnsinnszaubers gehören auch die Liebes- und Unfruchtbarkeitstränke.

Ein Teil des *maleficiums* hängt sehr eng mit der Landwirtschaft zusammen. Tod und Krankheit bei den Haustieren der Mitmenschen werden durch das *maleficium* hervorgerufen. Außerdem kann es die Ernte des Nachbarn schädigen: durch einfache Vernichtung auf dem Wege des Wetter- und Hagelmachens oder durch das schon im römischen Zwölftafelgesetz verpönte Herüberziehen fremder Ernte auf den eigenen Acker, das ,,alienos fructus excantare, alienam segetem pellicere".[14] Zur Bedeutung des Wettermachens sei nur an die gewaltigen atmosphärischen Störungen und plötzlichen Wetterumschläge vor allem in südlichen und gebirgigen Gegenden erinnert. Die Verbreitung dieses Zauberglaubens zeigt besonders deutlich die Gestalt des Regenmachers, der in den Eingeborenenkulturen fast eines jeden Kontinentes eine nicht unwichtige Rolle spielt.

In diesen Bereich fällt auch die Tätigkeit der Milch- und Butterhexe, die sich zum Schaden ihrer Mitmenschen durch Zauber die Milch fremder Tiere aneignet, diese verdirbt oder durch verschiedene Mittel jederzeit zur erwünschten Menge Butter kommen kann.

Eine entscheidende Rolle spielt dabei auch das *veneficium*, das Giftmischen und der Giftmord, bei dem zur natürlichen Giftwirkung der Ingredienzen die Umkleidung ihrer Zubereitung mit geheimnisvollen magischen Formeln kommt.

Erinnert sei an das „Hexeneinmaleins" in Goethes Faust[15] und an die Beschwörung des siedenden Kessels durch die drei Hexen in William Shakespeare's „Macbeth".[16]

Dieses *maleficium* gegen Mensch und Tier erscheint jedoch auch in Form zauberischer Fernwirkung durch *sortilegium* (Loswerfen), durch *incantatio* (Beschwörung), durch Anwendung von Ligaturen, z. B. des Nestelknüpfens, durch Faszination, den bösen Blick und durch Anfertigung von Bildern und Figuren aus Blei oder Wachs.

Durchaus verschieden vom maleficium war ursprünglich die *Striga-Vorstellung*. Eine Verschmelzung beider Elemente fand allgemein erst im 14. Jahrhundert statt. *Striga, furia, lamia* und *masca* sind die lateinischen Bezeichnungen für die Vorstellung vom weiblichen Nachtgespenst. Bei diesem Nachtspuk handelt es sich um den volkstümlichen Glauben, daß Frauen nachts umherfliegen, um auf Liebesabenteuer auszugehen, um gemeinsame Gelage zu feiern, um kleine Kinder und Erwachsene zu töten und diese auf ihren Gelagen zu verspeisen.

Verschiedenste Elemente sind hier miteinander vermischt. Zu den kinderraubenden Lamien[17], den „Verschlingerinnen", also alp- und vampirartigen Gespensterwesen des griechischen Volksglaubens, kam die Nachtfahrt der Herodias, die wegen des Mordes an Johannes dem Täufer (Mk 6,17–29) keine Ruhe fand. Ferner ist in der Striga-Vorstellung der Glaube an die Göttin der Unterwelt Hekate[18] enthalten, die mit Diana,[19] der Frauengottheit und Mondgöttin Roms, in engster Beziehung steht, manchmal sogar mit ihr gleichgesetzt wird. Die nächtlichen Umzüge Hekates und ihrer Dienerinnen erinnern auch an die Wilde Jagd des Wodan, an der jedoch ausschließlich Männer beteiligt waren. Die Vorstellung von im Luftraum dämonenartig herumschwebenden Seelen der Verstorbenen wirkt ebenso nach wie die Erinnerung an die bacchantischen Dionysos-Feste und die Raserei der Mänaden.

Das *Herumfliegen* der Frauen dachte man sich in Gestalt eines Vogels, vor allem der Nachteule, deren nächtliches Treiben seit jeher zu seltsamsten Vermutungen Anlaß gab. Der römische Volksglaube sah in der *strix*[20], der Nachteule, einen häßlichen, gierigen, vampirartigen Vogel, der Säuglinge an seiner Brust mit giftiger Milch nährte oder sie aus der Wiege raubte, um ihnen das Blut auszusaugen.

Den Flug durch die Luft dachte man sich auch als Ritt auf den verschiedensten Tieren oder Gegenständen, besonders auf einem Stecken. Als eine andere Form des Fluges galt die Entrückung, bei der die Seele auf die Fahrt geschickt wurde, während der Körper zu Hause in todähnlichem Schlafe lag. Alle Verletzungen, die der Seele unterwegs zugefügt wurden, waren jedoch am nächsten Morgen am Leib der Hexe zu sehen.

Auf das nächtliche Umherschweifen vor allem der altgermanischen, altnordischen Hexe deutet auch eine besondere Art des Zaubers, den sie ausüben kann. Das Wort ,,gandr'' wurde von den Lappen entlehnt und bezeichnete die Seele des Schamanen, der in Form eines Tieres oder Stabes zu zauberischen Zwecken fortgesandt wurde, deren Verletzungen während der Fahrt jedoch am Körper des Schamanen sichtbar wurden. In einer Saga bedeutet ,,seinen Stab (gandr) schwingen'' soviel wie Ritt durch die Luft. Die Schilderung eines Stabrittes in die andere Welt erinnert an den Zauberritt der burjatischen und tatarischen Schamanen, die in ekstatischem Zustand auf einem Stab ins Geisterreich reiten.

In germanischem Bereich wird an Fruchtbarkeits- und Initiationsfesten, an denen in neuerer Überlieferung oft die Hexenversammlungen stattfinden, der Stabritt, der Ritt auf dem Stecken-Pferd, ausgeführt.[21]

Die *Verwandlung* der Frauen in Vögel geschah durch Einreiben mit einer *Zaubersalbe*, die schon in der Antike ein wichtiges Utensil der thessalischen Zauberinnen war.

Die ,,Hexen'' der Hexenprozesse bereiteten diese Salbe jedoch meist nicht selbst, sondern erhielten sie vom Teufel, der sie zum Beispiel aus dem Fett neugeborener Kinder kochte, das mit verschiedenen Kräutern vermischt wurde. Nach einer anderen Rezeptur bedurfte es zur Bereitung dieser Hexensalbe einer Kröte, die mit einer Hostie gefüttert und dann verbrannt wurde. Die Asche wurde dann auf recht unappetitliche Weise mit dem Blut eines ungetauften Kindes, mit verschiedenen Kräutern und dem Knochenmehl eines Gehenkten vermischt. Nach der Lehre des „Hexenhammers" befähigte diese Salbe auch dazu, auf einem Besen, auf Feuerzangen, Heugabeln oder Zaunstekken an bestimmten Tagen durch die Lüfte zu Versammlungen zu reiten. Bereits im alten Assyrien vollzog sich dieser Flug auf einem Stecken. Die nordische Sage spricht von dem der Göttin Freija geweihten Besen; in Germanien dienten Zauberrosse und -hirsche als Reittiere, in Goethes Faust reitet die alte Mutterhexe Baubo auf einem Schwein zur Walpurgisnacht. In der Hexenlehre erscheint der Teufel selbst als Reittier in Bocksgestalt – hier scheinen ebenfalls alte heidnische Vorstellungen nachhaltig eingeflossen zu sein: Thors Donnerwagen wurde von zwei Ziegenböcken gezogen.

Auch die *corporum mutatio in bestias,* die *Verwandlung von Menschen in Tiere,* ist eine weitverbreitete Vorstellung. Soeben ist sie uns in der Striga-Vorstellung, der Verwandlung von Frauen in Vögel begegnet.

Auch die germanischen Walküren, die Dienerinnen Odins, verwandelten sich in Schwäne; thessalische Weiber verzauberten nicht nur sich selbst, sondern auch andere Menschen in Vögel, Esel oder Steine. Für die Verbreitung dieser Vorstellung in Orient und klassischem Altertum sei nur an die ägyptische Seelenwanderung, an Kirke,[22] neben Medea die zweite große Zauberin des griechischen Mythos, an Ovids Metamorphosen und an den „Goldenen Esel" des Apuleius erinnert.

Eine besonders auffallende Erscheinung in diesem Zusammenhang ist der Werwolf, ein Mensch, der sich von Zeit zu Zeit in einen Wolf verwandelt und in dieser Gestalt andere Menschen frißt. Das Phänomen der Lykanthrophie begegnet uns schon bei Herodot und Platon; Vergil läßt in der 8. Ecloge den Hirten Alphesiboeus singen, wie „Moeris durch giftige Kräuter zum Wolf sich verwandelt und in Wäldern verbarg"[23] – dieses Hirtengedicht ist überhaupt ein reichhaltiges Zeugnis für Bannsprüche, magische Opfer und Liebeszauber jeder Art in der griechisch-römischen Antike. Doch auch bei den heidnischen Sachsen soll Bonifatius (ca. 673–754) den Glauben an die Werwölfe vorgefunden haben.

Hexensabbat auf dem Blocksberg.
Aus. J. Praetorius, Blockes-Berges Verrichtung (1669)

Die Hexen der deutschen Sage verwandeln sich besonders gerne in Katzen und dreibeinige Hasen, aber auch in Kröten, Füchse, Raben und Mäuse (meist ohne Schwanz). Unter den verschiedensten Tieren finden sich auch Schmetterlinge und Libellen, die noch heute manchmal als Teufelsnadeln bezeichnet werden.[24] Tiere, die jedoch nach christlicher Anschauung Symbole der Reinheit sind, wie Lamm oder Taube, sind den Hexen untersagt.

Die Verwandlung in fliegende Tiere und das Reiten durch die Luft stehen in Zusammenhang mit einem besonders wichtigen Element des Hexenaberglaubens, dem „*Hexensabbat,* dem jährlichen Treffen an abgelegenen Orten, die sich meist in gebirgiger Gegend befinden. Am bekanntesten ist die Walpurgisnacht, die Nacht vom 30. April auf den 1. Mai, in der „die Hexen zu dem Brocken ziehn".[25] Bis ins 17. Jahrhundert blieb sie der spezifische Termin für die Hexenversammlungen, obwohl es auch andere Tage gab,[26] an denen dieses Ereignis stattfand: so z.B. in slawischen Ländern am Georgstag, an dem in diesen Gegenden der Frühlingsbeginn gefeiert wurde.

Johann Wolfgang von Goethe dürfte die Vorstellungen von diesem zaubertollen Treiben recht charakteristisch eingefangen haben:[27]

> „Wie rast die Windsbraut durch die Luft:
> . . .
> Ein Nebel verdichtet die Nacht.
> Höre, wie's durch die Wälder kracht!
> Aufgescheucht fliegen die Eulen.
> Hör', es splittern die Säulen
> Ewig grüner Paläste.
> Girren und Brechen der Äste.
> Der Stämme mächtiges Dröhnen!
> Der Wurzeln Knarren und Gähnen!
> Im fürchterlich verworrenen Falle
> Übereinander krachen sie alle,
> und durch die übertrümmerten Klüfte
> Zischen und heulen die Lüfte.

Hörst du Stimmen in der Höhe?
In der Ferne, in der Nähe?
Ja, den ganzen Berg entlang
Strömt ein wütender Zaubergesang!
Die Hexen zu dem Brocken ziehn,
. . .

Die alte Baubo kommt allein,
Sie reitet auf einem Mutterschwein.
So Ehre denn, wem Ehre gebührt!
Frau Baubo vor! und angeführt!
Ein tüchtig Schwein und Mutter drauf,
Da folgt der ganze Hexenhauf.
. . .

Es schweigt der Wind, es flieht der Stern,
Der trübe Mond verbirgt sich gern.
Im Sausen sprüht das Zauberchor
Viel tausend Feuerfunken hervor.
. . .

Es trägt der Besen, trägt der Stock,
Die Gabel trägt, es trägt der Bock,
. . .

Die Salbe gibt den Hexen Mut,
Ein Lumpen ist zum Segel gut,
Ein gutes Schiff ist jeder Trog,
. . .

Das drängt und stößt, das ruscht und klappert!
Das zischt und quirlt, das zieht und plappert!
Das leuchtet, sprüht und stinkt und brennt!
Ein wahres Hexenelement!
. . .

Da sieh nur, welche bunten Flammen!
Es ist ein muntrer Klub beisammen.
. . .

Ein Hundert Feuer brennen in der Reihe;
Man tanzt, man schwatzt, man kocht, man trinkt, man
liebt,
Nun sage mir, wo es was Bessers gibt?"

Die Bezeichnung Sabbat stammt vermutlich von den Ketzer-
versammlungen,[28] die unter diesem Spottnamen bekannt waren.
Die Ketzer des mittelalterlichen Ketzerbildes – der Name
kommt von den Katharern des 12./13. Jahrhunderts – traten
kollektiv auf, schlossen unter Verleugnung Gottes einen Pakt
mit dem Teufel und trafen sich in der Nacht an abgelegenen
Orten mit Dämonen zu scheußlichen Orgien.

Im Hintergrund dürfte jedoch auch die Judenfeindlichkeit
einiger Kirchenväter (Meliton von Sardes, Origenes, Johannes
Chrysostomus) und die des 4. Laterankonzils (1215) stehen.
Überhaupt hat die ,,Orthodoxie" Kultversammlungen religiöser Minderheiten, die notgedrungen an geheimen Orten und im
Dunkel der Nacht stattfinden mußten, häufig als Orte seltsa-
mer, abgöttischer Gebräuche und ritueller Unzucht gebrandmarkt. Erwähnt seien nur die Anschuldigungen der römischen
Kaiserzeit gegen das frühe Christentum[29] oder die judenfeindli-
chen Äußerungen des Johannes Chrysostomus, der die Synago-
gen als Stätte der Dämonen bezeichnet und andeutet, daß in
ihnen Unzucht getrieben werde.

Die kulturgeschichtlichen Wurzeln dieser Hexentänze und
Orgien auf dem Brocken im Harz, auf dem Blocksberg und an
anderen Orten[30] sind jedoch im heidnischen Vegetations- und
Fruchtbarkeitszauber zu suchen, in dem Erdkult, Vegetations-
kult und die Feier des Frühlingsanfanges zu einer kultischen
Einheit verschmolzen sind. Oft waren gerade Berge wegen des
rasch wechselnden Wetters, ihrer wolkenverhangenen Gipfel,
ihrer Wildheit und Unwegsamkeit beliebte Orte für heidnische
Kultstätten. Diese heidnischen Fruchtbarkeitskulte mit ihren
Aufnahmezeremonien, Tänzen und Gelagen, oft auch mit sym-
bolischen Geschlechtsverbindungen zwischen Mensch und
Gottheit, wurden durch das Christentum zu dämonologisch
uminterpretierten Religionsformen. Für eine ausschweifende
Phantasie bilden sie jedoch die Grundlage für die sogenannten
Blocksbergsverrichtungen. Die Aufnahme der Neulinge, das
Erzählen der begangenen Untaten und die Erteilung neuer Auf-
träge, der große Hexentanz, das Hexenmahl sowie die Schwar-
ze Messe, die Pervertierung der christlichen Eucharistiefeier

zum Teufelsdienst, gehören dazu wie die Verehrung des Teufels und der fleischliche Umgang mit ihm.

Lezteres Element, der *Teufelspakt* mit der Abschwörung Gottes in Form einer Eheschließung, hat seine Wurzeln in der Vorstellung vom geschlechtlichen Verkehr zwischen Menschen und Göttern, die durch das Christentum zu Dämonen umgedeutet wurden. Bis ins 13. Jahrhundert war diese Vorstellung von jeglicher Zauberei getrennt.

In der griechisch-römischen Mythologie handelt es sich dabei um nichts Ungewöhnliches. Solche Vorstellungen begegnen häufig. Die Werke Homers und Ovids sind besonders reich an Erzählungen dieser Art.

Der letzte Bearbeiter des Pentateuch hat an der Stelle Gen 6,1–4 eine ähnliche Tradition über die Entstehung der Riesen eingefügt. Die ,,Gottessöhne" waren ursprünglich als überirdische Wesen gedacht, später auch als gefallene Engel, die nach den Sagen vieler Völker mit menschlichen Frauen verkehrten und so die Riesen oder Helden der Vorzeit zeugten.

Im germanischen Mythos enthält die Abstammung des Volkes von Tuisco ähnliche Elemente; der sagenhafte Ahn des Merowingerhauses, Merovech, galt ebenfalls als Sohn eines Meergottes und der Gemahlin des Königs Chlodio. Der Gote Jordanes (ca. 550) erzählt in seinem Geschichtswerk ,,De origine actibusque Getarum", die Hunnen seien von bösen Dämonen und Zauberweibern gezeugt worden.

Der Hexenbegriff in einem geschichtlichen Überblick von den Kirchenvätern bis zur Gegenwart

Das Christentum übernahm die Elemente der vorgefundenen dämonischen Weltanschauung. Seine Dämonenlehre wurde besonders durch die biblischen Bücher, durch die dualistischen Lehren der Gnosis und durch den Neuplatonismus beeinflußt. Dabei kam die Ansicht zum Ausdruck, daß die Macht des Teufels, der nun als der prinzipielle Gegner des Reiches Christi, als Anführer der gefallenen Engel und als Haupt des bösen Geisterreiches erscheint, immer mehr vor der Kraft Gottes schwinden werde.

Die Kirche gestand den alten Göttern reale Existenz und Wirkungsvermögen in der Form von Dämonen zu: eine Auffassung die auch in den von der Kirche angewandten Exorzismen und Abschwörungen dämonischer Verbindungen zutage trat. Dies mußte für den Weiterbestand des Zauberglaubens besonders förderlich werden, da sich das Christentum zunächst als nur sehr dünne Schicht über die älteren Anschauungen legte. Den Kirchenvätern erschien das Heidentum wie das Ketzertum als Produkt der zahlreichen Teufel, mit denen sie die Welt bevölkerten.

Die Zauberei war bald für die kirchliche Auffassung eine Konkurrenz zum wahren Gottesdienst geworden, zu der der Mensch immer wieder vom Teufel und seinem dämonischen Heer verführt wurde. Als Beispiel sei nur die ,,Schwarze Messe'' genannt, mit der der Teufel als ,,Affe Gottes'' in seinem Wunsch nach göttlicher Verehrung von seinen Anhängern den christlichen Gottesdienst nachahmen läßt.

Der Kirchenlehrer *Augustinus* war es schließlich, der den Zauberwahn und Dämonenglauben endgültig in die theologische Spekulation einführte: ein Vorgang mit schwerwiegenden Folgen, da im Laufe des Mittelalters sein geistiger Einfluß immer stärker wurde.

Das mit dem Wiedererwachen wissenschaftlichen Lebens im 12. Jahrhundert verbundene natürliche Bedürfnis, sich auch über den Mechanismus der zauberischen Handlungen eine genaue Vorstellung zu verschaffen, bediente sich vor allem der Elemente, die christliche Kosmologie und Dämonenlehre anboten. Gelegentlich auftauchende Zweifel an der Realität der Zauberei oder an der Richtigkeit ihrer scholastischen Erklärungsversuche dienten für glaubenseifrige und hartnäckige Theologen nur zu weiterem Ausbau der eingeschlagenen Richtung.

Da nach dem Jahre 1000 die harten Kämpfe gegen die Ketzer begannen, die im Widerspruch zur christlichen Lehre das böse Prinzip als den Beherrscher der sichtbaren Welt verehrten, lag es nahe, daß die Kirche die Zauberer, die angeblichen Vertrauten und Diener des Satans, mit den Ketzern in engste Verbindung brachte, in ihrem Treiben endgültig ein ketzerisches Moment konstatierte und die neu eingerichtete Ketzergerichtsbarkeit der Inquisition auf sie anwendete. Durch das Beweismittel der Folter konnten die Beziehungen, in die die kirchliche Wissenschaft die Zauberer theoretisch zum Teufel gesetzt hatte, nun durch Geständnis der Beschuldigten als „wahr" bewiesen werden.

Die christliche Welt vermochte sich nicht von dem Glauben an die Realität der Zauberei zu befreien. Vielmehr trug sie in die Tätigkeit der als Zauberer angesehenen Personen immer neue strafwürdige Momente hinein und brachte so den im Laufe der Zeit entwickelten strafrechtlichen Apparat immer lebhafter gegen sie in Bewegung.

Drei Etappen zeichnen sich in dieser Entwicklung ab:

Bis zum Anfang des 13. Jahrhunderts bekämpften Kirche und Staat das maleficium in seiner älteren, einfachen Form.

Etwa seit 1230 ermittelte die Scholastik theoretisch die Möglichkeiten für die Verbindung von Menschen und Dämonen, die dann die zur gleichen Zeit begründete Ketzerinquisition unter päpstlicher Oberaufsicht praktisch mit der von ihr als Ketzerei gekennzeichneten Zauberei in Beziehung setzte.

Auf diesem Wege wurde der verhängnisvolle Sammelbegriff des Hexenwesens aus den ursprünglich verstreuten Elementen ins Leben gerufen. Dieser Prozeß war um 1430 abgeschlossen. Die Auffassung von der Zauberer- und Hexensekte gewann nun an Boden. Zugleich wurde der Wahn in dieser Ausgestaltung auf das weibliche Geschlecht zugespitzt.

Eine besondere theologische und kanonistische Hexenliteratur verteidigte vom 15. Jahrhundert an den entstandenen Kollektivbegriff der „Hexe"; auf dieser Grundlage nahm die systematische Verfolgung ihren Anfang.

Trotz dieser subtilen Systematisierung des Hexenbegriffes in der Theologie der Spätantike und des Hochmittelalters ist und bleibt die Erkenntnis, daß seine Grundlage, der Zauberglaube, auf einer allgemeinen Disposition des menschlichen Gemütes beruht: „Kein Volk steht in der Geistesbildung so niedrig, daß es sich nicht zu ihm zu erheben vermöchte, keines so hoch, daß es ihn ganz aus sich verbannen könnte."[31]

Auch in unserer so aufgeklärten Gegenwart, die an der Schwelle zu einem neuen Zeitalter stehen soll und vielleicht das „Ende der Neuzeit" darstellt, erleben Esoterik und Okkultismus, Wahrsagerei und Astrologie eine neue Blüte.

Auf dem Hintergrund der New-Age-Bewegung, die moderne Wissenschaft und Geheimlehre unter dem Schlagwort der „Sanften Verschwörung"[32] miteinander verbinden will, gilt es besonders in „feministischen" Kreisen, in esoterischen Hexenzirkeln und in sich immer mehr ausbreitenden satanischen Kulten als der neueste Trend, sowohl die Hexe der Vergangenheit als auch die Hexe in sich selbst heraufzubeschwören.

Roland Götz
Der Dämonenpakt bei Augustinus

Sein Hintergrund in der spätantiken Dämonologie und seine Auswirkungen auf die „wissenschaftliche" Begründung des Hexenglaubens im Mittelalter

Der französische Jurist Jean Bodin konnte in seinem 1580 erschienenen Werk „De la démonomanie des sorciers"[1] den Begriff „Hexe" so definieren: „Jemand, der, obwohl er Gottes Gesetze kennt, dennoch versucht, durch einen *Pakt mit dem Teufel* einen bestimmten Zweck zu erreichen."[2] Die mit einem Vertrag vergleichbare Übereinkunft der „Hexe" mit einem Repräsentanten des Bösen bildete in allen Hexenprozessen einen Hauptanklagepunkt. Die Entstehung und Entwicklung dieser Vorstellung darzustellen, ist Absicht dieses Beitrags. Dabei wird auf die antike Philosophie und Religion wie auf die Bibel zurückzugreifen sein. Augustinus, der wirkmächtigste Theologe der lateinischen Kirche, soll im Mittelpunkt der Untersuchung stehen; denn obwohl er hinsichtlich der Prägung der Idee des Dämonenpakts nicht allein steht, hat er doch sowohl in der Übernahme antiken Gedankenguts als auch für die weitere theologische Entwicklung zentrale Bedeutung.

Die spätantike Dämonologie[3]

Dämonen sind ein selbstverständlicher Teil des antiken Weltbildes. Man stellte sich das ganze Weltall als von geistigen oder halbgeistigen Mächten beseelt und bewegt vor. Schon in der frühesten griechischen Literatur, bei Homer und Hesiod, ist von Dämonen die Rede. Der griechische Volksglaube kannte sie als die mit übermenschlichen Kräften ausgestatteten, unberechenbaren Geister Verstorbener, als Gespenster und Krankheitserreger. Mit Hilfe von Zauberpraktiken suchte man sie in Dienst zu nehmen oder sich vor ihnen zu schützen.

Grundlage und Anknüpfungspunkt für die in der spätantiken Philosophie systematisch entfaltete Lehre von den Dämonen bildete eine Stelle in Platons (427–347 v. Chr.) „Symposion", in der die Natur des „Eros" besprochen wird: „Alles Dämonische ist zwischen Gott und dem Sterblichen. – Und was für eine Verrichtung hat es? – Zu verdolmetschen und zu überbringen den Göttern, was von den Menschen, und den Menschen, was von den Göttern kommt, der einen Gebete und Opfer und der andern Befehle und Vergeltung der Opfer. In der Mitte zwischen beiden ist es also die Ergänzung, so daß nun das Ganze in sich selbst verbunden ist. Und durch dies Dämonische geht auch alle Weissagung und die Kunst der Priester in bezug auf Opfer, Weihungen und Besprechungen und alle Wahrsagung und Bezauberung. Denn Gott verkehrt nicht mit Menschen, sondern aller Umgang und Gespräch der Götter mit den Menschen geschieht durch dieses, sowohl im Wachen als im Schlaf. Wer sich nun hierauf versteht, der ist ein dämonischer Mann, wer aber nur auf andere Dinge oder irgend auf Künste und Handarbeiten, der ist ein gemeiner. Solcher Dämonen oder Geister nun gibt es viele und von vielerlei Art, einer aber von ihnen ist auch Eros."[4] Hier wird den Dämonen eine Zwischenstellung zwischen Gott und Mensch und die Aufgabe der Vermittlung zwischen beiden zuerkannt. Da die Götter nicht selbst mit den Menschen in Kontakt treten, stellen die Dämonen die Verbindung her und gewinnen so ihre Funktion im Weltsystem. Ihr Wesen wird positiv gesehen. Der Mensch kann ihnen in Kult, Zauberei, Wahrsagerei und Traum begegnen. Schon bei Platon finden sich also die auch später wesentlichen Eigenschaften der Dämonen: Zwischenstellung und Verbindung mit Götterkult und Zauberei. Diese Grundmotive erfahren in der Philosophie der Folgezeit immer reichere Ausgestaltung und verbinden sich zunehmend mit volkstümlich-religiösen Elementen.

In der aus Platons Schülerkreis stammenden „Epinomis" wird die Mittlerstellung der Dämonen aufgegriffen und empfohlen, sie durch Gebete und Opfer zu ehren, damit sie ihren Dienst bereitwillig verrichten. Die Dämonen sind vernunftbegabt, lieben die guten Menschen und hassen die bösen, weil deren Taten sie schmerzen. Sie sind also im Gegensatz zu den Göttern leidensfähig und durch menschliche Handlungen affizierbar.

Platons Schüler Xenokrates (396/5–312 v. Chr.) benutzt die Vorstellung, daß Dämonen auf Erden Schaden anrichten, um von den Menschen mit Opfern verehrt zu werden, dazu, die Götter von der Schuld an den Übeln der Welt freizuhalten und ihre Weltferne zu betonen. So gewinnen die Dämonen eine Bedeutung in der Frage der Theodizee, der göttlichen Verantwortung für das Böse. Zugleich scheidet Xenokrates die Dämonen in gute und böse. Ihre Zwischenstellung zwischen Himmel und Erde erstreckt sich über ihre Funktion hinaus auch auf ihre Beschaffenheit: Die Dämonen besitzen einen Körper, der aus irdischem und ätherischem Stoff gemischt ist. Bei Xenokrates finden sich auch Aussagen, die Dämonen mit Menschenseelen vor ihrem Eintritt in einen Leib oder nach dem Tod identifizieren.

Die Stoa sieht die Dämonen durch „Sympathie" mit den Menschen verbunden und als ihre Aufseher. Die Luft, die ebenso wie Erde und Wasser bewohnt ist, ist ihr ihrem Wesen entsprechender Aufenthaltsort. Auch Seelen Verstorbener können in diesen reineren Lebensbereich aufsteigen und dort als Dämonen weiterleben. Dämonen sind als Götter zweiter Ordnung unsterblich, besitzen aber wie die Menschen Affekte. Sie dienen und helfen den Menschen vor allem in der Mantik (Seherkunst). Die späte Stoa schreibt jedem Menschen einen eigenen Dämon als eine Art „Schutzengel" zu und identifiziert ihn auch mit der sittlichen Anlage im Menschen.

Bei Plutarch (ca. 45–125 n. Chr.) finden sich wie im gesamten Mittelplatonismus des ersten und zweiten nachchristlichen Jahrhunderts eine verstärkte Aufnahme volkstümlicher Anschauungen und eine Steigerung des Dämonenglaubens. Die

Eigenschaften der Dämonen entsprechen ihrer Mittelstellung: Sie sind wie die Menschen Lebewesen, affektbewegt und vernünftig, wie die Götter ewig und besitzen als für sie charakteristisches Merkmal einen luftartigen Leib. Die Dämonen beherrschen die Materie, der die Götter fernstehen. Deshalb müssen die ja an die Materie gebundenen Menschen ihnen gehorchen und sie mit Opfern verehren.

Die Lehre der sogenannten chaldäischen Orakel ist stark von religiös-magischen Vorstellungen geprägt. Durch die Praxis der Theurgie, in der Götter mit Hilfe von Ritualen und Beschwörungen angelockt werden, tritt der Theurge in Kontakt mit ihnen, gewinnt Macht über sie und gelangt so zu übernatürlichen Einsichten. Gute Geister, die den Aufstieg des Menschen in die göttliche Sphäre erleichtern, heißen Engel. Es gibt aber auch böse Dämonen, die den Theurgen aus Verlangen nach Opfern und Verehrung narren und ihm anstatt der Götter erscheinen. Es besteht also ein Dualismus in der Geisterwelt.

Plotin (ca. 205–270 n. Chr.) baut die Dämonen in seine Lehre ein, daß alles Seiende Ausfluß des göttlichen Einen ist und mit zunehmender Entfernung vom geistigen Ursprung immer mehr dem Bereich der Materie zugehört. Entsprechend ihrer Mittelstellung bestehen die Dämonen aus „geistiger Materie" und besitzen Affekte, weswegen sie durch menschliche Handlungen beeinflußbar und dem Zauber unterworfen sind.

An Plotin anknüpfend begründet der Neuplatoniker Porphyrios (ca. 234–302 n. Chr.) die Unterscheidung zwischen guten und bösen Dämonen mit ihrem unterschiedlichen Verhältnis zur Materie: Die bösen Dämonen sind der Materie mehr verhaftet als dem Geist, der in den guten die Materie beherrscht. Dementsprechend wohnen sie auch in einer erdnäheren Sphäre als diese und stehen schon räumlich den Menschen näher. So beherrschen sie auch den Bereich der Natur, in dem sie Mißernten, Krankheiten und Unwetter hervorrufen. Während die guten Dämonen dem Menschen in seinem geistigen Aufstieg zum obersten Gott vermittelnd behilflich sind, suchen die bösen Dämonen in ihm Leidenschaften hervorzurufen, wie sie auch selbst Affekten unterworfen sind. Sie wollen den Menschen verwirren und ihn von der rechten Einstellung zu den Göttern abbringen. Deshalb geben sie sich selbst als Götter aus und führen so zu der falschen Vorstellung, auch der oberste Gott könne durch Magie beschworen werden und sei für das Übel in der Welt verantwortlich. Sie sind es, die die Menschen zu bösen Taten anstiften. Alle bösen Dämonen gehorchen einem obersten Anführer, der eine dem Guten entgegengesetzte Kraft ist, durch die auch aller verwerflicher Zauber ausgeführt wird. Sie wollen Götter sein und durch Opfer verehrt werden. Porphyrios entwickelt hier eine stark dualistische Weltordnung, in der sich Gut und Böse in zwei Gruppen von Geistern gegenüberstehen. Während sich der Aufstieg zu Gott rein geistig vollzieht, ist die ganze antike Religion mit ihren Riten und Opfern dazu nutzlos, vielmehr Sache der bösen Dämonen. Das oberste Wesen ist weit davon entfernt.

Noch mehr wird die Transzendenz des höchsten Wesens von Jamblichos (ca. 280–337 n. Chr.) betont, der zwischen Gott und den Menschen eine ganze Reihe von Zwischenwesen kennt: Götter – Dämonen – Heroen – Seelen. Die Dämonen bilden den äußersten Ausfluß des Göttlichen, der den großen Menschen am nächsten steht. Auch Jamblichos unterscheidet gute und böse Dämonen. Letztere erscheinen umgeben von wilden, reißenden Tieren, ihre Tätigkeit ist der der guten, die auch als Engel bezeichnet werden, entgegengesetzt: Sie erregen Krankheit und Übel, tun das Häßliche und Ungerechte, sie beeinflussen Menschen zum Bösen und werden von bösen Menschen angezogen. Das Dämonische wird mit dem Schlechten gleichgesetzt.

Im vorangegangenen Überblick werden bei aller Vielfältigkeit die Entwicklungslinien spätantiker Dämonologie deutlich: Dämonische Zwischenwesen dienen dazu, die Transzendenz und Weltferne eines höchsten geistigen Wesens zu sichern und es von der Verantwortung für das Böse in der Welt freizuhalten. Sie ermöglichen eine Verbindung von philosophischem Monotheismus und traditioneller Vielgötterei. Dabei werden die herkömmlichen Götter und ihr Kult zunehmend in den Bereich der Dämonen eingeordnet. Dadurch wird Kritik an den von den antiken Philosophen vielfach als unwahr und unsittlich angesehenen Göttermythen und -kulten möglich. Zunehmend ist die Geisterwelt durch einen Dualismus zwischen Gut und Böse geprägt, teilweise wird die Bezeichnung „Dämonen" nur noch für böse Geister verwendet. Mit dem Wirken der Dämonen werden neben der traditionellen Götterreligion auch eine Fülle magisch-religiöser Praktiken wie Zauber und Wahrsagerei und das Unheil in der Welt verbunden und erklärt.

Neben ihrem Platz in philosophischen Konzeptionen waren Dämonen vor allem in der Volksreligion als Schutz- und Schadensgeister, Gespenster und Seelen Toter „lebendig" und fanden Verehrung. So prägten sie das geistige Umfeld mit, in dem das sich ausbreitende Christentum sich durchsetzen mußte. Auch die Christen wuchsen auf dem Hintergrund eines Weltbildes auf, in dem Dämonen selbstverständlicher Bestandteil waren.

Im gesamten hellenistisch geprägten Kulturraum gab es hierin keine grundsätzlichen Differenzen. Auch im jüdischen spätalttestamentlichen und außerbiblischen Schrifttum und im Neuen Testament spiegelt sich die Begegnung mit der hellenistischen Dämonologie. Hier verbindet sie sich mit einem auf eigenständiger Grundlage erwachsenen Dämonenglauben. Gemeinsamkeiten im Weltbild ermöglichten Austausch und Synthese von griechischem, orientalischem und später auch christlichem Gedankengut.

Der Dämonenpakt bei Augustinus

Die Situation

Augustinus (354–430) wuchs als Sohn einer christlichen Mutter und eines heidnischen Vaters im nordafrikanischen Tagaste auf. Er absolvierte den klassischen antiken Bildungsgang und wurde Rhetoriklehrer. Erst nach längerer Auseinandersetzung mit verschiedenen religiös-philosophischen Richtungen, denen er zeitweilig auch angehörte, fand er zum Christentum. Hierzu zählen insbesondere der Manichäismus, in dessen Weltbild sich ein gutes und ein böses Prinzip schroff und in stetem Kampf gegenüberstehen, und der Neuplatonismus, dessen Dämonenlehre bereits dargestellt wurde. Nach seiner Taufe (387) wurde Augustinus auch Priester und 396 Bischof der nordafrikanischen Hafenstadt Hippo Regius. Hier entwickelte er bis zu seinem Tod eine intensive seelsorgliche und theologische Tätigkeit. Durch sein ausgedehntes Werk, das neben systematischen Abhandlungen und Geschichtstheologie auch eine ,,Autobiographie", Katechese, Bibelauslegung, Predigten und Briefe umfaßt, wurde er der einflußreichste Theologe der lateinischen Kirche, dessen Gedanken bis in die Gegenwart hinein wirken.

Als Mensch der Antike war Augustinus selbstverständlich im Weltbild der Zeit verwurzelt, das ihm auch nach seiner Bekehrung zum Christentum der nicht hinterfragte Rahmen blieb, innerhalb dessen sein Denken und seine Theologie sich vollzogen. Durch seine persönliche Lebens- und Glaubensgeschichte war er von Vorstellungen außerchristlicher Weltanschauungen tief geprägt, von denen einige Elemente und Strukturen sich auch in seinen christlich-theologischen Werken wiederfinden. Diese Voraussetzungen brachte Augustinus auch in seine Beschäftigung mit der Bibel ein. Er deutete sie von seiner Weltsicht her. Zahlreiche Gemeinsamkeiten, die zwischen dem Weltbild der spätantiken Philosophien und dem der Bibel bestehen, erleichterten eine solche Vorgehensweise, da hier unumstrittene Wahrheiten ausgesprochen schienen. Dies galt auch für die Existenz und das Wirken von Dämonen.

Hatte es schon in der antiken Philosophie Vorbehalte gegen polytheistischen Götterkult und volkstümliche religiös-magische Praktiken gegeben, so mußten diese dem christlichen Bischof Augustinus erst recht unannehmbar sein: Sie standen im Gegensatz zum biblischen Eingottglauben und waren mit sittlich vielfach äußerst bedenklichen Mythen und Riten verbunden. Doch gerade Götterverehrung, Aberglaube, Astrologie und Wahrsagerei waren auch unter den damaligen Christen noch weit verbreitet. ,,Und so gingen noch sehr viele in jene letzten Filialen des alten Geschäftes, in die Häuschen, wo die geheimen Zaubermittel zu haben waren. Dort wurde einem zugeflüstert, wie lange man noch leben würde, ob man Glück in der Liebe haben oder einen Prozeß gewinnen oder beim Rennen auf den Richtigen setzen würde. Dort wurden die Amulette verkauft, die man auf vorgeschriebene Art auf der bloßen Haut tragen oder gegen Kopfschmerz um den Kopf binden mußte (‚ligaturae‘). Dort wurden Rezepte verabfolgt, die unfehlbar halfen, auch wenn das Beten nichts nützte. Alles Mögliche gab es da: Papierstreifen, mit bestimmten Buchstaben darauf, die man bei sich tragen mußte (‚characteres‘), Diagramme, aus denen man wahrsagen konnte; Heilmittel, die man ‚remedia‘ nannte, oder vornehmer ausgedrückt, ‚physica‘...; Medaillons mit geheimnisvollen Zeichen, kleine Ringe für die Ohrmuschel und Straußvogelknöchelchen, die man an den kleinen Finger steckte. Eine ganze Apotheke – die Versuchung war groß.“[5]

Durch die Seelsorge in einer Hafenstadt war Augustinus mit all diesen Problemen ständig konfrontiert, die eine ernste Bedrohung des christlichen Glaubens durch das alte Heidentum darstellten. Der Kampf gegen diese Zustände stellt einen wesentlichen Kontext dafür dar, daß Augustinus die Vorstellung vom Dämonenpakt entwickelte.

Biblische Grundlagen

Grundlagen konnte Augustinus dafür in der Bibel finden: Psalm 96,5 sagt in seiner lateinischen Übersetzung: „Omnes dii gentium daemonia“ – „Alle Götter der Heiden sind Dämonen.“ Diese Gleichsetzung der antiken Götter mit Dämonen steht im Alten Testament in einer breiten Tradition, die die Existenz übermenschlicher Wesen neben Gott zwar nicht leugnet, diese jedoch abwertet, als böse Geister den guten Engeln, Gottes Boten und Dienern, gegenüberstellt und insbesondere jeden Kontakt mit ihnen in Wahrsagerei und Magie verbietet. Die alleinige Verehrung des einen Gottes stellt die Grundlage des jüdischen Glaubens dar (vgl. Dtn 6,4). Auch im Neuen Testament werden die Götter zu Dämonen abgewertet, und so zitiert Augustinus in seinem Kommentar zur obigen Psalmstelle

1 Kor 10,20: „Also hatten alle Heiden Dämonen zu Göttern: Was sie Götter nannten, waren Dämonen; wie der Apostel offen sagt: ‚Denn was die Heiden opfern, opfern sie Dämonen, nicht Gott.'"[6] Paulus nimmt im ersten Korintherbrief ausführlich zu der Frage Stellung, wie Christen sich gegenüber den heidnischen Götteropfern zu verhalten haben. Er warnt die Christen davor, vom Götzenopferfleisch zu essen, denn dadurch kommt eine enge Gemeinschaft zwischen den Göttern, also Dämonen, und den Teilnehmern am Opfermahl zustande. Diese und die sakramentale Gemeinschaft, die die Gläubigen im Herrenmahl mit Christus erlangen, sind zwar formal parallel, schließen sich aber gegenseitig aus: „Ihr könnt nicht den Kelch des Herrn trinken und den Kelch der Dämonen. Ihr könnt nicht Gäste sein am Tisch des Herrn und am Tisch der Dämonen." (1 Kor 10,21) Paulus ruft seinen Lesern eindringlich ins Bewußtsein, was Götzenopfer in Wirklichkeit bedeuten: „Was man dort opfert, opfert man nicht Gott, sondern den Dämonen. Ich will jedoch nicht, daß ihr Gesellen der Dämonen werdet." (1 Kor 10,20) Die hier angesprochene quasi-sakramentale Verbindung von Dämonen und Menschen ist ein wesentlicher Ausgangspunkt für Augustinus' Lehre von einem Pakt zwischen Dämonen und Menschen. Bestätigen konnte eine solche Vorstellung Jesaja 28,15, sofern man die Aussage wörtlich verstand: „Wir haben mit dem Tod ein Bündnis geschlossen, wir haben mit der Unterwelt einen Vertrag gemacht." Auch in der Erzählung von der Versuchung Jesu durch den Teufel (Mt 4,1–11) hat es den Anschein als schlüge der Teufel Jesus eine Art Vertrag vor: „Das alles will ich dir geben, wenn du dich vor mir niederwirfst und mich anbetest." Der Teufel verspricht Belohnung für ihm erwiesene göttliche Verehrung. Doch noch weiter gehende Beziehungen zwischen dämonischen Wesen und Menschen scheinen durch die Bibel belegt: Genesis 6,1–4 erzählt von sogenannten „Gottessöhnen", die mit irdischen Frauen Kinder zeugen. Augustinus bezweifelt, nicht zuletzt aufgrund des Zeugnisses „glaubwürdiger Leute", die reale Möglichkeit, daß Dämonen mit Menschen in sexuellen Kontakt treten können, nicht.[7] Auf dieses biblische Zeugnis berief sich auch der spätere

Hexenwahn, als die Bilder einer Teufelsbuhlschaft immer farbiger ausgemalt wurden.

Die Konzeption der zwei „Staaten"

Aussagen über die Dämonen stehen bei Augustinus nicht im Zentrum seiner Theologie, doch weist er den Dämonen einen wichtigen Platz im geschichtstheologischen Weltentwurf seines grandiosen und die Weltsicht des ganzen Mittelalters zutiefst prägenden Werkes „Vom Gottesstaat" („De civitate Dei") zu. Hier entwirft er vor allem in den Büchern VIII–X eine ausführliche Dämonologie. Nach Augustinus wird die gesamte Wirklichkeit durch das Gegenüber zweier „Staaten" geprägt, des „Gottesstaates" („civitas Dei") und des „Weltstaates" („civitas terrena"), der auch „Teufelsstaat" („civitas diaboli") genannt wird.[8] Es handelt sich hierbei nicht um „Staaten" im üblichen Sinn, sondern um Gemeinschaften, in denen Irdisches und Überirdisches in „mystischer" Weise verbunden sind. In ihnen stehen sich die ethischen Qualitäten Gut und Böse gegenüber. Sie unterscheiden sich im Kult: Engel und gute Menschen stehen untereinander und mit Gott, den sie verehren, in Gemeinschaft und bilden den Gottesstaat. Die schlechten Menschen, die die heidnischen Götter, die Dämonen, verehren, bilden mit diesen den Weltstaat. Augustinus kann das biblische Bild für die Gemeinschaft der Guten mit Gott, das Bild von der Kirche als „Leib Christi"[9], in paralleler Weise auch auf die Gemeinschaft der Bösen übertragen. Er zitiert hierbei Tyconius, Vertreter einer grundlegend dualistischen Sicht der Welt. Es heißt „vom Teufel und seinem Leib: Denn er ist das Haupt der Gottlosen, die gewissermaßen sein Leib sind und mit ihm in das ewige Straffeuer gehen werden, wie Christus das Haupt der Kirche ist, die sein Leib ist und mit ihm im Reich (Gottes) und der ewigen Herrlichkeit sein wird . . ., (der Gottlosen,) die, obwohl sie zu ihm gehören, sich doch zeitweilig mit der Kirche mischen, bis jeder aus diesem Leben scheidet oder durch die letzte Worfelschaufel die Spreu vom Weizen getrennt wird".[10] Die konkrete irdische Kirche ist also nicht gleichbedeutend mit dem Gottesstaat, in ihr mischen sich Gut und Böse. Es ist stets möglich, daß auch überall in der Kirche der Teufel am Werk ist. Auf Erden liegen der Gottesstaat und seine inner- und außerkirchlichen Widersacher in stetem Kampf.

Dieser Weltentwurf zeigt starke dualistische Züge. Ein ontologischer Dualismus jedoch wie der des Manichäismus, in dem von allem Ursprung an ein gutes und ein böses Prinzip die Welt bestimmen, ist mit dem christlichen Monotheismus und Schöpfungsglauben unvereinbar: Ein einziger Gott hat am Anfang alles gut geschaffen.[11] Wie konnte Augustinus diese Grundaussage mit der Existenz und dem Wirken der Dämonen vereinbaren, an deren Realität zu zweifeln ihm das antike Weltbild und die Bibel keinen Anlaß gaben? Auch die Dämonen wurden ursprünglich von Gott als gute Engel erschaffen, doch aufgrund der Freiheit ihres Willens lehnten sie sich aus Hochmut und Eigenliebe gegen Gott auf. Zur Strafe wurden sie aus dem Himmel gestürzt und bis zum endgültigen Strafgericht in den Luftraum verbannt. Von dort aus suchen sie aus Neid die Menschen von Gott abzubringen und sie so ebenfalls ins Verderben zu stürzen. Sie versuchen die Menschen zum Bösen. Sie wollen die Menschen von der Verehrung des einen Gottes abbringen und selbst verehrt werden. Deshalb wirken sie mit List, Betrug und Verstellung und tun so als seien sie Gott. Doch: ,,Man muß vielmehr annehmen, daß es Geister sind voll Schadenfreude, gänzlich bar aller Gerechtigkeit, geschwollen von Hochmut, blaß vor Neid, listig zu betrügen, die in der Luft wohnen, weil sie aus der Herrlichkeit des oberen Himmels wegen nicht gutzumachenden Ungehorsams herabgeworfen und hier einstweilen zur Strafe in einem für sie passenden Kerker untergebracht sind. Nicht jedoch stehen sie darum, weil die Luft über Ländern und Gewässern schwebt, an Wert über den Menschen, diese vielmehr sind ihnen zwar nicht durch ihren Körper, der irdisch ist, wohl aber, wenn sie den wahren Gott zum Beistand wählen, durch ihren frommen Sinn bei weitem überlegen. Freilich herrschen die Dämonen über viele, die der Teilnahme an der wahren Religion nicht würdig sind, wie über Gefangene und Untertanen, und wissen sich den meisten von ihnen durch wunderbare und betrügerische Zeichen, bald Taten, bald Weissagungen, als Götter zu empfehlen."[12] „Wenn du aber Dämonen anbetest und ihnen dienst, werden sie deine Herren sein. Und wer werden deine Herren sein? Deine Neider: Notwendigerweise neiden sie dir deine Freiheit und wollen dich immer besitzen und dich so machen, daß sie dich mit sich ziehen können. Diese bösen Geister besitzen nämlich eine angeborene Mißgunst und Verderblichkeit. Sie freuen sich am Übel der Menschen und, wenn sie uns betrogen haben, weiden sie sich an unserer Betrügerei. Und was suchen sie? Niemanden, den sie auf ewig beherrschen, sondern jemanden, mit dem zusammen sie auf ewig verdammt werden . . . Seht, welche Herren sich die schaffen, die Götzenbilder und Dämonen verehren!"[13]

Neid, Bosheit und Verstellung sind für Augustinus also die Haupteigenschaften der Dämonen, die er sich im übrigen ganz in Übereinstimmung mit den Aussagen der antiken Dämonologie vorstellt (lebendig – affektbewegt – vernünftig – mit Luftleib – ewig).[14] Sie bilden zusammen mit dem Teufel als ihrem Oberhaupt und den gottlosen Menschen ein Reich des Widergöttlichen, das zum Gottesstaat in schärfstem Gegensatz steht, ihm in seiner Struktur aber parallel ist. Man könnte hier von Spiegelbildlichkeit sprechen.

Zweifellos bietet Augustinus' polare Konzeption der zwei Staaten Ansatzpunkte für eine Interpretation in dualistischem Sinn, wenn man das Einheitsmoment in Gottes universaler Schöpfermacht aus den Augen verliert, der auch das Widergöttliche unterworfen ist: Die Dämonen sind Gottes Geschöpfe und können ihr unheilbringendes Wirken nur entfalten, weil Gott es gestattet. Hier liegt Augustinus' Lösung des Theodizee-Problems, in die auch die Dämonen eingebaut sind: Das Böse ist kein mit Gott gleichursprüngliches Prinzip, auch nicht von ihm so geschaffen, sondern entsteht durch die Abkehr freier kreatürlicher Willen (von Dämonen und Menschen) von Gott und dem Guten und die Wahl eines falschen Wertsystems. Gott läßt dies zu, er läßt auch das Wirken der Dämonen zu, um die Menschen zu prüfen und ihnen den Erweis ihrer Standhaftigkeit zu ermöglichen. So nur ist es möglich, daß in einer Welt, die grundsätzlich gut geschaffen und durch Christus erlöst ist, Dämonen ihr Unwesen treiben können. Sie treiben es unter der Maske des Guten. Perversion des Guten ist die ihrem Gott entgegengesetzten Wesen entsprechende Tätigkeit. Dies macht für den Menschen stete Wachsamkeit nötig, um nicht teuflischen Versuchungen zu erliegen, denn in der Welt (und in der Kirche) sind Gutes und Böses stets vermischt. So enthält Augustinus' Konzeption zwar keinen ontologischen Dualismus, doch eine starke Polarität in aller nicht-göttlichen Wirklichkeit, die vor allem eine starke ethische Mahnung beinhaltet, sich durch gutes Handeln auf die Seite Gottes und seines Staates zu stellen. Hierin trifft sie sich auch mit dem ersten Johannesbrief (3,1–10), der, indem er Gottes- und Teufels-„Kindschaft" gegenüberstellt, zur Nächstenliebe auffordert. Die schroffe Gegenüberstellung von Gut und Böse zeigt, daß der Christ sich entscheiden muß, welchem Herrn er dienen will. Neutralität ist nicht möglich. Sie macht auch den Ernst dieser Entscheidung eindringlich deutlich, indem sie ihre Folgen aufdeckt.[15] Durch Hinwendung zu Dämonen stellt man sich auf die Seite des Bösen.

Die Dualität in Augustinus' Modell der zwei Staaten konnte jedoch auch zu unheilvollen Folgerungen veranlassen, wenn man sie, wie es in der Hexenverfolgung geschah, dazu benutzte, hinter allem stets auch Trug und Hinterlist des Teufels zu vermuten, wenn man aufgrund der Aussage von der Verstellung der Dämonen in Unschuldsbeteuerungen angeblicher Hexen nur einen Grund mehr dafür sah, mit der Folter fortzufahren, wenn man an die Existenz einer teuflischen Gegenkirche glaubte, deren Riten die exakte Perversion der christlichen Sakramente waren. In dieser Interpretation hat Augustinus verhängnisvoll gewirkt. Gleichfalls gefährlich wirken konnte er durch den im schroffen Gegensatz von Gottesstaat und Teufelsstaat liegenden Ausschließlichkeitsanspruch: Zwischen dem Guten und dem auf der Gegenseite versammelten restlos Bösen gibt es keine Basis gegenseitiger Anerkennung oder Duldung. Die Grundentscheidung für oder gegen Gott hat radikale Auswirkungen und prägt sämtliche Bereiche. Toleranz ist hier unmöglich. Der

Schritt zur Bekämpfung der Gegenseite als des Reichs des Bösen von der eigenen als der guten Seite aus, notfalls auch mit Mitteln der Gewalt, liegt nahe und wurde von der Kirche mehrfach vollzogen (Kreuzzüge, Ketzerverfolgung, Hexenprozesse).

Augustinus sah das Wirken der Dämonen vor allem im heidnischen Götterkult lebendig und stand damit – wie oben gezeigt – in der Tradition sowohl der spätantiken Philosophie als auch des Alten und Neuen Testaments. Die heidnischen Götter wurden von Augustinus nicht in ihrer Existenz geleugnet, sondern mit Dämonen gleichgesetzt, die in seinem Welt- und Geschichtsbild wiederum als gefallene Engel ihren Platz hatten. Das dämonische Wesen des Götterkults sieht Augustinus besonders durch seine Unsittlichkeit erwiesen, die die Menschen gerade vom gottgefälligen Leben und der Gemeinschaft mit dem einen wahren Gott abhält. Für Christen ist der Götterkult daher völlig unannehmbar. Vor ihm mit aller Eindringlichkeit zu warnen, ist die eigentliche Absicht der augustinischen Lehre vom Dämonenpakt.

Die Lehre vom Dämonenpakt

Anknüpfungspunkte hierfür lieferte neben den oben bereits genannten Bibelstellen das in der gesamten heidnischen Umwelt verbreitete „do ut des"-Verhältnis zwischen Mensch und Göttern, von menschlicher Leistung und göttlicher Gegenleistung. Diese sehr auf Berechnung abzielende Beziehung wird in der antiken Literatur manchmal auch in der Weise eines förmlichen Vertrags dargestellt. In der Form eines orientalischen Vasallenvertrags stellt auch die Bibel (Ex 19 ff.) den Bundesschluß Gottes mit Israel dar, bei dem man jedoch im Gegensatz zu heidnischen Vorstellungen nicht von einer Gleichrangigkeit der „Vertragspartner" sprechen kann. Augustinus' gesamtes „civitates"-Konzept durchzieht der Gedanke der Gemeinschaft („communio", „societas"). In ihr sieht Augustinus neben dem schon bei Paulus angesprochenen sakramentalen Element auch ein juridisches, das den Ursprung der Gemeinschaft auf der Grundlage freier Willensentscheidung und -erklärung betont.

Der Teufelspakt. Aus: Nicolaus Remigius, Daemonolatria (Hamburg 1693)

Realisiert sah Augustinus eine solche vertragsartige willentliche Übereinkunft zwischen den Menschen und dem Bösen vor allem in der Götterverehrung und in Magie, Wahrsagerei, Astrologie und ähnlichem. Die grundlegenden Aussagen Augustinus' hierzu finden sich in seinem Werk „De doctrina christiana", in dem er den Wert von Wissenschaften und Erkenntnissen für den Christen untersucht: „Alles das ist Aberglaube, was von den Menschen eingerichtet wurde und sich auf die Herstellung und Verehrung von Götzenbildern bezieht oder auf die Verehrung eines Geschöpfes oder eines Teils eines Geschöpfes wie Gott oder auf Beratschlagungen oder gewisse Abmachungen („pacta') von Zeichen, die mit Dämonen abgeschlossen wurden, wie es die Bemühungen der magischen Künste sind... Dazu gehören die Bücher der Eingeweide- und Vogelschauer..., auch alle Amulette und ‚Heilmittel'..., tausende nichtigster Einhaltungen... Zu dieser Art des verderblichen Aberglaubens sind ebenso die Nativitätssteller und Astrologen zu rechnen... Auch diese Ansichten sind auf dieselben gleichsam Abmachungen („pacta') und Übereinkünfte mit Dämonen zurückzuführen. Deshalb nämlich wird es geschehen, daß nach einem geheimen göttlichen Ratschluß die nach Bösem begierigen Menschen wegen der Vergehen ihres Willens zum Spott und Betrug den sie verspottenden und betrügenden pflichtvergessenen Engeln ausgeliefert werden, denen der unterste Teil der Welt gemäß der vortrefflichen Ordnung der Dinge aufgrund des Gesetzes der göttlichen Vorsehung unterworfen ist... Also sind alle derartigen Künste eines nichtigen oder schädlichen Aberglaubens aufgrund einer verderblichen Gemeinschaft von Menschen und Dämonen als gleichsam Pakte einer treulosen und hinterlistigen Freundschaft zutiefst zurückzuweisen und zu meiden; ‚nicht weil' – wie der Apostel sagt – ‚das Götzenbild (wirklich) etwas sei, sondern weil man, was man opfert, den Dämonen opfert und nicht Gott. Ich will (aber) nicht, daß ihr Kumpane der Dämonen werdet.' Was nun aber der Apostel von den Götzenbildern und den Opfern, die ihnen dargebracht werden, gesagt hat, das ist auch von allen eingebildeten Zeichen zu halten, die entweder auf die Verehrung von Götzenbildern oder die Verehrung eines Geschöpfes ... wie Gott zielen oder sich auf die Sorge um ‚Heilmittel' oder andere Einhaltungen beziehen, die nicht von Gott zur Liebe Gottes und des Nächsten gleichsam öffentlich eingerichtet wurden, sondern durch private Begehrlichkeiten nach zeitlichen Dingen die Herzen Elender zerstreuen. In allen diesen Lehren ist die Gemeinschaft mit Dämonen zu fürchten und zu meiden, die zusammen mit ihrem Fürsten, dem Teufel, nichts anderes versuchen, als unsere Rückkehr zu verschließen und zu verriegeln ... Das alles bewirkt nur so viel, wie aus geistiger Vermessenheit gleichsam in einer gemeinsamen Sprache mit den Dämonen abgemacht wurde ... Die menschlichen Einrichtungen, die – wie gesagt – auf die Gemeinschaft mit Dämonen zielen, sind zutiefst zu verschmähen und zu verfluchen."[16] In Götterkult und Aberglaube kommt eine wirkliche, auch mit rechtlichen Beziehungen vergleichbare Gemeinschaft zwischen Menschen und Dämonen zustande. Sie äußert sich – und diese Erscheinungsformen kannte Augustinus aus seiner Umwelt sehr gut – in Verehrung von Idolen, Opfern, geheimen Verständigungszeichen („significationes"), Anrufungen, Beschwörungen, Zauberei, Wahrsagerei, Astrologie usw. Durch solche Praktiken tritt man ein in den Weltstaat und befindet sich als Teil des „Leibes des Teufels" unter der Herrschaft der Dämonen. „Deshalb muß sich der gute Christ vor den Astrologen und allen gottlos Wahrsagenden ... hüten, damit sie nicht durch ihre Gemeinschaft mit Dämonen die betrogene Seele in einem Gesellschaftsbund verstricken."[17] Die Sündhaftigkeit und Verwerflichkeit des so durch äußeres Tun zustandegekommenen Dämonenpaktes liegt darin, daß statt dem einen und einzigen Gott geschöpflichen Wesen Verehrung erwiesen wird und sie um Auskunft oder Hilfe gebeten werden. Dieser Verstoß gegen die monotheistische Grundlage des Christentums ist schlimmste Apostasie, Abfall vom Glauben! Die Unsittlichkeit mancher heidnischer Praktiken kann dies nur noch verschlimmern.

Am realen Zustandekommen solcher Pakte zwischen Menschen und Dämonen war für die Antike nicht zu zweifeln, waren doch ihre Auswirkungen in Wahrsagerei und Magie offen-

kundig und sichtbar: Heidnische Zauberer konnten „Wunder"
vollbringen, dies wurde nicht bezweifelt. Sie waren genauso
wirklich wie die Wunder, die aus der Vergangenheit in der Bibel
überliefert waren oder in der Gegenwart von christlichen Heiligen gewirkt wurden. Der wesentliche Unterschied besteht in
der Weise ihres Zustandekommens: Der Christ tut Wunder
durch göttlichen Beistand mittels christlicher Zeichen und Symbole, der böse Mensch durch die vom allmächtigen Gott zuge-
lassene Hilfe der Dämonen mittels okkulter Praktiken. Dazu
sind diese Wunder meist auch nicht so groß. Aus einem massi-
ven Wunderglauben heraus, den Augustinus mit seiner ganzen
Zeit und Umwelt teilte, konnte er die heidnische Religion nicht
durch Bestreitung ihrer Wirklichkeit, sondern nur durch Verurteilung ihrer moralischen Qualität bekämpfen.[18]

Der Erklärung der Funktionsweise heidnischer Wahrsagerei
und dem Vorherwissen der Dämonen widmete Augustinus ein
eigenes Werk („De divinatione daemonum").[19] Er zeigt auf,
daß die Dämonen aufgrund ihres luftigen Körpers größere
Schnelligkeit in der Fortbewegung und schärfere Sinne als die
Menschen besitzen, weswegen sie Vorzeichen sich anbahnender
Ereignisse viel früher wahrnehmen und so deren Eintreten den
Menschen ankündigen können. Zudem können sie hierin aufgrund ihrer Ewigkeit große Erfahrung sammeln. Manchmal
kündigen sie aber auch nur Taten an, die sie selbst planen,
manchmal geben sie nur das weiter, was sie von den Engeln und
Propheten Gottes gehört haben. Auch hier deckt Augustinus
die wahren, dämonischen Hintergründe auf, leugnet nicht die
reale Existenz.

In seinem publizistischen und seelsorglichen Wirken ging
Augustinus immer wieder scharf gegen Götterkult und
Aberglaube, die auch unter den Christen noch Anhänger besa-
ßen, an. Die Lehre vom Dämonenpakt diente ihm hierbei dazu,
die wahre Wirklichkeit, die hinter äußerlich vielleicht harmlosen Handlungen steckte, aufzuzeigen und um eindringlich vor
ihnen und ihren Folgen zu warnen. Wie schon Paulus will Augustinus durch Darstellung möglicher ernster Gefahren die
Christen zu wahrhaft christlichem Leben ermuntern. Einblick

in eine Seelsorgesituation, wie sie auch Augustinus zu meistern hatte, gewähren die bis in die Neuzeit unter Augustinus' Namen überlieferten Predigten des südfranzösischen Bischofs Caesarius von Arles (502–542). Eine Predigt beginnt: „Brüder, ihr wißt gut, daß ich euch häufig angefleht und in väterlicher Besorgnis ermahnt und inständig gebeten habe, daß ihr diese gotteslästerlichen Gewohnheiten der Heiden nicht beachten dürft..."[20]

Die gewaltsame Verfolgung von Zauberern, Wahrsagern und Astrologen lag zur Zeit des Bischofs Augustinus schon wegen der historischen Umstände nicht in den Möglichkeiten der Kirche. Jedoch hat Augustinus durch seine wenigstens grundsätzliche Befürwortung von Gewalt gegen religiöse Gegner in der Auseinandersetzung mit der teilweise sozialrevolutionären Bewegung der Donatisten sowie durch sein Konzept der zwei Staaten auch hierin – wie oben bereits angedeutet – spätere Entwicklungen vorbereitet und beeinflußt.

Zusammenfassung

Zusammenfassend läßt sich sagen: Augustinus hat die aus hellenistisch-heidnischen wie aus biblischen Motiven erwachsene Lehre von den Dämonen und vom Dämonenpakt mit seiner überragenden geistigen Autorität in den Traditionsstrom der lateinischen Theologie eingebracht. Antike Götter, Dämonen, Zauber und Wahrsagerei wurden von ihm, ganz dem Weltverständnis seiner Zeit entsprechend, in ihrer Wirklichkeit nicht geleugnet, sondern in ihrer Negativität dargestellt, um so belehrend und warnend zu wirken. Besonders die Kennzeichnung von Aberglauben als Abfall von Gott durch einen Pakt mit Dämonen war von bleibender Bedeutung. Augustinus' Entwurf der zwei Staaten mit seinen dualistischen Tendenzen bot eine eindrucksvolle Welterklärung, in der auch Dämonen ihren Platz fanden. Sie prägte in vielfacher Brechung das Welt- und Geschichtsverständnis des gesamten Mittelalters und legte Vorstellungsmaterial bereit, dessen der Hexenwahn sich bedienen konnte.

Das Fortwirken der augustinischen Lehre
vom Dämonenpakt

War die Vorstellung eines Dämonenpaktes in Antike und Mittelalter auch in volkstümlich-legendarischer Form bekannt und verbreitet,[21] so erhält doch das augustinische Gedankengut dadurch überragende Bedeutung hinsichtlich des Hexenwahns, daß es Eingang in die Lehre der lateinischen Kirche fand und diese maßgeblich bestimmte. Weg und Entwicklung dieses Einflusses sollen im folgenden untersucht werden.

Bischof Isidor von Sevilla (ca. 600–636), dessen Universallexikon „Etymologiae" eine Hauptquelle für das Wissen des Mittelalters und ein Hauptweg der Weitergabe antiker Gedankengutes war, zitiert in seinem Abschnitt „Über die Zauberer"[22] großenteils Aussagen des heiligen Augustinus, ohne ihn jedoch ausdrücklich zu nennen. Er beschreibt ausführlich die Arten von Zauberei, Wahrsagerei usw. und ihre jeweilige Herkunft. Abschließend gibt er in leicht verändertem Wortlaut den Kernsatz Augustinus' aus „De doctrina christiana" wieder: „In alledem wirkt die Kunst der Dämonen, die aus einer verderblichen Gemeinschaft zwischen Menschen und bösen Engeln herrührt. Daher ist alles dies von einem Christen zu meiden und mit aller Verwünschung völlig zu verschmähen und zu verdammen."

Die Abhandlung „Über die magischen Künste"[23] des Fuldaer Abtes Hrabanus Maurus (780–856) ist über weite Strecken hin eine Zusammenstellung aus Augustinus' „De divinatione daemonum" und Isidors „Etymologiae". Mit letzterer wird wiederum auch die zentrale Aussage aus „De doctrina christiana" übernommen. Daß auch in der schon weithin, wenn auch zum Teil nur oberflächlich christianisierten Gesellschaft des frühen Mittelalters heidnischer Aberglaube als Bedrohung des Glaubens gesehen wurde, zeigt Hrabanus' Aussage: „Man muß also darauf achten und sich mit allem Eifer hüten, daß nicht in unserer Zeit, da wir das Christentum auf der ganzen Erde verbreitet sehen, wegen der Trägheit und Untätigkeit der Lehrer jene wenigen, die noch übrig sind, die Verehrung des wahren Gottes erschüttern und, durch dämonische Vorspiegelungen verdorben, im Volk Gottes falsche Wahrsagerei betreiben und die Landleute und Unerfahrenen verführen . . ."

Das Werk des Hrabanus Maurus war wiederum eine der Quellen, auf die sich der Kamaldulensermönch Johannes Gratianus für seine um 1142 veröffentlichte Sammlung des Kirchenrechts stützte. Dieses als „Decretum Gratiani" bekannte Werk war (mit einigen Erweiterungen) bis 1917 eine Hauptquelle für das katholische Kirchenrecht. Der 26. Fall des zweiten Teils behandelt die Wahrsagerei.[24] Gratian zitiert hier neben Hrabanus den Bischof Isidor und ausführlich „De doctrina christiana" mit seinen Aussagen über den Dämonenpakt, der Götzenkult, Wahrsagerei usw. zugrunde liegt. Mit Augustinus' Worten werden alle diese Praktiken verworfen. Damit hatte die Vorstellung vom Dämonenpakt in ihrer Verbindung mit dem Aberglauben Eingang ins Kirchenrecht gefunden und konnte mit dessen Autorität weiter wirken.

Neben dem Kirchenrecht erlangte die Vorstellung vom Dämonenpakt in ihrer augustinischen Konzeption auch Aufnahme in den Traditionsstrang der mittelalterlichen scholastischen Theologie. Petrus Lombardus (ca. 1100–1160), dessen „Sentenzen" an den Universitäten des Mittelalters und bis in die Neuzeit herein als Lehrbuch der Dogmatik verwendet wurden, beruft sich auf Augustinus für die Feststellung: „Die magischen Künste wirken aufgrund des Vermögens und des Wissens des Teufels, die ihm von Gott gegeben sind, um die Schlechten zu betrügen oder die Guten zu mahnen oder zu prüfen."[25] Die Idee vom Pakt mit den Dämonen begegnet bei ihm noch nicht. Doch schon der große Dominikanertheologe Albertus Magnus (ca. 1200–1280) greift sie in seinem Kommentar zu den „Sentenzen" auf und sagt hierzu im Anklang an Augustinus' Schrift „De diversis quaestionibus": „Die Zauberer wirken Wunder durch private Verträge eines mit Dämonen eingegangenen Bündnisses."[26] Albertus unterscheidet unter den magischen Praktiken solche, bei denen durch ausdrückliche Anrufung der Dämonen offen ein Pakt mit ihnen eingegangen wird, und solche, bei denen der Vertragsschluß einfach durch Tat erfolgt. Eine explizite Anrufung der Dämonen ist für das Zustandekommen eines Pakts nicht notwendig. Beide Arten wertet Albertus als Abfall vom christlichen Glauben, als Apostasie.

Thomas von Aquin (1226/7–1274), Schüler des Albertus Magnus, führte die scholastische Theologie zu einem Höhepunkt. Besonders durch seine „Summe der Theologie", die später die „Sentenzen" des Petrus Lombardus als Grundlage des theologischen Unterrichtes ablöste, wurde er der einflußreichste Theologe seit Augustinus. Großenteils auf ihn beruft Thomas sich in seinen Erörterungen über Aberglaube und Wahrsagerei.[27] Wahrsagerei, die nicht auf göttlicher Offenbarung beruht, „gehört zum Kult der Dämonen, insofern jemand sich eines stillschweigenden oder ausdrücklichen Pakts mit Dämonen bedient". „Jede Wahrsagerei, die durch Anrufung von Dämonen erfolgt, ist unerlaubt ... wegen ihres Ursprungs, der in einem gerade durch die Anrufung der Dämonen ausdrücklich mit ihnen eingegangenen Pakt besteht, und dies ist völlig unzulässig ..." „Kein zeitlicher Nutzen kann mit dem Schaden für das geistige Heil verglichen werden, der aus einem Forschen nach Verborgenem durch Anrufung von Dämonen droht". Bezüglich abergläubischer Einhaltungen zitiert Thomas ausdrücklich „De doctrina christiana", wo sie auf Abmachungen mit Dämonen zurückgeführt und als „Künste eines nichtigen oder schädlichen Aberglaubens" schärfstens verurteilt werden. Dem Losewerfen widmete Thomas eine eigene Abhandlung[28], in der er die Verwendung von Losen dort billigt, wo mit ihrer Hilfe Entscheidungen, die den menschlichen Ratschluß übersteigen, getroffen werden. Soll durch Lose jedoch dem Menschen Unbekanntes geweissagt werden, kann die Antwort von Gott oder Dämonen kommen. Daß eine Antwort ergeht, bezweifelt Thomas nicht, werden die Lose aber aus nichtigem oder schädlichem Aberglauben geworfen, beruht ihre Wirkung – Thomas sagt es mit einem Augustinus-Zitat – auf „mit Dämonen eingegangenen Pakten". Deshalb ist solches Losen verwerflich, wofür Thomas auch auf das ja ebenfalls von Augustinus beeinflußte Kirchenrecht verweist.

Auch die andere der beiden großen Theologenschulen des Mittelalters, die Franziskanertheologie, rezipierte Augustinus' Aussagen: Bonaventura (ca. 1217–1274), zeitweilig Generalminister seines Ordens und Kardinal, nimmt in seinem Kommentar zu den „Sentenzen" zur Frage Stellung, ob man magische Künste ohne Sünde anwenden könne.[29] Für eine negative Antwort wird als Autorität „De doctrina christiana" zitiert. Bonaventura fügt hinzu, daß man freiwilligen Umgang mit dem Teufel nicht ohne Sünde pflegen könne. Man sündige nämlich „gegen die göttliche Majestät, wenn man sich an den Teufel wendet als ob der christliche Gott nicht allmächtig, völlig ausreichend und gütig wäre". Amulette und Ähnliches besäßen ihre (unbezweifelte) Wirkung nicht aus sich selbst, sondern „allein aus einem Pakt mit dem Teufel". Abschließend wird Augustinus' Warnung vor Astrologen und Wahrsagern zitiert, durch deren Umgang man in ein Bündnis mit Dämonen verstrickt werden könne.

Wie hier nur an den bedeutendsten Beispielen aufgezeigt, vollzog sich im 13. Jahrhundert die Aufnahme der Dämonenpakt-Vorstellung in die scholastische Theologie, die sie „wissenschaftlich" und weniger aus konkret-seelsorglichen Zielsetzungen behandelte. Mit deren Wirkung konnte auch sie sich weiter verbreiten.

Im 14. Jahrhundert war Papst Johannes XXII. (1316–1334) von der Existenz und Wirksamkeit von Magie persönlich so sehr überzeugt, daß er „überall Zauberer und Hexen sah, die mit Teufel und Dämonen verbündet wären", und Untersuchungen gegen Personen anstellte, „die bezichtigt waren, durch Gift und Wachsbilder unter Anrufung der Dämonen sein Verderben beabsichtigt zu haben".[30] Ebenfalls in dieser Zeit vollzog sich in der Kirche die Vermischung der bisherigen Ansichten über Zauber und Hexen mit Motiven des Teufelskults, wie er angeblich von Ketzern in einer der christlichen geradezu spiegelbildlich entgegengesetzten Teufelskirche betrieben wurde. Auch Elemente des Volksglaubens wirkten ein, wodurch sich der später „klassische" Vorstellungskomplex des Hexenwahns entwickelte. In die Vorstellung vom Dämonenpakt gingen Elemente des zeitgenössischen Lehensvertrages ein, ein ausdrückliches Abschwören des Glaubens wurde angenommen. In der Folgezeit ging man nun auch erstmals in großem Umfang an die tatsächliche Verfolgung von „Hexen".

Die bekannteste und wirkmächtigste Darstellung des voll ausgebildeten Hexenwahns stellt der 1487 erstmals erschienene „Hexenhammer" dar. Hier beruht jede Hexerei auf einem offen oder stillschweigend mit Dämonen oder dem Teufel eingegangenen Pakt, aus dem allein sie ihre Wirkung beziehen kann. Die tatsächlichen „Wunder" von Zauberern werden mit Augustinus auf einen privaten Kontrakt mit einem Dämon zurückgeführt. Allgemein – so meinen die Verfasser – „können wir nach Augustinus sagen, daß es schlechterdings wahr sei, daß alle abergläubischen Künste aus der pestbringenden Gemeinschaft der Menschen und Dämonen ihren Ursprung genommen haben". Es folgt die bekannte Verurteilung aus „De doctrina christiana" in einem Zitat aus dem „Decretum Gratiani", deren beider Autorität sich hier zum Beleg für eine unumstößlich geglaubte Wahrheit verbindet.[31]

Der blühende Hexenwahn entwickelte für die Idee vom Dämonenpakt immer weiter gehende Ausgestaltungen: So beschreibt Francesco Guazzo in seinem „Compendium Maleficarum" von 1608[32] eine elfstufige Zeremonie, die dem Abschluß des „feierlichen Pakts" vorangeht und in genauer Perversion der christlichen Liturgie vor allem der Taufe entspricht: „Leugnung des christlichen Glaubens; Wiedertaufe durch den Teufel unter neuem Namen; symbolische Entfernung der Taufsalbung; Verleugnung der Taufpaten und Annahme neuer Paten, Übergabe eines Kleidungsstücks als Zeichen der Hingabe an den Teufel; Treueschwur im magischen Kreis, der die Bindung an den Teufel besiegelte; Bitte an den Teufel, den Namen der Konvertitin in das Buch des Todes einzutragen; das Versprechen, ihre Kinder dem Teufel zu opfern; Vereinbarung über die jährliche Tributzahlung an einen dafür bestimmten Dämonen, bei der nur unheilvolle Gaben zugelassen waren; Brandmarkung mit Zeichen des Teufels; Gelübde gegenüber dem Teufel, ihm zu dienen, nie ein Sakrament zu empfangen, nie Weihwasser zu berühren und Stillschweigen über den Verkehr mit dem

Teufel zu bewahren. Auf diese Zeremonie folgte die Unterzeichnung einer Urkunde".[33] Solche Urkunden wurden teilweise in Hexenprozessen als Beweisstücke vorgelegt. Es sei hier ein solcher, 1634 in einem Prozeß in Frankreich verwendeter Vertrag wiedergegeben, der aus zwei Erklärungen besteht:

„Mein Herr und Meister Luzifer, ich erkenne dich an als meinen Gott und Fürsten und verspreche dir zu dienen und zu gehorchen, solange ich lebe. Und ich sage mich los von dem anderen Gott, wie auch von Jesus Christus, von allen Heiligen, von der apostolischen und römischen Kirche, von allen Sakramenten und allen Gebeten und Fürbitten, mit denen die Gläubigen vielleicht für mich eintreten. Und ich verspreche dir, soviel Böses zu tun, wie ich kann, und auch sonst jedermann fürs Böse zu gewinnen. Ich sage mich los von der Salbung, der Taufe und allen Verdiensten Jesu Christi und seiner Heiligen. Wenn ich aber versäume, dir zu dienen und dich anzubeten und wenn ich dir nicht dreimal am Tage Ehrerbietung erweise, so übergebe ich dir mein Leben zu Eigentum. Ausgefertigt in diesem Jahr und an diesem Tag.

Urbain Grandier. Heraufgekommen von der Hölle".

Im zweiten Teil versprechen die Teufel:

„Wir, der mächtige Luzifer, bestärkt durch Satan, Beelzebub, Leviathan, Elimi, Astaroth und andere, haben heute den Pakt mit Urbain Grandier geschlossen, der nun auf unserer Seite steht. Und wir versprechen ihm die Liebe der Frauen, die Reinheit der Jungfrauen, die Keuschheit der Nonnen, weltliche Ehre, Lust und Reichtümer. Huren soll er alle drei Tage; der Rausch soll ihm gut Freund sein. Einmal im Jahr soll er uns Tribut erstatten, der mit seinem Blut gezeichnet ist; er soll die Sakramente der Kirche mit Füßen treten, und er soll seine Gebete zu uns verrichten. Kraft dieses Paktes soll er zwanzig Jahre lang glücklich unter den Menschen auf Erden leben und am Ende zu uns kommen und Gott verfluchen. Ausgefertigt in der Hölle, im Rat der Teufel".[34]

Hier findet Augustinus' ursprünglich aus völlig anderen Motiven entstandene Lehre vom Dämonenpakt ihre extremste Weiterentwicklung. In den Hexenprozessen werden die Vorstellungen der Hexenverfolger durch die Anwendung der Folter stets aufs neue als „wahr" erwiesen und „realisiert".

Auch nachdem die Aufklärung Hexenwahn und Hexenprozesse zum Abklingen gebracht hatte, blieb die Lehre vom Dämonenpakt traditioneller Bestandteil der katholischen Theologie. An ihrer realen Möglichkeit wurde immer noch festgehalten, wie Erlasse der päpstlichen Poenitentiarie von 1871 und 1874 zeigen. Hier wurde festgelegt, daß Lossprechung nur erteilt werden könne, wenn der Sünder zuvor „den mit dem verfluchten Dämon ausdrücklich eingegangenen Pakt widerrufen und dem lossprechenden Bischof die eventuell ausgefertigte Vertragsurkunde übergeben hat".[35] Die Dogmatik-Lehrbücher des 19. und vielfach noch des 20. Jahrhunderts handeln stets den ausdrücklichen und stillschweigenden Dämonenpakt als Teil der Schöpfungslehre ab, jedoch in Rückgriff auf die relativ knappen und „sachlichen" Ausführungen der scholastischen Theologie.

Die bislang letzte ausführliche Darstellung fand die traditionelle katholische Dämonologie im zweibändigen Werk Egon von Petersdorffs, der eine spiritualisierte, ganz auf den menschlichen Willen abgestellte, stark ethisch ausgerichtete Auffassung des Dämonenpakts vertritt: „Die Freiheit des Willens kann . . . von den Menschen mißbraucht, sie kann aufgegeben und nichtgebraucht werden. Dann wird sie der Menschen größter Feind und der Helfer der Daemonen . . . Den Daemonen mit freiem Willen Einlaß in die Sinnenwelt gewähren, heißt mit ihnen ‚paktieren'. So geschah es bereits im Paradies, als die ersten Menschen dem Satan die durch die Gnade so fest verschlossene Seelenburg öffneten und sich ihm ergaben als gefügige Werkzeuge seines Willens. Seitdem wiederholt sich dieser bewußte und direkte ‚Teufelspakt', wie der theologische Ausdruck lautet, unter freventlichem Mißbrauch des freien Willens durch die ganze Geschichte der Menschheit. Aber es gibt noch einen anderen, einen nicht-bewußten, einen ‚schweigenden' Teufelspakt, der vielleicht noch gefährlicher ist, weil er weit häufiger vorkommt, und obwohl meist in der Ursache verschuldet, doch erst aus den Folgen erkannt wird, wenn es vielfach schon zu spät ist. Dieser indirekte Teufelspakt wird gleichfalls ermöglicht und vollzogen durch einen Mißbrauch, oft durch einen Nicht-Gebrauch des freien Willens, der fast mit Notwendigkeit die Daemonen anlocken muß, auch wenn man es nicht direkt beabsichtigt... Es entsteht dann der Zustand der Willenshörigkeit: sozusagen eine freigewollte Unfreiheit... Wer seinen Willen nicht hütet und ihn nicht auf Gott ausrichtet, kann den Daemonen Tür und Tor der Sinnenwelt öffnen und ihnen die Möglichkeit geben, von ihrer natürlichen Macht gegen die Menschen Gebrauch zu machen. Das ist die Gefahr!"[36] An der Realität der Dämonen zweifelt Petersdorff wie Augustinus nicht. Die wirkliche Existenz und das Wesen der Dämonen aufzuzeigen, ist die Absicht des am 25. Juni 1975 von der römischen Kongregation für die Glaubenslehre veröffentlichten Dokuments „Christlicher Glaube und Dämonenlehre". In ihm findet sich der Gedanke des Dämonenpakts nicht. Auch in der neueren Schöpfungstheologie spielt er keine Rolle.

In der modernen Industriegesellschaft, deren Weltbild für Dämonen keinen Raum mehr läßt, hat die Vorstellung von einem Pakt mit Dämonen natürlicherweise ihre Bedeutung weitgehend verloren. Doch ist sie in abgeschwächter Weise immer noch verbreitet: Sie steht volkstümlich für ein unheilvolles Sich-Einlassen auf Böses und konnte so einem Spielfilm („Pakt mit dem Teufel") wie einer Folge einer Kriminalserie als Titel dienen. Ob und wie die gerade in jüngster Zeit wieder auflebenden satanistischen und Hexengruppierungen die Idee des Dämonenpakts wieder beleben werden, bleibt abzuwarten.

Die Vorstellung vom Dämonenpakt wurde in ihrer Geschichte skizziert. Zweifellos nimmt Augustinus in ihr eine zentrale Position ein. Er entwickelte aus vielfachen Anregungen unterschiedlichster Herkunft heraus in einer konkreten kirchen- und geistesgeschichtlichen Situation die Lehre vom Dämonenpakt und brachte sie zusammen mit den Voraussetzungen des Weltbilds seiner Zeit in die Tradition der lateinischen Theologie ein. Seine überragende geistige Autorität sicherte ihr weitreichenden Einfluß. Spätere Zeiten ließen sich dadurch ihre Weltsicht prägen, was jedoch nicht ohne eine gewisse Bereitschaft dazu möglich gewesen wäre. Ist es auch verfehlt, Augustinus die „Schuld" an den späteren Entwicklungen und ihren furchtbaren Folgen anzulasten, so kann doch nicht bestritten werden, daß er es war, der sie mit ermöglicht hat.

Hans-Jörg Nesner
„Hexenbulle" (1484) und „Hexenhammer" (1487)

Hexenwahn und Hexen- bzw. Ketzerverfolgungen gab es schon lange Jahre vor dem Erscheinen der „Hexenbulle" und des „Hexenhammers". In den Zeitraum von etwa 1230 bis 1430, in welchem der Hexenbegriff seine „wissenschaftliche" Umschreibung erfuhr, fielen die großen Ketzerverfolgungen des christlichen Abendlandes. In der Zeit von 1430 bis 1540 setzte dann eine breit angelegte und systematische Hexenverfolgung durch Kirche und Staat ein, die bis ins beginnende 18. Jahrhundert nahezu ungebrochen ihre Schrecken verbreiten konnte.[1] Mit der Veröffentlichung der Bulle „Summis desiderantes" vom 5. Dezember 1484 nahm Papst Innocenz VIII. (1484–1492) mittelbar, aber auch direkt Einfluß auf die deutschen Hexenprozesse; die Raserei gegen vermeintliche Zauberinnen und Satansbuhlen weitete sich zu einer vorher nicht gekannten Epidemie aus.

Die Hexenbulle „Summis desiderantes" (5. Dezember 1484)[2]

Päpstliche Erlasse gegen das Zauber- und Ketzerwesen begegnen dem Historiker schon seit dem Ausgang der Antike, im Rahmen der Ketzerinquisition besonders seit dem 13. Jahrhundert.[3] Veranlaßt waren sie gemeinhin durch konkrete Beschwerden von Inquisitoren über die Anzweiflung ihrer Kompetenz.

Da in einigen Teilen Oberdeutschlands, ebenso wie in den Kirchenprovinzen Mainz, Köln, Trier, Salzburg und Bremen angeblich Männer und Frauen trotz der Tätigkeit der Inquisitoren Jacob Sprenger und Heinrich Institoris vom Glauben abirrten, fühlte sich Innocenz VIII. zum Eingreifen verpflichtet. Die Einleitung der Hexenbulle sprach den päpstlichen Wunsch aus, den katholischen Glauben den Herzen der Gläubigen noch tiefer einzuprägen durch Ausrottung aller bestehenden Irrtümer. Gegen die vom Glauben abgefallenen Personen, gleich welchen Standes, sollte in allen Fällen und mit allen Mitteln vorgegangen werden (§ 2 der Bulle). An die Inquisitoren erging der Befehl, das Wort Gottes in den einzelnen Pfarrkirchen der oben genannten Gebiete zu predigen (§ 3). Zum Vollzieher dieser Verfügung wurde durch apostolisches Schreiben gemäß § 4 der Bulle der Bischof von Straßburg, Albert von Bayern, bestellt. Er genoß in dieser Sache das besondere Vertrauen des Papstes und sollte die Zuwiderhandelnden durch die Exkommunikation, die Suspendierung, das Interdikt, ja sogar durch noch „furchtbarere Mittel", über die er selbst befinden mochte, gefügig machen und sich dabei je nach Notwendigkeit der weltlichen Strafgerichtsbarkeit bedienen. § 5 verfügte die Aufhebung anderslautender Bestimmungen; dieser päpstlichen Verlautbarung sollten nämlich entgegengesetzte apostolische Vorschriften (z. B. der Canon Episcopi) nicht widersprechen.[4] Maximilian I. sagte der Bulle noch vor seiner Königswahl (1486) seinen Schutz und seine Förderung zu.

Die Aufzählung der Verbrechen erfolgte aufgrund der von den Inquisitoren nach Rom gesandten Beschwerde. Die angeprangerten Untaten bestanden in der Unzucht mit Dämonen, in der Leugnung des christlichen Glaubens und in der Zauberei, den sogenannten Malefizien, wie etwa der Vernichtung von Menschen, Tieren, Früchten und Getreide oder der Verhexung zur Unfruchtbarkeit und Impotenz; gerade Aspekte der Sexualität spielten für die Hexenlehre des ausgehenden 15. Jahrhunderts eine bedeutende Rolle. Diese Verbrechen erklärte Innocenz VIII. als Tatsachen, an deren Realität nicht gezweifelt werden durfte. Hexerei wurde gleichgesetzt mit Glaubensabfall und Hingabe an den Teufel und galt somit als Ketzerei. Der Flug zum Hexensabbat wurde in der Bulle nicht als erwiesen herausgestellt, da in alten kirchenrechtlichen Satzungen (vgl. den Canon Episcopi) der Hexenflug als heidnischer Irrglaube

Tenor bulle apostolice aduersus heresim

malesicarum cum approbatione z subscriptione doctorū alme vniuersitatis Coloniēn. in sequentem tractatum incipit feliciter.

Innocentius epus seruus seruorū dei. Ad futuram rei memoriāz. Summis desiderantes affectibz put pastoralis sollicitudinis cura requirit. vt sides catholica nostris potissime tpibz. vbiqz augeaz z sloreat. ac omnis heretica prauitas. de sinibz sideliū pcul pellatur. ea libenter declaramus. ac etiā de nouo concedimus. p que hmōi piū desideriū nostrū votiuis sortiatur effectu. cūctisqz ppterea p nostre opationis ministeriū. quasi per puidi opatoris sarculū. erroribz extirpatis. eiusdē sidei zelus. z obseruantia in ipoz corda sideliū fortius imprimatur. Sane nup ad nostrā nō sine ingenti molestia puenit auditū. ꝙ in nōnullis ptibz Alamanie supioris. necnō in Moguntin. Coloniēn. Treuerēn. Salzburgen. z Bremēn. puincijs. ciuitatibz. terris locis z diocesibz. quāpluresvtriusqz serus persone. ꝓprie salutis immemores za side catholica deuiātes. cum demonibz incubis z succubis abuti. ac suis incantationibz. carminibz. z cōiurationibz alijsqz nephandis supstitijs z sortilegijs. excessibz. criminibz z delictis. mulierū ptus. animaliū setus. terre sruges. vinearū vuas. zarborū fructus. nec nō homines mulieres. iumenta. pecora. pecudes. z alia diuersorū generi animalia. Uineas quoqz pomeria. prata. pascua. blada. frumēta z alia terre legumia pire sussocari. zextingui facere z pcurare. ipaqz hoies mulieres. iumenta. pecora. pecudes. z animalia. diris tam intrinsecis qz extrinsecis doloribz z tormentis afficere z excruciare ac eosdē hoies ne gignere. z mulieres ne concipe. virosqz ne vxoribz. z mulieres ne viris. actus coniugales reddere valeant impedire. Fidem pterea ipam quā in sacri susceptione baptismi susceperūt ore sacrilego abnegare. Aliaqz quāplurima nesanda z excessus. z crimina instigante humani generis inimico cōmittere z ppetrare nō verentur. in animarū suaz piculum. diuine maiesta tis offensam. ac pniciosum exemplū z scandalū plurimoz. Qūqz licz dilecti silij. Henrici institoris in pdictis ptibz Alamanie supioris. i quibz etiā puincie. ciuitates. terre. dyoc. z alia loca hmōi cōprehensa sore censentur. necnon Jacobus Sprenger p certas partes lineam rheni ordinis sratrū pdicatoz z theologie psessores. heretice prauitatis inqsitores. p lras apostolicas deputati suerint. put adhuc existit. tn nōnulli clerici z layci. illarū ptiū qrentes plura sapere qz oportear. p eo qz in litteris deputatōnis hmōi. puincie. ciuitates. dyoc. terre zalia loca pdicta. illarūqz psone. ac excessus hmōi. noiatim z specifice expressa nō suerunt. illa sub eisdem ptibus minime cōtinēri. z ppterea psatis inqsitoribz in puincijs ciuitatibus dyoc. terris zlocis pdictis. hmōi inqsitionis officiū exeqi nō licere. z ad psonarū earūdem. super excessibus z criminibus antedictis. punitionē incarcerationē. z correctionē admitti nō debere ptinaciter asserere nō erubescūt. Propter qd in puincijs. ciuitatibus. dyoc. terris z locis pdictis excessus z crimina hmōi. nō sine animarū earūdem euidēti iactura. zeterne salutis dispendio remanēt impunita. Nos igitur impedimēta qlibet qz per ipoz inquisitoz. officij executio. quomōlibet retardari posset de medio submouere. zne labes heretice prauitatis aliorūqz excessuū hmōi in pniciem alioz innocentiū sua venena diffundat. oportunis remedijs. put nostro incūbit officio. puidere volentes. sidei zelo ad hoc maxime nos impellente. neqz pterea ptingat. Prouincias. ciuitates. dyoc. terras. zloca pdicta sub eisdē ptibus Alamanie supioris debito inquisitōnis officio carere eisdē inquisitoribus. in illis officiū inquisitionis. hmōi exeqi licere. z ad psonarū earūdem sup excessibus z criminibus pdictis. correctione z punitione admitti debere. Perinde in omnibus z p omnia. ac si in litteris pdictis. puincie. ciuitates. dyoc. terre zloca ac psone excessus hmōi noiatim z specifice expressa sorent. auctoritate aplica tenore psentiū statuimus. Proqz potiori cautela. litteras zdeputatione pdictas. ad puincias ciuitates dyoc. terras zloca. necnō psonas. z crimina hmōi extendēdez. Prefatis inqsitoribus. qd ipi zalter eoz. accersito secū dilecto silio Johanne gremper clerico Constan. dyoc. magistro in artibus eoz moderno. seu quouis alio notario publico. p ipos z quemlibet eoz. p tpe deputando in puincijs ciuitatibus dyoc. terris. zlocis pdictis. ꝓtra quaicūqz psonas. cuiuscūqz cōditionis z pēminentie suerint. hmōi inqsitionis officiū exeqi. ipasqz psonas quas in pmissis culpabiles repererint. iuxta earū demerita. corrigere incarcerare. punire. z mulctare. Necnō in singulis puinciaz. hmōi par

a ij

Anfang der Hexenbulle Papst Innocenz' VIII. (1484).
Inkunabeldruck der Bayer. Staatsbibliothek München

abgelehnt wurde. Der päpstliche Erlaß sollte keine Glaubens-
definition oder eine juristische Umschreibung der Hexerei liefern, sondern gerichtliche Verwaltungsmaßregeln aufstellen.[5]
Die Intention lag in der kirchlichen Rechtfertigung der Inquisition, d. h. im Vorgehen gegen Ketzerei begründet, und die Bulle
verweist auf die notwendige Mithilfe der weltlichen Justiz sowie des Strafvollzugs. An dieser Stelle darf die wichtige Anmer-
kung nicht fehlen, daß im Text von ,,Personen beiderlei Geschlechts" (utriusque sexus personae) die Rede ist, also Männer
und Frauen gleichermaßen betroffen waren.

Ein Novum stellte die massenhafte Publikation der Bulle dar,
die als Vorwort sämtlicher Ausgaben des ,,Hexenhammers"
von 1487 bis 1669 in 29 Auflagen Verbreitung fand.[6] Die Folge
war, daß das Schreiben nicht auf eine lokale Bedeutung beschränkt blieb und so für viele die Möglichkeit bot, sich auf die
offizielle kirchliche Lehre zu berufen. Obwohl ,,Summis desiderantes" in Sachen der Hexerei dem Liber septimus der De-
kretalen eingereiht wurde,[7] erfolgte keine endgültige Kodifika-
tion der kirchlichen Lehre zum Zauberwesen, und so wurde die
Interpretation der Bulle den Inquisitoren preisgegeben; dem
Mißbrauch und einer (bewußten oder unbewußten) Fehldeu-
tung waren Tür und Tor geöffnet. *Eine* Folge war die systematische und einseitige Interpretation durch den ,,Hexenhammer"
(Malleus maleficarum), die durch die Kurie bis zum Ende des
17. Jahrhunderts geduldet und anerkannt wurde. Die Initiative
Innocenz' VIII. zog darüber hinaus weitere päpstliche Anordnungen nach sich. So ermächtigte Alexander VI. (1492–1503) im
Jahr 1501 den Inquisitor von Verona zur Verfolgung der ,,He-
xensekte" in der ganzen Lombardei. Julius II. (1503–1513) hielt
es in seinem ersten Amtsjahr für nötig, nochmals ein päpstliches
Schreiben in dieser Sache zu erlassen. Der Inquisitor von Cre-
mona wurde hierin beauftragt, die als Ketzerei bezeichnete Hexerei in der gesamten Lombardei auszurotten. Leo X.
(1513–1521) beklagte in einem Breve, das am 15. Januar 1521 an
die Bischöfe Venetiens erging, daß einige als Hexen Aufgegrif-
fene in der Gegend von Brescia und Bergamo lieber ihr Leben
preisgeben würden als ihre Verirrungen einzugestehen. Auch

habe – so lautete die Klage – der Senat der Republik Venedig den Hauptleuten des Landes verboten, die Strafsentenzen der Inquisition zu vollziehen. Die Bischöfe – so mahnte der Papst – sollten den Senat verwarnen und ihn nötigenfalls mit kirchlichen Zensuren gefügig machen.[8] Weitere unmittelbare Konsequenzen betrafen das deutsche Reichsgebiet. Einige Beispiele: Binnen fünf Jahren waren in der Diözese Konstanz und im Städtchen Ravensburg 48 Menschen auf den Scheiterhaufen gebracht worden. Der Inquisitor Cumanus ließ allein im Jahr 1485 in der Grafschaft Wormserbad 41 Abgeurteilte verbrennen.[9] Allerdings wuchs auch der Widerstand gegen die Hexenjagden, selbst in kirchlichen Kreisen. Exemplarisch sei der Brixener Bischof Georg Golser genannt. Er ließ die Bulle Innocenz VIII. ordnungsgemäß am 23. Juli 1485 in Tirol publizieren. Da sich im ganzen Land gegen die Vorgehensweise der Inquisition energischer Protest erhob, hieß Golser den Inquisitor das Land zu verlassen und in sein Kloster zurückzukehren. Am 8. Februar 1486 schrieb der Bischof an einen Freund: ,,Mich verdreust des Münchs, ich find in des Papstes Bullen, daß er bei vielen Päpsten ist vor Inquisitor gewesen, er bedunkt mich aber propter senium ganz kindisch sein worden, als ich ihn hier zu Brixen gehört habe cum capitulo".[10]

Der ,,Hexenhammer" (Malleus maleficarum) von 1486/87[11]

Im Winter 1486/87 wurde die systematische Ausarbeitung des Hexenglaubens durch die Veröffentlichung des sogenannten Hexenhammers besiegelt. Die Verfasser des Werkes, die Dominikaner und Inquisitoren Jacob Sprenger und Heinrich Institoris, kamen aufgrund ihrer zum Teil negativen ,,Berufserfahrung" zu der Überzeugung, daß eine breitere und praktikablere Grundlage geschaffen werden müßte, wenn die Hexenverfolgung wirklich in Gang kommen sollte.

Die Bezeichnung ,,Malleus" erschien als Buchtitel bereits im Jahr 1420; der Inquisitor Johann von Frankfurt betitelte eines seiner Bücher mit ,,Malleus Judaeorum". Inhaltlich zeigt der

„Hexenhammer" Anklänge an das „Directorium inquisitorum"
des Dominikaners Nikolaus Eymericus von Gerona
(1320–1399), ein systematisches Handbuch zur Ketzerinquisition.[12]

Jacob Sprenger, geboren 1436 in der Nähe von Basel, scheint
ein eher ruhiger Mann gewesen zu sein, der bei seinen Mitbrüdern beliebt und geachtet war. Er hatte sich diskret für klösterliche Reformen und für die Förderung einer marianischen
Frömmigkeit eingesetzt. Er war Prior in Köln gewesen, seit
1475 auch Professor an der dortigen Universität und bekleidete
von 1488 bis zu seinem Tod im Jahr 1495 das Amt eines Provinzials der deutschen Ordensprovinz. Inquisitor war er nur vorübergehend gewesen. Hauptberuflicher Inquisitor war dagegen
der Mitverfasser des „Hexenhammers" Heinrich Institoris,
Prior des Dominikanerkonvents in Schlettstadt, ein streitbarer
Elsässer, dessen unberechenbarer Eifer hin und wieder von seinen kirchlichen Oberen getadelt worden war (1474 wurde er
wegen einer gehässigen Predigt gegen Kaiser Friedrich III. von
Ordensoberen mit Haft belegt; 1482 erließ Papst Sixtus IV.
gegen Institoris einen Haftbefehl wegen Unterschlagung von
Ablaßgeldern). Er hatte seine umfangreiche Abhandlung in Zusammenarbeit mit Sprenger im Alter von 55 Jahren niedergeschrieben, und zwar während einer Zwangsruhepause, die ihm
von seinen Oberen auferlegt worden war. Das Buch hatte mehr
Erfolg als sein Autor: Es wurde bei den kirchlichen Richtern
zum Handbuch für alle Fragen der Hexerei, es übersetzte die
Ansichten der Bulle „Summis desiderantes" in die Praxis und
weckte bei den weltlichen Gerichten die Entschlossenheit, mit
den kirchlichen Tribunalen in der Verfolgung der „Komplizen
des Teufels" zu wetteifern.[13]

Das Werk selbst besteht aus drei Teilen. Der erste und zweite
Teil erörtern theoretisch das Problem der Existenz, der Natur
und der Wirkungen der Hexen und geben gleichzeitig Aufschluß über die Mittel zur Bekämpfung der Hexengefahr. Hingegen umfaßt der dritte Teil den eigentlichen Criminal-Codex,
der praktische Anweisungen für den geistlichen und weltlichen
Richter zur Führung der Hexenprozesse enthält. Beigefügt war

Trum afferere malefi/
cos effe fit a deo catho/
licum φ eius oppofitũ
pertinacit defendere oĩ
no fit hereticum. Et ar
guitur φ non fit catho
licum quicẽ de his afferere .rrvi.q.v.
epi. Qui credit poffe fieri aliquã creatu
ram aut in melius deteriusue transmu
tari.aut in aliam speciem vel similitudi
nem transformari ẽ ab ipfo omniũ cre
atore:pagano et infideli deterior. Talia
autez cũ referunt fieri a maleficis: ideo
talia afferere non eft catholicum fed he/
reticum. Preterea nullus effectus ma/
leficialis eft in mundo. Probat. Quia
fi effet opatione demonũ fieret. Sed af
ferere φ demones poffint corpales trãf
mutatiões aut impedire aut efficere nõ
videtur catholicu3.quia fic pimere pof/
fent totum mũdũ.Preterea omnis al/
teratio corpalis puta circa infirmitatez
aut fanitates.pcurandas reducif in mo
tum localem.patet ex .viij.phificor ẽ rũ
pimus eft motus celi. Sed demones
motũ celi variare non poffunt. Dionyfi
us in epiftola ad policarpuz.φ hoc foli?
dei eft.ergo videtur φ nullam transmu
tationem ad minus veram in corpibus
caufare poffunt .et φ neceffe fit huiuf/
modi transmutationes in aliquam cau
fam occultam reducere.Preterea ficut
opus dei eft fortius φ opus diaboli . ita
et eius factura. Sed maleficiũ fi effet ĩ
mundo effet vtiũ opus diaboli cõtra fa
cturã dei.ergo ficut illicitum eft afferer
re facturam fupfticiofam diaboli excede
re opus dei.ita illicitũ eft credere vt cre
ature et opa dei in hominib et iumẽtis
valeant vitiari φ opibus diaboli. Pre/
terea id φ fubiacet virtuti corpali non
habet virtutem impzimendi in corpoza
Sed demones fubdunt virtutib ftel/
larum φ patet ex eo φ certi incantato/
res conftellationes determinatas ad in
uocãdum demones obferuant.ergo nõ
habent virtutem impzimendi aliquid ĩ
corpa.et fic multominus malefice. Itẽ

demones non opantur nifi p artẽ. Sed
ars non poteft dare veram formã. Vn
in c. de mineris dicit. Sciant auctores
alchimie species transmutari non poffe
Ergo et demones p artem opantes ve/
ras qualitates fanitatis aut infirmitat3
inducere nõ poffunt. Sed fi vere funt
habent aliquaz aliam caufam occultam
abfẽ ope demonũ et maleficorũ. Sed
contra in decret3.rriij.q.i. Si p fortiari
as atẽ maleficas artes nõ nunẽ occul
to iufto dei iudicio pmittente φ diabolo
pparante ẽ.loquit de impedimẽto ma/
leficiali quo ad actus coniugales tria cõ
currere. fcz maleficam.diabolum et dei
pmiffionem.Preterea fortius agere po
teft in id φ eft minus forte. Sed virt?
demonis eft fortior virtute corpali Iob
rl.Non eft poteftas fup terram ẽ ei va/
leat comparari ẽ creatus eft vt nemine
timeret. Responfio. Sic impugnandi
funt errores hereticales quibus re
probatis veritas patebit.Nam quidam
iuxta doctrinã fancti tho.in.iiij.di.rrriij
vbi tractat de impedimento maleficiali
conati funt afferere maleficiũ nihil effe
in mundo nifi in opinione hominum ẽ
naturales effectus quor caufe funt oc/
culte maleficijs imputabãt.Alij ẽ male
ficos pcedut fed ad maleficiales effect?
illos tantumodo imaginarie et fantafti
ce concurrere afferunt. Tertij ẽ effect?
maleficiales oino dicũt effe fantafticos
et imaginarios.licz demon ẽ malefica
realiter concurrat.Horũ errores fic de
clarant et reprobant.Nã primi oino de
herefi notant p doctores in quarto pfa
ta di.pecipue p fanctũ tho.in.iij.ar.et
in corpe.q.dicens illam opinionem effe
oino cõtra auctozitates fanctorũ et p/
cedere a radice infidelitatis.Quia vbi
auctozitas fcripture facre dicit φ demo
nes habent poteftatem fupza corpozalia
et fupza imaginationem hominũ qñ a
deo permittunt.vt ex multis fcripture
facre paffibus notatur. Ideo illi qui di
cunt maleficium nihil effe in mũdo ni/
fi in eftimatione hominuz. Etiam non

Erste Textseite aus dem „Hexenhammer" („Malleus Maleficarum",
1486/87). Inkunabeldruck der Bayer. Staatsbibliothek München

jeder Auflage der Text der Hexenbulle Innocenz' VIII. und ein – wohl gefälschtes – Gutachten der Kölner Universität.[14] Vorangestellt war dem Buch eine von Sprenger verfaßte Apologie, in der erklärt wird, daß nur eine Zusammenstellung aus Werken anderer Autoren erfolgt und „nur weniges, fast nichts" hinzugefügt worden sei. Entschuldigt wird die Notwendigkeit des „Hexenhammers" mit der Erklärung, daß der Teufel gerade in jener Zeit „in dem Acker des Herrn eine ungewohnte ketzerische Bosheit habe aufwachsen lassen, die in dem Geschlecht, in welchem sie vornehmlich zu herrschen erkannt wird, den Rahmen bekommt".[15]

Inhalt und Aufbau stellen sich wie folgt dar: Im ersten Teil werden insgesamt 18 Fragen aufgeworfen, und je nach Stellung der Frage wird in scholastischer Methode Antwort gegeben. An die Spitze der Ausführungen wird der Satz gestellt, wonach das Leugnen bei Hexen als Ketzerei zu betrachten sei. Die Feststellung: „Es gibt Hexen, die mit teuflischer Hilfe den Menschen schaden", wird von den Verfassern gleichsam zum Glaubenssatz erklärt. „Denn wohlgemerkt: Diese Hexenketzerei ist nicht nur von anderen Ketzereien *darin* verschieden, daß sie nicht bloß durch ausdrückliche, sondern auch freiwillig geschlossene Pakte, auf jede Schmähung und Schädigung des Schöpfers und seiner Geschöpfe rasend begierig ist, während doch alle andern, einfachen Ketzereien ohne stille und ausdrückliche mit den Dämonen geschlossene Pakte, wenn auch nicht ohne Ansporung des Säers alles Neides, den Irrlehren anhangen, wegen der Schwierigkeit des zu Glaubenden; sondern diese Hexenketzerei unterscheidet sich auch von jeder andern schädlichen und abergläubischen Kunst *darin*, daß sie vor allen Arten der Weissagungen den höchsten Grad von Bosheit besitzt, so daß sie auch den Namen maleficium, wie früher festgesetzt, bekommt von maleficere, d. h. male de fide sentire".[16] Im Fortgang des Buches folgt die Lehre vom Bunde der Hexen mit dem Teufel, von den Inkuben (Teufel, die mit Frauen geschlechtlich verkehren) und Sukkuben (weibliche Buhlteufel, die sich Männern hingeben) und von der Macht der Dämonen. Daran schließt sich die Erörterung, warum vorzugsweise das weibliche Geschlecht sich diesem Verderben hingebe. Das Verbrechen der Hexerei übertreffe alle übrigen an Strafbarkeit; Augustinus und Thomas von Aquin müssen zur Stützung dieser These die Hauptargumente liefern. Die sechste Frage bürdet den Frauen alles Schlimme auf, das nur denkbar ist, und zwar wegen der unersättlichen Wollust, die zum Umgang mit Dämonen reize. Diese Hinneigung des Weibes sei schon vom Namen abzulesen: „das Wort *femina* nämlich kommt von *fe* und *minus* (fe=fides, Glaube, minus=weniger, also femina =die weniger Glauben hat), weil sie immer geringeren Glauben hat und bewahrt, und zwar aus ihrer natürlichen Anlage zur Leichtgläubigkeit, …".[17] Die Schuldigen, selbst wenn sie bereuten, müßten wegen der enormitas maleficorum mit dem Tode bestraft werden. Der erste Teil des „Malleus maleficarum" endigt mit einer detaillierten Abhandlung über fünf mögliche Einwände von Laien gegen die Hexenverfolgung, gegen die in einer bestimmten Weise zu predigen sei.

Im zweiten Hauptteil des „Hexenhammers" werden zwei Hauptabhandlungen expliziert. Die erste (Kapitel 1–16) gibt Auskunft über die Art, wie die Zauber aufgenommen werden, wie die Hexen durch die Luft fliegen, sich mit Dämonen vermischen, Tiergestalt annehmen, den Hagel machen und Krankheiten bewirken. In der zweiten Abhandlung (Kapitel 1–8) entfaltet sich der Schatz der kirchlichen Heilmittel gegen die Zauberschäden. Außer den Lehren scholastischer Autoritäten und Berichten anderer Inquisitoren teilen die Verfasser ihre eigene Amtserfahrung dem Leser mit. Es gebe demnach auch noch einen „schlichten Teufelsbund", der zu jeder Stunde eingegangen werden könne; es wird berichtet, daß eine Hexe in einer Nacht von Straßburg bis Köln geflogen sei. Der Teufel (nicht die Richter und Henkersknechte?!) habe solche, die unter dem Einfluß der Folter standen, im Gefängnis zum Selbstmord getrieben und sie dadurch um die Buße und Aussöhnung mit der Kirche gebracht.

Der dritte Hauptteil stellt in 35 Fragen und deren Beantwortung eine Art Criminal-Codex für das gerichtliche Verfahren dar. Die Verfasser erklären sich bereit, von der persönlichen

Mitwirkung an der Verfolgung der Hexen zurückzutreten und sie einerseits den Bischöfen, andererseits den weltlichen Gerichten zu überlassen (Hexenhammer, Teil III, Abschnitt III, Frage 18). Die Berechtigung hierzu entnehmen sie der päpstlichen Bulle. Da die Verbrechen der Hexerei teils bürgerlich, teils kirchlich seien (delicta mixti fori) „wegen der zeitlichen Schädigungen und um des Glaubens willen, den sie verletzen" (III/I, Einleitende Frage), kommen sie zur Untersuchung, Verurteilung und Bestrafung vor Richter beider Parteien. Das pflichtgemäße Einschreiten des Inquisitors beschränken sie auf jene Fälle, bei denen die Hexerei einen ketzerischen Charakter habe. Über den „ketzerischen Charakter" aber entscheidet letztlich der Inquisitor. Dieses Zurücktreten ist als ein kluges politisches Taktieren der Verfasser zu deuten. Denn so konnten unliebsame Prozesse von ihnen abgelehnt werden, der Widerstand der bischöflichen und weltlichen Gerichte wurde entwaffnet, auf günstigem Boden aber konnten die Inquisitoren selbst nach Gutdünken ihrem grausigen Geschäft nachgehen.

Das Prozeßverfahren

Das Prozeßverfahren wird bis ins kleinste Detail entwickelt. In einem ersten Abschnitt werden die Einleitung des Prozesses und die Rolle der Zeugen behandelt. Das öffentliche Anklageverfahren vor dem Richter, wobei die Beweislast beim Ankläger liegt, wird verworfen, da es in einer Glaubenssache nicht gebräuchlich, für den Ankläger gefährlich (Strafe der Wiedervergeltung), weil schwer zu beweisen ist und viele Streitereien die Folge seien. Der Richter solle dagegen einem Ankläger die Weisung zum Weg der Denunziation geben. Der Denunziant beschwört lediglich die Wahrheit seiner Aussagen, die nur auf Indizien gestützt zu sein brauchen. Er hat keine Beweislast, ihn trifft keinerlei Nachteil; man nimmt an, daß er aus Glaubenseifer oder aus Sorge um das Staatswesen handle (III/I, 1). Die zweite Möglichkeit zur Eröffnung eines Prozesses, die im „Hexenhammer" empfohlen wird, ist das Einschreiten des Richters aufgrund eines Gerüchtes; in diesem Fall sind weder ein Ankläger noch ein Denunziant notwendig.

In den Fragen 2 bis 6 wird über die Beschaffenheit der Zeugen, unter denen auch Exkommunizierte, Verbrecher, Infame und Untergebene der angeklagten Person sein können, gehandelt. Die Namen der Zeugen müssen weder der Angeklagten noch dem Verteidiger, wenn ein solcher überhaupt zugelassen wird, eröffnet werden (III/II, 9). Die Angeklagte solle allerdings bei Prozeßbeginn gefragt werden, ob sie Todfeinde habe und wer diese seien; der Begriff der Todfeindschaft wird dabei sehr eng interpretiert (III/I, 5). Eine Täuschung der Angeklagten wird bewußt in Kauf genommen, eine wirkliche Chance zur objektiven Feststellung einer Todfeinschaft ist nicht gegeben, der Richter enthält höchstens Hinweise zu neuen Vermutungen und Verdächtigungen. Die sich anschließende Befragung der vermeintlichen Hexe oder des Hexers soll Auskunft über die persönlichen Lebensverhältnisse geben und erforschen, ob die angeklagte Person um ihren üblen Ruf wisse. Der weitere Prozeßverlauf legt die Rechtlosigkeit der Angeklagten in eindeutiger und erschreckender Weise offen.

Ausschlaggebend für die „Beweisfindung" sind zunächst die Aussagen der Zeugen, die Indizien, der gute oder schlechte Ruf und eine eventuelle Evidenz der Tat. Für einen begründeten Verdacht genügen zwei Tatbestände, beispielsweise ein übler Ruf und die Aussage zweier Zeugen. Kerkerhaft und gegebenenfalls Folter können veranlaßt werden (III/II, 7, 8). Ein Recht auf Verteidigung gibt es nicht; der Richter kann nach Gutdünken einen Advokaten zurückweisen. Die angeklagte Person und der Verteidiger werden von vorneherein mit Mißtrauen betrachtet, dem Denunzianten gilt das Vertrauen (III/II, 10, 11). Zur Verhängung der Folter genügt ein im Sinne des Richters begründeter Verdacht. Die Verurteilung zur Folter soll ein Versuch sein, die Angeklagte umzustimmen und ein Geständnis zu erzwingen. Um der vermeintlichen Hexe die gewünschte Aussage zu entlocken, ist es dem Richter freigestellt, die Rettung des Lebens in Aussicht zu stellen – zur Einhaltung des Versprechens muß er sich allerdings nicht verpflichtet fühlen, denn dieses Täuschungsmanöver dient der „Wahrheitsfindung" (III/II, 13, 14). Die Todesstrafe kann nur bei einem Geständnis verhängt werden. Im Zusammenhang mit der Folter wird die verdächtige Person in menschenunwürdiger Weise auf sogenannte Hexenzeichen (Flecken an bestimmten Körperteilen, Nicht-Weinen-Können etc.) und Hexenmittel untersucht. Hierzu kann die Entkleidung und eine vollkommene Körperrasur angeordnet werden. Wichtig für den Prozeß ist, daß der Richter sich bei seinem Tun kirchlicher Schutzmittel bedient. So soll er geweihtes Salz, geweihtes Wachs und geweihte Kräuter bei sich tragen. Auch der Hexe soll man unter Anrufung der Dreieinigkeit Weihwasser mit etwas geweihtem Wachs vermischt eingießen, einen Zettel mit den sieben Worten Jesu am Kreuz umhängen und dann das Verhör vornehmen. Während des Verhörs wird eine Messe gelesen, in der das Volk die Engel um Hilfe gegen die Dämonen anrufen soll.

In einem dritten Abschnitt des dritten Teils werden aufgrund der verschiedenen Stufen der Verdachtsmomente die Möglichkeiten der Urteilsfindung, des Urteils und der Vollstreckung erörtert. Als völlig schuldlos gilt die angeklagte Person nur dann, wenn weder eine Evidenz der Tat, weder ausreichende, beeidete Zeugenaussagen, übler Ruf, Indizien noch ein Geständnis vorliegen. Der Freispruch erfolgt dann nicht wegen erwiesener Unschuld, sondern aus Mangel an Beweisen! (III/III, 20). So war ein Freispruch-Urteil bei erneuter Aufnahme des Verfahrens nicht hinderlich. Übel beleumundete und verdächtige Personen können zum Abschwören der vermuteten Ketzerei, zu Bußübungen und Kerkerstrafen, im schlimmsten Fall lebenslänglich, verurteilt werden. Wenn der Richter von der Schuld einer Hexe überzeugt ist, dann genügen die Denunziation und ein schlechter Ruf, um durch die Folter ein „Geständnis" zu erpressen (III/III, 21–27, besonders 22).

Im Falle eines Geständnisses, das, wenn es durch die Folter erzwungen wird, an einem anderen Ort wiederholt werden muß, gilt die Übergabe an die weltliche Gerichtsbarkeit als obligatorisch. Über unbußfertige und rückfällige Hexen wird kirchlicherseits die Exkommunikation verhängt; das Todesurteil und die Vollstreckung durch die weltliche Justiz waren zumeist die Folge. Daß der Nachsatz im Urteilsspruch des geistlichen Richters: „indem wir eben diesen weltlichen Gerichtshof nachdrücklich bitten, daß er mit Bezug auf dich [die Hexe] seinen Spruch so mäßigen möge, daß er diesseits der Blutvergießung und Todesgefahr bleibt", nur eine Floskel ist, erweist sich in der Tatsache, daß der Richter fest mit einer Hinrichtung zu rechnen habe (vgl. III/III, 31). Die Fragen 33 bis 35 behandeln schließlich noch einige Sonderfälle in bezug auf Hexenhebammen und -bogenschützen, auf Appellationen und Absicherungsmaßnahmen für den Richter.

Die spezifischen Eigenheiten im „Hexenhammer"

Um der Originalität des „Hexenhammers" gerecht zu werden, müssen die spezifischen Unterschiede zu früheren Veröffentlichungen in Sachen Hexerei herausgestellt werden. In der Hauptsache lassen sich drei besondere Akzentuierungen feststellen.

Zum einen hebt der „Malleus maleficarum" das Malefizium, also die praktizierte Zauberei, in den Vordergrund und stellt dagegen den Sabbatbesuch, das gemeinsame Bekenntnis aller ketzerischen Zauberer und Hexen zum Teufel und die Verleugnung Gottes als das eigentliche häretische Moment im Hexenverbrechen in den Hintergrund. Die Hexenfahrten werden ausführlich geschildert – die theologische „Wissenschaft" stützt sich also auf den Volkswahn, den sie früher bekämpft hat. Die Vielgestaltigkeit der Malefizien wird dargestellt, wobei die sexuelle Komponente, die geschlechtlichen Beziehungen zwischen Mann und Frau, am deutlichsten zum Ausdruck kommt. Die theoretische Grundlage hierfür liefert die von der Scholastik erörterte These, daß durch den Geschlechtsverkehr die Erbsünde fortgepflanzt werde; deshalb seien die sexuellen Beziehungen den Einwirkungen des Satans eher ausgesetzt als andere.

Zum zweiten, und das steht mit dem eben Gesagten in direkter Verbindung, wird das Hexentreiben grundsätzlich auf das weibliche Geschlecht zugespitzt.[18] „Das Geschlecht . . ., in welchem Gott stets Großes schuf, um Starkes zu verwirren . . ." (I, 6). Diese eindeutige Tendenz kommt bereits im Titel „Malleus maleficarum" zum Ausdruck. Ein buntes Florilegium von Aussagen gegen die Frauen und „das Weibliche" wird zur Stützung der These angelegt. Da die geschlechtliche Betätigung beim Mann leichter verhindert werden könne, also Männer besser zu behexen seien als Frauen, müßten folglich die Hexenpersonen in erster Linie dem weiblichen Geschlecht angehören. Wie die etymologische Herleitung des Wortes *femina* zeige, seien die Frauen schon von Natur aus zum Bösen besser disponiert; sie seien leichtgläubig, geschwätzig und leicht beeinflußbar, die Jungfrau Maria aber sei der „normalen" Weiblichkeit durch göttliche Gnade enthoben. Letztere These erklärt die gleichzeitige tiefe marianische Frömmigkeit, die viele der Dominikanerinquisitoren pflegten. Dieses numerische Übergewicht erweise sich aber vor allem in der Teufelsbuhlschaft. Da der Teufel männlich gedacht wird, sei der geschlechtliche Verkehr mit diesem eben nur oder in weit überwiegendem Maße der Frau zuzuschreiben. Das Sabbattreiben, das in der früheren Literatur im Vordergrund stand, erforderte eine ungefähre zahlenmäßige Übereinstimmung von Männern und Frauen. Da der Sabbat aber für die Verfasser des „Hexenhammers" eine untergeordnete Rolle spielte, konnte eine gleichzeitige Beteiligung von Männern außer acht gelassen werden. Außerdem, so wird argumentiert, habe Christus als Mann seine Menschwerdung vollzogen und schütze daher dieses Geschlecht eher vor großer Sünde.

Das Grundmotiv für diese bösartige und einseitige Charakterisierung alles Weiblichen war die Anschauung, daß die Frauen zu geschlechtlichen Ausschweifungen neigten und dies sogar zur Teufelsbuhlschaft führen könne. Im Hintergrund dieses Denkens stand, in der Abkehr von der weiblichen Begierde, die mönchisch-asketische Betonung des Jungfräulichen, die im Marienkult ihren Höhepunkt fand. In Anlehnung daran versuchen die Verfasser zu beweisen, daß sie ja prinzipiell nichts gegen das weibliche Geschlecht einzuwenden hätten – wohl eine reine

Nützlichkeitsbehauptung. Hieraus wird deutlich, daß sich im „Hexenhammer" eine Wende vom dogmatisch umschriebenen Ketzerwesen zum vom Volkswahn geschürten Hexenwesen vollzogen hat; außerdem wurde die einseitige Ausrichtung der Hexenprozesse gegen das Weibliche festgeschrieben.

Ein drittes Spezifikum des „Malleus maleficarum" stellt die strafrechtliche Komponente der Hexenverfolgung dar.[19] In der Ketzer- und Hexenpraxis waren drei Ansätze zur Prozeßführung vorherrschend. Erstens begegnete die Vorstellung, daß selbst bei Bußfertigkeit kein Anspruch auf Begnadigung zugestanden werden könne, wenn die Reue ungenügend oder die Verbrechen zu groß waren. Zweitens konnten die Inquisitoren den Gesichtspunkt betonen, daß die Hexen außer den ketzerischen Vergehen auch solche Verbrechen begingen, welche die weltliche Justiz nach eigenem Recht bestrafte, wie Kindesmord, Malefizien, widernatürliche Unzucht und Gotteslästerung. Sie konnten dann ihrerseits die Beschuldigten wohl zu lebenslänglichem Kerker „begnadigen", aber sie doch dem weltlichen Arm mit der Erklärung überstellen, daß sie auch jener bürgerlichen Verbrechen überführt seien, für die der staatliche Richter seinerseits die gebührende Strafe (Todesstrafe) verhängen konnte.

Drittens konnten sich die Inquisitoren von vorneherein auf den Standpunkt stellen, daß es sich bei den sogenannten gemischten Verbrechen *(delicta mixti fori)*, um die es sich beim Vergehen der Zauberei, dem Malefizium, handelte, gleichgültig sei, ob die geistliche oder weltliche Instanz zuerst einschritte, wenn nur der Erfolg, also die unbedingte Vernichtung der Angeklagten, gesichert sei. Dieser Weg, auf dem also der weltlichen Gewalt im Rahmen der *delicta mixti fori* das Recht der Prävention auch bei ketzerischer Zauberei zugestanden wurde, enthob die Inquisitoren aller formalen Schwierigkeiten, führte aber dazu, daß ein ketzerisches, sprich häretisches Vergehen als ein *delictum mixti fori* behandelt wurde, welches das Kirchenrecht stets als ein *crimen mere ecclesiasticum,* nicht *mixtum,* beansprucht hatte: das weltliche Gericht sollte ursprünglich das geistliche Urteil lediglich zur Ausführung bringen, nicht aber die Initiative ergreifen.

Der dritte Ansatz wurde, kombiniert mit dem zweiten, im „Hexenhammer" als der für den Hexenprozeß praktikable herausgestellt. Unter Umgehung der kirchenrechtlichen Tradition, daß nämlich reumütige und bußfertige Angeklagte zu begnadigen seien, waren die Verfasser von der Intention beherrscht, unter Ausnutzung der staatlichen Justizwillkür, Verdächtige um jeden Preis und in jedem Fall auszurotten. Ziel des Prozesses war nicht etwa ein Erweis der Unschuld, sondern das Geständnis der angeklagten Person. Die Folter war das unentbehrliche Mittel, um das für die Hinrichtung erforderliche Geständnis zu erzwingen. Wenn aufgrund eines Gerüchtes und der darauf folgenden Denunziation der (geistliche oder weltliche) Richter Verdacht geschöpft hatte, dann war die Folge in vielen Fällen der sichere Tod. Das von der Inquisition in Kauf genommene Aktivwerden der weltlichen Justiz wurde dadurch gerechtfertigt, daß die Häresie, die Ketzerei, als Randerscheinung nicht mehr konstitutiv für den Hexenbegriff war; als Hauptdelikt galt nunmehr die Zauberei, das Malefizium. Das Hauptaugenmerk liegt im „Hexenhammer" nicht auf einer für den Angeklagten gerechten Prozeßführung – den Anspruch darauf hatte sich der Angeklagte allein aufgrund eines Verdachts verwirkt –, sondern auf einer Steigerung der Effektivität der Hexenverfolgung.[20] Zudem füllten sich durch die Vielzahl der Prozesse die Kassen der Inquisitionsgerichte, denn in der Regel wurde das gesamte Hab und Gut der Angeklagten eingezogen; die weltliche Obrigkeit erhielt meistens einen Anteil am konfiszierten Besitz.

Teufelsauffassung und Gottesbild

„Die Wende vom 15. zum 16. Jahrhundert war die Zeit des Teufels schlechthin".[21] Die theologische Literatur aus jener Zeit, zu der auch der „Hexenhammer" als ein „Bestseller" gerechnet werden muß, schrieb der Macht des Teufels eine reale Wirksamkeit zu. In der Bulle „Summis desiderantes" wird die reale Tatsache des Hexenflugs und der Sabbat-Orgien bereits in

Betracht gezogen. Obwohl der „Hexenhammer" mehr von Hexerei als vom Teufel spricht, ist das personifizierte Böse ständig im Buch gegenwärtig, da die Autoren von der Gefahr und den tatsächlich existierenden Beziehungen des Teufels zu seinen Dienern überzeugen wollen. Der Teufel nimmt im „Hexenhammer" dauerhaft am Leben unserer Welt teil. Wenngleich seine Machtmittel groß seien, könne er nur mittelbar, nicht direkt, auf seine menschlichen Opfer Einfluß nehmen. Er ist dabei aber gleichsam physisch gegenwärtig, wenn er unter Zuhilfenahme eines Scheinleibes beispielsweise sexuellen Verkehr mit Hexen aufnimmt; gerade im sexuellen Bereich ist die Macht des Teufels groß. Im „Malleus maleficarum" wird der Satan zum Gegengott stilisiert, aber seine Macht ist nicht autonom: Ein zulassender, duldsamer Gott ist notwendig. Die Beweggründe für diese göttlichen Zulassungen bleiben dem Menschen ein Rätsel. „Oft stellen die Mächte des Bösen nur die Exekutoren des rächenden oder eifersüchtigen Willens des himmlischen Vaters dar".[22] Die Autoren des „Hexenhammers" sind von vielen Ängsten der Zeit beherrscht und die Summe der Angst konzentriert sich schließlich auf den Teufel als Urheber alles Bösen. Der irrationale religiöse Volkswahn wird nicht bekämpft, sondern geradezu geschürt. „Christus wird gegenüber dem Satan nur selten genannt, und der Triumph der österlichen Auferstehung wird überhaupt nie erwähnt".[23] Im „Hexenhammer" wird ein bestimmtes alttestamentliches Gottesbild verabsolutiert. Dieser Gott wacht in besonderer Weise über die kirchlichen Inquisitoren und weltlichen Richter, da sie die Hüter der Christenheit und des wahren Glaubens seien.

Wirkung und Rezeption des „Hexenhammers"

Die Wirkung des „Hexenhammers" war eine umfassende insofern, als die Verbreitung außerordentlich groß war und das Werk geradezu ein autoritatives Ansehen erlangte. Jedermann konnte sich auf den „Malleus maleficarum" als ein kirchlich approbiertes Handbuch berufen. Der irrationale Hexenwahn im Volk erfuhr eine Steigerung, anstatt gedämpft zu werden, die systematische Verfolgung von Denunzierten und Verdächtigten weitete sich in erschreckendem Maße aus. Insbesondere das weibliche Geschlecht war nun den Schrecken der Inquisition ausgeliefert. Im Blick auf das strafrechtliche Verfahren änderte sich, wie oben beschrieben, die Rollenverteilung zwischen geistlichen und weltlichen Gerichten.

Die Hexenverfolgung nach dem im „Hexenhammer" vorgezeichneten Schema muß allerdings in einzelnen Gegenden heftigen Widerstand hervorgerufen haben. Vor allem unter den weltlichen Fürsten und Magistraten der Städte gab es im 15. und 16. Jahrhundert viele, die der kirchlichen Hexeninquisition ihre Hilfe versagten; sie galten im gegnerischen Lager als gewissenlos und gefährlich für die allgemeine Sicherheit.

Die ersten Gegenschriften wurden in Italien gedruckt. Der Franziskaner Samuel de Cassini bezeichnet in seinem 1505 erschienenen Buch „Question de le Strie" die Hexenjäger als Ketzer, weil sie den heidnischen Aberglauben vom Hexenflug für wahr hielten; er fordert, daß sie das Eigentum und den guten Namen der Opfer wiederherstellen sollten. 1520 veröffentlichte der Rechtsgelehrte Johannes Franz de Ponzinibius in Florenz die Schrift „Tractatus de Lamiis"; der Inquisitionsprozeß wird in dieser Abhandlung als rechtswidrig verurteilt. Das Geständnis der angeblichen Hexen bei der Folter sei kein gültiger Beweis, den ein vernünftiger Jurist anerkennen könne. Zuletzt sei noch die Abhandlung des Predigermönchs Bartholomäus de Spina, „Quaestio de strigibus" (1522), genannt, in der die grundlegenden Ideen des „Malleus maleficarum" beklagt werden.[24] Die große Zahl von päpstlichen Erlassen gegen die Hexerei zeigt überdies, daß das blutige Handwerk der Inquisitoren stets der päpstlichen Hilfe und Autorität bedurfte. Trotz der Widerstände konnte der Tod tausender Unschuldiger nicht verhindert werden, Päpste und Kurie haben ein erhebliches Maß an Schuld mitzutragen.

Annemarie Hartmann
Der Hexenwahn im Herzogtum und Kurfürstentum Bayern im 16. und 17. Jahrhundert

„Eine Hexe sollst du nicht am Leben lassen!" (Ex 22,17) – Dieses Exodus-Zitat geisterte wörtlich oder dem Sinn gemäß durch alle Doktrinen und Anweisungen, die die Hexenverfolgungen erst ermöglichten und den Hexenwahn ins Leben riefen. Deshalb soll in einem ersten Teil den rechtlichen Grundlagen nachgegangen werden, bevor die wichtigsten Verfolgungen im Überblick im zweiten Abschnitt zur Darstellung kommen. Wenn im dritten Teil die vorhandene und wachsende Opposition in Bayern angesprochen wird, dann nicht, um das Geschehene zu beschönigen, sondern vielmehr, um zu zeigen, daß es trotz aller Zeitbedingtheit nicht unumstößlich notwendig war, dem Wahn in allen Auswüchsen zu folgen.[1]

Rechtliche Grundlagen

Um Prozesse aufnehmen zu können, müssen rechtliche Grundlagen geschaffen werden. Im Falle der Hexenprozesse ist es interessant zu beobachten, wie sich ein auftretendes Phänomen auf die Gesetzgebung auswirkte und umgekehrt durch neuerlassene Instruktionen auf das Phänomen als solches aufmerksam gemacht wurde.

Während der ganzen ersten Hälfte des 16. Jahrhunderts verhielten sich die bayerischen Diözesansynoden abwehrend-vernünftig zur aufkommenden Hexenfrage. Sie wurde der pastoralen Betreuung anempfohlen. Nur bei Verdacht auf Teufelspakt sollte der Rat des Bischofs eingeholt werden. Noch 1569 stellte die Salzburger Provinzialsynode fest, jene, die Hexerei und damit verbundene Künste ausübten, redeten sich dies nur ein. Seelsorgerliches Gespräch, Belehrung und, wo dies nicht fruchtete, Meldung an den Bischof wurden empfohlen.

Zwanzig Jahre später begann im Herzogtum Bayern die erste große Verfolgungswelle in Schongau. Der unschlüssige Herzog Wilhelm V. (1579–1597) beantragte 1590 ein Gutachten zur Hexenfrage bei der juristischen Fakultät der Universität Ingolstadt. Das tatsächliche Vorhandensein von Hexen wurde im Gutachten bestätigt. Für das weitere Vorgehen wurde der Herzog auf zwei Grundlagenwerke verwiesen – auf den 1487 erschienenen „Hexenhammer" von Institoris und Sprenger und auf das neueste Werk zum Thema, einen Traktat des Trierer Weihbischofs Peter Binsfeld.

Binsfeld, ein eifriger Verfechter des Hexenglaubens, brachte 1589 seinen „Tractatus de Confessionibus Maleficorum et Sagarum" heraus, der bereits 1591 in deutscher Übersetzung bei Adam Berg in München erschien. Rigoroser und mit noch größerer Sicherheit als der Hexenhammer stellte Binsfeld fest, was natürlich und unnatürlich, was erlaubt und teuflisch war. „Stillschweigend wird der Teuffel angerueft, wann sich einer befleißt, etwas zu thun durch Ursachen oder Mittel, welche nit aus seiner natürlichen Kraft, noch göttlicher noch Christlicher kirchischer Einrichtung mögen solches ausrichten."[2] So eng wurde nun die Bestimmung, was widergöttlich war, gezogen, daß jede Art von Volksmagie schon den Teufelspakt einschloß. Nach Binsfeld wuchsen die satanischen Kräfte in seiner Zeit immer stärker an, kamen immer mehr Menschen in die Gewalt von Dämonen und fügten immer häufiger unschuldigen Menschen Schäden aller Arten zu. Die ganze Gesellschaft sei innerlich ausgehöhlt und zerfressen von der giftigen Brut, deshalb müsse diese reale Gefahr heftigst bekämpft werden, deshalb müßten, wie er zu überzeugen sucht, die Feuer brennen, solange es „Malefici" – Zauberer und Hexen – gebe. Gelegentlich nach heutigen Maßstäben vernünftig anklingende Passagen im Traktat wechselten mit solchen, die uns umso unverständlicher anmuten. So gab Binsfeld genaue Anweisungen zu Denunziationen, die die Anwendung der Folter nicht rechtfertigten.

TRACTAT

Von Bekanntnuß der Zauberer vnd Hexen. Ob vnd wie viel denselben zu glauben.

Anfängklich durch den Hochwürdigen Herrn
Petrum Binsfeldium, Trierischen Suffraganten / vnd
der H. Schrifft Doctorn / kurtz vnd summarischer
Weiß in Latein beschrieben.

Jetzt aber der Warheit zu stewr in vnser Teutsche Sprach
vertiert / durch den Wolgelerten M. Bernhart Vogel / deß löblichen
Stattgerichts in München / Assessorn.

EXOD XXII. CAP.
Die Zauberer solt du nicht leben lassen.

Gedruckt zu München bey Adam Berg.
ANNO DOMINI M. D. XCI.
Mit Röm: Kay: Mayt Freyheit / nit nachzudrucken.

Hexen- und Teufelswerk. Titelblatt der Übersetzung von
Peter Binsfelds Hexentraktat (München 1591)

Auch wandte er sich gegen die Wasser- und Feuerprobe als Mittel zur Urteilsfindung, beendete dann aber den Traktat mit Berichten über die Wirkung von Kirchenglocken, deren Läuten Hexen, die verspätet vom Sabbat zurückkehrten, vom Himmel herabfallen ließen.[3]

Binsfelds Traktat wurde nun, wie im Ingolstädter Gutachten empfohlen, die Grundlage für die von Herzog Wilhelm V. am 24. September 1590 in Landshut erlassene „Generalinstruction, wie sich alle und jede Pfleger, Richter und Beamte des Rentamts München mit den Unholden und Hexenwercks verlaimbden Persohnen in Erkennung, Einziehung und Besprachung, daran auch sonsten in ainem und anderen verhalten sollen."[4] Angefertigt wurde sie als Leitfaden für alle Pfleger, weil, wie der Herzog im Schreiben erklärt, „nit allein in weit entlegnen, auch in nächstnachberten, sondern gar in dero Fürstenthumben und Landen das erschrecklich, widerstrebende, abscheulichste uns schädlichste Laster der Zauberei und Hexenwerks mit Haufen einreißen tue."[5] Er gab genaue Anweisungen zur seelsorgerlichen Betreuung, wohl aufgrund der Erfahrungen, die in den Schongauer Prozessen bis dahin gemacht wurden, war es doch mehrmals zu Auseinandersetzungen mit Geistlichen gekommen, die sich als Verteidiger für angeklagte Frauen einsetzten, weil diese in der Folter erpreßte Geständnisse im Einzelgespräch oder in der Beichte widerrufen hatten. Um solchen Fällen vorzubeugen, bestimmte Wilhelm nun: „Dieweil die Erfahrung lauter zu erkennen gibt, daß es nit gut, daß man ... die Priester allein zu ihnen läßt, derowegen soll der Judex [Richter] solches außer der Beicht keineswegs gestatten, sondern ihnen allzeit ein oder zwei Personen, welche bei der Besprachung gewesen, da der Judex anders nit selbst darbei sein kann, zueignen. Auch nit vergönnen, daß sie miteinander reden, sondern der Priester soll sie zu Geduld, Bekehrung der Wahrheit, zu Widersagung des Teufels eingeben und getanem Gelübds, zu wahrer Reu und Buß, auch zu Bekanntnus, beständiger Hoffnung fleißig gemahnen und ihnen zu der Revocation nit Ursach geben oder dieselb ohne wichtige Ursachen von ihnen annehmen."[6] Mit dieser Anweisung wurde der letzte, von priesterlicher Seite zu erhoffende Beistand unmöglich gemacht. Der Priester verlor damit die Möglichkeit des wirklichen Gesprächs und sollte nichts anderes tun, als was ohnehin vor jedem Verhör dem Angeklagten empfohlen wurde – die Aufmunterung zum raschen Geständnis, was höchstens einige Foltern und das Verbrennen bei *lebendigem* Leibe ersparte.

Als Hilfsmittel für die Prozesse stellte die Instruktion einen Fragenkatalog für die Verhöre auf, der die bekannten Hexenerscheinungen und -delikte der Reihe nach aufführte. Diese stereotype Fragerei war wohl verantwortlich für die unter der Folter gegebenen stereotypen Antworten, welche als vermeintliche Geständnisse wiederum zu bestätigen schienen, daß die aufgezeigten Erscheinungen Realität waren.[7]

Eine zweite herzogliche Anweisung lag von Maximilian I. (1597–1651) vor, das „Landgebot gegen Aberglauben, Zauberei und Hexerei" vom 12. Februar 1611. Das zweigeteilte, umfassende Landgebot stellte im ersten Teil eine Sammlung all jener Formen des Aberglaubens auf, die der Teufel erfunden haben soll. 52 mehr oder weniger harmlose Volksbräuche wurden genannt, die sich zum Teil schon in mittelalterlichen Repertorien des Volksaberglaubens fanden. Sogar gängige Bräuche der Volksmedizin gerieten in dieses Kompendium, so das Baden am Weihnachts- oder Faschingsabend gegen Fieber und Zahnweh, was nun verboten und mit Strafe verfolgt wurde.[8] Im zweiten Teil stellte Maximilian Strafsatzungen vor allem gegen die Hexerei auf. Hier wurde genau festgelegt, welche Delikte wie zu ahnden waren: direkte Anrufung und Anbetung des Teufels mit lebendigem Verbrennen; indirekte Anrufung mit vorheriger Enthauptung; auf Teufelspakt erfolgte die peinliche Frage (Folter), Scheiterhaufen und Einziehung des Vermögens; bei zusätzlichem Schadenzauber wurde vor dem Verbrennen noch Zwicken mit glühenden Zangen angeordnet. Die Beispiele mögen genügen.

Dieses Landgebot wurde 1665 und 1746 bestätigt und erneuert. Hiermit war die gültige Grundlage für alle folgenden Prozesse geschaffen, der die weiteren Anordnungen nur noch Einzelheiten hinzufügten.

In der großen Gesetzgebung Maximilians von 1616 gab es keine eigenen Artikel mehr über Hexerei. Sie und die Zauberei wurden nur unter anderen Punkten erwähnt. So wurde festgelegt, daß sie zu den Verbrechen gehörten, für die zur Gefangennahme und zur peinlichen Frage kein corpus delicti vorliegen mußte. Für die Folterungen wurde bestimmt, daß bei Widerruf nach der ersten Folter eine zweite und dritte folgen sollte. Die in der Folter geäußerten Geständnisse mußten an den Hofrat gesandt werden, der dann weitere Anweisungen zur Fortführung des Prozesses erteilte. Ansonsten bildete, wie verwiesen wurde, die 1532 von Kaiser Karl V. erlassene Constitutio Criminalis Carolina die Grundlage für die Prozeßführung.

Eine wichtige und letzte Bestimmung lag in der ,,General- und Spezialinstruction über den Hexenprozeß" von 1622 vor. Sie zählte zu den unheilvollsten Verlautbarungen, die offiziell zur Hexenfrage getätigt wurden. Maximilian forderte, alle Amtsuntertanen zu verpflichten, jeden Verdacht auf Hexerei zur Anzeige zu bringen. Als Beweis für das vorliegende Verbrechen galt das Hexenmal oder ein aufgefundener, schriftlicher Teufelspakt. Einfache Denunziation in der Folter genügte, um weitere Verhaftungen der so Angeklagten vorzunehmen, dreifache Denunziation rechtfertigte die Anwendung der Folter. Wasser- und Feuerprobe wurden zwar verboten, ebenso aber auch das Zugeständnis des Widerrufs. Ein einmaliges Geständnis genügte, denn ,,sonst würde man in diesen Sachen nie zu einem Ende kommen."[9] Die Akten mußten fortan nicht mehr an den Hofrat zur Einsicht gesandt werden, da dieser vermutlich aufgrund der zahlreichen Prozesse überfordert war. Nach einem erfolgten Bekenntnis durften Hexen nun nicht mehr allein inhaftiert werden – ,,um weniger Verzweiflung willen"[10] – was nicht Fürsorge ausdrückte, vielmehr den Versuch darstellte, die immer wieder vorgekommenen Selbstmorde zu verhindern. Die letzte Bestimmung regte an, eine höhere Instanz hinzuzuziehen, vor allem die Universitäten oder bekannte Rechtsgelehrte.

Mit all diesen Anordnungen – in ihren sukzessiven Erweiterungen waren sie meist Verschärfungen – konnte nun Recht gesprochen werden. Daß Anweisungen wie die Maximilians zum Landgebot von 1611, die Vorschriften an Weihnachten und Pfingsten auf den öffentlichen Kanzeln verlesen zu lassen, mehr geschürt als besänftigt haben, kann angenommen werden. Ebenso trug wohl das Gebot, vor der Hinrichtung alle Delikte laut vorzutragen, zu einer Verbreitung der Hysterie und zur allmählichen Kenntnis der Hexereien bei. War der Teufel, auch durch die Gesetzgebung, erst einmal an die Wand gemalt, konnten sich die teuflischen Vorstellungen in die Einbildung sensationshungriger und zugleich verängstigter Bevölkerungsschichten leicht einnisten.

Wellen der Verfolgung

1497 befand sich Heinrich Institoris im Kloster Rohr. Der Mitverfasser des Hexenhammers verkündete dort die Hexenbulle „Summis desiderantes affectibus" und ernannte den Propst Wolfgang Haimstöckl zu seinem Vikar, mit der Vollmacht, gegen die Hexen der Diözese Regensburg vorzugehen. Nur einmal erfahren wir aus den Quellen etwas vom diesbezüglichen Wirken des Propstes: An den Pfarrer von Abensberg schrieb er mahnend, er möge den Gerüchten, in seiner Pfarrei gebe es Hexen, nachgehen.

Von den gemäßigten Haltungen der Diözesansynoden zur Hexenfrage während der ersten Hälfte des 16. Jahrhunderts war bereits die Rede.

Aus dem letzten Regierungsjahr Herzog Albrechts V. (1550–1579) sind einzelne Verhaftungen überliefert, ohne genaue Angaben über die Auswirkungen. Erst unter seinem Nachfolger Herzog Wilhelm V. wurde die erste große Welle ausgelöst.

1583 wurde Wolf Breymüller aus Aufkirchen hingerichtet, 1589 begannen die großen Schongauer Prozesse. Schongau war der Verwaltung Ferdinands, des Bruders des Herzogs, unterstellt. Hier brodelte es schon länger. Seit Mitte der siebziger Jahre tauchten Beschuldigungen auf, die Bäuerin Geiger sei eine

Hexe und für den Tod eines Kindes und ein gefallenes Schwein verantwortlich. Der vom Schaden Betroffene hatte sich Rat beim Richter von Kaufbeuren gesucht und nach der Rückkehr die Anklage ausgesprochen. Trotz Einspruchs des Prälaten von Steingaden wurde die Frau 1587 erstmals vom Schongauer Stadtrichter Lidl festgenommen und nach Durchsicht der Akten durch den Münchener Hofrat auf Geheiß Herzog Ferdinands gefoltert. Es erfolgte kein Geständnis, und sie wurde freigelassen. 1589 begann, wieder auf Geheiß Ferdinands, der große, dreijährige Prozeß gegen sie, nachdem das Gemunkel über ihre Hexereien weiterhin nicht verstummt war. Dieser Prozeß zog eine Reihe weiterer Verhaftungen nach sich und entartete zur ersten großen Verfolgungswelle im Herzogtum, der 63 Frauen aus Schongau und der Umgebung zum Opfer fielen. Um Geständnisse zu bekommen, mußte die Folter angewandt werden. Hierzu war nach bayerischer Landesordnung von 1553 der Befehl des Hofrates einzuholen, der in den Schongauer Prozessen immer erfolgte.

Eine Hexe konnte auch durch das Auffinden eines Hexenmals identifiziert werden. Dies war Sache des Scharfrichters Jörg Abriel, der durch diese Erfahrungen zum angeblich qualifiziertesten und bezüglich Hexenmalen angesehensten Mann im Herzogtum aufstieg. Seine, wie die Akten vermuten lassen, machtvolle, grausame und gefürchtete Stellung konnte erst allmählich eingedämmt werden, als in einem Gutachten der Universität Ingolstadt berechtigte Vorwürfe bezüglich seines willkürlichen Vorgehens laut wurden, das umso gefährlicher war, als er ja als bisher reines Ausführungsorgan auf einmal Jurisdiktion ausübte.

Hinrichtungsart war Enthauptung und anschließende Verbrennung. Die Anklagen beinhalteten die entsprechend den Fragen der Verhöre zu erwartenden, wiederkehrenden Delikte Wetterschäden, Töten von Tieren durch Salben, Teufelsbuhlschaft, Teilnahme am Hexensabbat, der – von anderen Ortsangaben abgesehen – vor allem auf dem Hohenpeißenberg bei Peiting und dem Auerberg bei Marktoberdorf stattgefunden haben soll.

Die Bestimmungen, die der Hofrat dem Schongauer Gericht während der Prozesse gab, zeigen dessen unerbittliche und rigorose Haltung. Einzig Caspar Lagus, ehedem Ordinarius in Ingolstadt, trat immer wieder für ein gemäßigteres Vorgehen ein, wurde aber überstimmt. Selbst das auf Anraten des Hofrates vom Schongauer Stadtrichter Friedrich Herwart von Hohenburg bei der Universität Ingolstadt angeforderte Gutachten setzte dem Treiben kein Ende, obwohl diese Universität als einzige im Reich bekannte sich der Ausbreitung der Prozesse widersetzte.[11]

1590 fanden weitere Prozesse in Ingolstadt und Freising statt, mit über 20 Hinrichtungen allein in Freising. Als Kenner von Hexenmalen wurde dort wieder Jörg Abriel herangezogen; sein ersichtlich schlampiges Vorgehen veranlaßte auf Bitte des freisingischen Stadtrichters das oben erwähnte Gutachten aus Ingolstadt, das zumindest den schlimmsten Auswüchsen der Tätigkeit Abriels Einhalt gebot.

Einzelne Kenntnisse über die Freisinger Prozesse machen einmal mehr den Wahnsinn der Verfolgung deutlich. Schon die nach einem schweren Hagel geäußerten vermeintlichen Prophezeiungen einiger Frauen, es würden noch größere Unwetter kommen, genügten, um erste Verhaftungen vorzunehmen. Die Vorwürfe, Hagel und Krankheiten verursacht zu haben, lösten auch in der freisingischen Grafschaft Werdenfels erste Verhaftungen aus, die nach Schongau zur zweiten großen Prozeßwelle in Bayern führten. Auch hier tauchten bereits zwischen 1580 und 1583 erste Anschuldigungen auf. Der Pfleger von Werdenfels, Hans Paul Herwart von Hohenburg, ließ sich von der Regierung in Freising beraten – Werdenfels war fürstbischöfliches Territorium – und wurde vorerst zur Mäßigung angehalten. Anders als im benachbarten Herzogtum, wo die Prozesse von oben beschleunigt wurden, begann in Werdenfels die Bewegung von unten. Zahlreiche weitere Anklagen führten zu erheblichen Unruhen in der Bevölkerung. Aber erst 1589, nachdem Schongau begonnen hatte, ließ in Werdenfels der neue Pfleger Kaspar Poißl erste Verhaftungen vornehmen. Er zog sogleich den Schongauer Scharfrichter Abriel zu Rate, den er im

Bericht an Freising eifrigst lobte. Weitere Unterstützung in der Identifizierung von Hexen erhielt Poißl durch die Scharfrichter von Biberach und Hall in Tirol. In ständiger Ab- und Rücksprache mit dem Rat in Freising wurde sehr schnell die Folter angewandt. Die Prozesse nahmen durch Denunziationen so zu, daß der Pfleger wegen der Prozeßkosten ins Klagen kam. Die kleine Grafschaft mit nur annähernd 4700 Bewohnern brachte kaum die Finanzierung auf. Selbst die Anordnung, das Vermögen der Verurteilten einzuziehen, konnte nicht ganz aus der Misere helfen.

Insgesamt fielen dieser zweiten großen Welle 50 Frauen und ein Mann zum Opfer, die an sieben sogenannten „Malefizrechtstagen" zwischen Februar 1590 und November 1591 hingerichtet wurden. Über die Hinrichtungsart war keine einhellige Meinung zu erreichen; die Regierung und wohl auch Poißl traten für Lebendigverbrennen ein, die Scharfrichter nach Schongauer Muster für vorheriges Erdrosseln. Für die Wahl des letzteren wurde dem Rat die Begründung gegeben, daß „wenn sie also lebendig verbrannt werden sollen, die Feuer dermaßen laut, daß sie den Priester, der sie trösten soll, nicht mehr hören".[12] Auf den letzten kirchlichen Beistand aber wurde großer Wert gelegt – sieben gelehrte und verständige Priester hätten die armen Weibspersonen soweit gebracht, daß sie ihr Leben hoffentlich christlich beendet hätten, gibt Poißl im Bericht an den Rat an.[13]

Die Prozeßberichte gingen auch an den Regenten weiter, den Kurfürsten Ernst von Köln, Bischof von Freising, Lüttich und Münster, einen Bruder Herzog Wilhelms V. Zweimal nahm er aus Lüttich Stellung, riet zu ernsthaftem Vorgehen gegen die Hexen, sah durchaus die Gefahr, was die Regierung kurz darauf ebenfalls vermerkte, daß die Angeklagten „durch die Peinigung (wie mit vielen alten und neuen Exempeln zu beweisen) dahin gebracht werden, daß sie etwas gethan zu haben bekennen, was ihnen zu thun vielleicht niemals in den Sinn gekommen".[14] Wenn aber, wie geschehen, im gleichen Schreiben der Hinweis gegeben wird, daß das Auspeitschen mit frischen Ruten viel effektiver zur Erreichung von Geständnissen sei als die gewohnte Tortur, dann wird die vermeintlich aufscheinende Vernunft gleich wieder in Frage gestellt.

War in Werdenfels das Volk der Auslöser, so allmählich auch der Beender der Verfolgungen, denn hier hatte es nicht nur arme Bevölkerungsschichten getroffen. Selbst die Gattinnen zwei der bekanntesten Garmischer Männer, Rösch und Fröhlich, waren auf der Anklagebank gesessen, und vermutlich wurden bei der geringen Bevölkerungszahl und der Ausbreitung des Prozesses alle Familien irgendwie mitbetroffen. Die Stimmung war umgeschlagen, und Poißl gab 1592 an die Regierung ein, die Prozesse nicht mehr auszudehnen. Nicht nur war sein Ansehen völlig gesunken, sondern sah er langsam auch ein, daß er „wohl alle Weibspersonen in der ganzen Grafschaft umbringen und verbrennen lassen müsse".[15] Somit hörten die Hexenbrände in Werdenfels auf. 1607 gab es nochmals einige Anklagen, die Beschuldigten wurden aber wieder freigelassen.

114 Opfer hatten die beiden größten bayerischen Verfolgungen gefordert, 113 davon waren Frauen.

Im ganzen Herzogtum begannen in der Zwischenzeit kleinere Verfolgungen, alle angeregt von Herzog Wilhelm V. Vier Hinrichtungen sind 1590 aus München bekannt, weitere Prozesse haben stattgefunden in Abensberg, Tölz, Weilheim.

Ein interessantes Dokument zu den Verfolgungen erschien im gleichen Jahr in Ulm, die „Erweytterte Unholden Zeytung" von 1590.[16] Sie stellte ein besonders ausführliches Exemplar der weitverbreiteten Hexenzeitungen dar, die jeweils zu größeren Verfolgungen angefertigt wurden. Die Berichterstattung über die einzelnen Verfolgungen, mehr oder weniger genau und ausführlich, diente stärker der Abschreckung denn der Information. Ein Teil der bayerischen Verfolgungen der frühen Zeit wurden dort dokumentiert.

Diese ersten Jahre der Verfolgung zwischen 1589 und 1591 erlebte der spätere Herzog und Kurfürst Maximilian in Ingolstadt. Der dort zu Studien weilende zukünftige Herrscher wurde von seinem Erzieher Johann Baptist Fickler, einem eifrigen

Vertreter der Hexenfrage, engstens eingeweiht und in Prozesse und Folterungen mitgenommen, von denen er immer wieder, wie aus den Akten und Briefen hervorgeht, an den Vater berichtete. Von früh an mit der Hexenfrage vertraut und von deren Existenz überzeugt, wurde Maximilian der eigentliche Vertreter der Hexenverfolgung in Bayern. Daß wirkliche Überzeugung dahinterstand, verdeutlicht ein Beispiel aus dem Privatbereich des Herzogs: Die Unfruchtbarkeit der ersten Gattin, Herzogin Elisabeth, wurde als Verhexung bezeichnet, und der Herzog ließ sie einem Exorzismus unterwerfen, den der Barnabitengeneral Michael Marrano vornahm, der damalige Spezialist für Verzauberungen in der ganzen europäischen Herrscherschicht. Der Fall der Herzogin war somit nicht einmal eine Einzelerscheinung.

Über die Zahl der Hinrichtungen während der Verfolgungen Maximilians sind wir nicht genau informiert. Die Akten sind vielfach nur bruchstückhaft erhalten oder nicht mehr überliefert.

Prozesse haben in zahlreichen Orten stattgefunden – sicher in München, Ingolstadt, Tölz, Weilheim, Donauwörth, Kelheim, Abensberg, Vohburg, Mitterfels und Wemding.

Gebäudenamen, Sprichwörter und andere sprachliche Dokumente lassen eine noch größere Ausweitung vermuten. So wurde ,,Kelheimer Basel" synonym verwendet für Hexe, was auf besondere Auswüchse in Kelheim schließen läßt. Hiervon fehlt aber das Aktenmaterial.

Bekannt und umso besser dokumentiert ist der größte Münchner Prozeß, der *Pappenheimer Prozeß* des Jahres 1600, der mit elf Hinrichtungen – acht Männern und drei Frauen – beendet wurde.[17] Interessant ist dieser Prozeß vor allem deshalb, weil die Angeklagten in erster Linie gar nicht unter das Delikt Hexerei fielen, sondern laut Protokollen eine für die Todesstrafe längst genügende Anzahl anderer Verbrechen – Mord, Brandschatzung, Kirchenraub – eingestanden hatten. Es handelte sich bei den Angeklagten um die Landfahrerfamilie Anna und Paulus Pämb mit ihren drei Kindern und andere, mit ihnen verwickelte, von ihnen denunzierte Personen, so die ver-

mutlich unschuldige Familie des Klostermüllers von Tettenwang bei Riedenburg.

Die Familie Pämb, die sich auch Pappenheimer nannte, gehörte jener Gruppe umherziehenden Volkes an, das im Bayern
Maximilians noch nicht eingedämmt werden konnte. Am untersten Existenzminimum lebend, ohne feste Bleibe, zogen sie
durch die Lande, je nach Gelegenheit unterschiedlichste Dien-
ste ausübend. Wie weit gerade diese Familie dabei in die Illegali-
tät abgeglitten ist, läßt sich aus den Protokollen nicht erschlie-
ßen; ob sie keine, kleine oder größere Verbrecher waren, die
tatsächlich raubend, mordend, brandschatzend umherzogen,
bleibt ungewiß. Eingestanden haben sie unter zahlreichen Foltern, auch gnadenlos am erst zehnjährigen Jüngsten vorgenommen, soviel, daß die Geständnisse nur noch „ein Konglomerat
von über zwanzig Jahren gesammelten Sensationsgeschich-
ten"[18] darstellen, die sie während all der Jahre ihrer Wander-
schaft auf den Straßen erfahren haben. Eigenartig ist nun, daß
die Anklageschrift zwar all diese Verbrechen aufzählt, in erster
Linie aber als Hauptvorwurf das Laster der Hexerei ausführ-
lichst behandelt, obwohl die Familie als verbrecherisches Land-
gesindel in Tettenwang gefangengenommen wurde. Daß sie
überdies nach München gebracht und dort verurteilt wurden,
läßt die Vermutung aufkommen, daß hier zu aller Abschrek-
kung ein Schauprozeß stattfinden sollte gegen das Verbrecher-
tum der Straße und die Hexerei zusätzlich. Die Anwendung
grausamster Torturen bei der öffentlichen Hinrichtung, wie
auch die Anfertigung und Verbreitung eines Flugblattes über
den Prozeß befestigen diese Meinung.

Die geistlichen Gerichte, die Maximilian für die Verfolgungen
hinzuzuziehen sich bemühte, hielten sich, soweit bekannt, heraus. Immerhin erteilte Papst Clemens VIII. 1604 auf Bitten Maximilians den Pröpsten von Landshut, Straubing und der Lieb-
frauenkirche zu München, wie dem Dechanten von St. Peter zu
München, die Vollmacht, Untersuchungen und Prozesse gegen
Zauberer und Hexen vorzunehmen. Doch ist von der Anwendung dieser Vollmacht nichts belegt. Umso erschütternder sehen die Fakten, soweit wir sie kennen, der geistlichen Territo-

rien und Bistümer aus. Von Freising war bereits die Rede. Gut belegt ist auch Eichstätt, wo vor allem der ehemalige Propst von Ellwangen, Johann Christoph von Westerstetten, seit 1611 Bischof von Eichstätt, mit Eifer ans Werk ging. 1590, 1603 bis 1630 und 1637 fanden hier Verfolgungen statt, mit allein in den Jahren 1603 bis 1627 belegten 122 Opfern. In den ausgedehnten Eichstätter Prozessen kam es auch zu Denunziationen kurbayerischer Untertanen, was für Maximilian erneut Anlaß war, die Nachforschungen vorantreiben und neue Opfer aufspüren zu lassen.

Hier wie überall zeigt sich deutlich, wie das Ausbrechen der Verfolgungen an einem Punkt schnell auf einen anderen überspringen konnte, durch gehäufte Denunziationen oder durch die Überzeugung der nachbarlichen Gemeinde, daß, wenn nebenan Hexen existierten, auch der eigene Ort nicht frei sein könne. Wo aber erst einmal der Teufelskreis von Verhaftung, Verhör, Folter, Denunziation, weiterer Verhaftung begonnen hatte, hörte er so schnell nicht auf.

Erst das Wüten des Dreißigjährigen Krieges, genauer das Einbrechen der Schweden unter Gustav Adolf 1631, ließ den Hexenwahn allmählich in den Hintergrund rücken.

Das vielleicht Tragischste an der ganzen Entwicklung ist die Tatsache, daß alle jene Hauptverfolger – Pfleger, Richter und der Herzog, ab 1623 Kurfürst Maximilian selbst – etwas verfolgten, wovon sie zutiefst überzeugt waren. Aus verschiedenen Akten werden die Ängste deutlich, die zum Beispiel Pfleger und Richter hatten, wenn sie mit vermeintlichen Hexen beisammen sein mußten. Vom Werdenfelser Pfleger Kaspar Poißl wissen wir, daß er sich bis zum letzten gesträubt hat, während der Untersuchungen im gleichen Bau wie die Hexen zu wohnen. Das Phänomen Hexe war für sie alle zur Realität geworden, zur für wahr gehaltenen teuflischen Gefahr, die auch die eigene Integrität, vor allem aber die des Volkes bedrohen konnte.

Daß ein solches Bewußtsein der allgemeinen Stimmung entsprang, daß diese Stimmung geschürt wurde durch die zahlreichen Erscheinungen zur Hexenfrage und zum Teufel, durch die Verbreitung der Theorien vor allem in Predigten, kann zwar

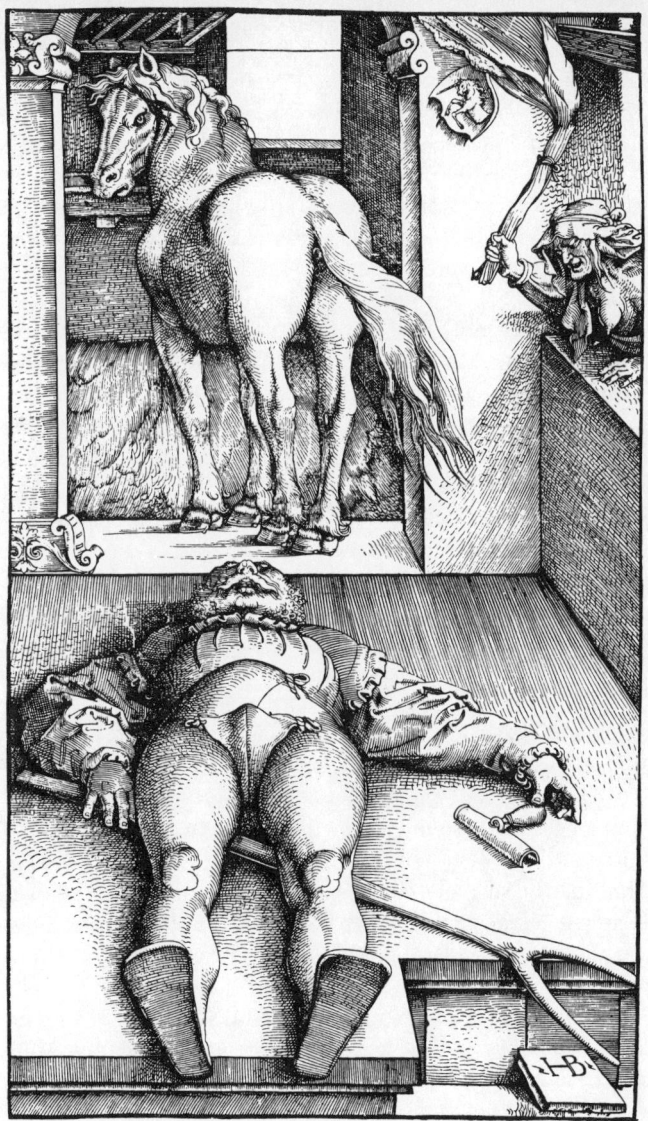

Hans Baldung Grien, Der behexte Stallknecht

mit der vielerorts anzutreffenden Angst begründet werden. Begreifbar aber wird es uns nicht so schnell. Zu richten steht uns nicht an, aber die Frage nach der Verantwortlichkeit manchen Tuns sollte zumindest gestellt werden, wenn wir vor so erschütternden Dokumenten stehen wie dem folgenden Ausschnitt aus einer Schrift des berühmten Hofpredigers Maximilians I., des Jesuiten Jeremias Drexel, der 23 Jahre lang gefeierter Prediger in München war und noch 1637, als die Verfolgungen fast überall im Abklingen waren, über die Hexerei schrieb:

„Dieses Uebel ist so groß, daß es manchen unglaublich erscheint, aber die Thatsachen sprechen: die Hexen fügen der Saat, dem Vieh, den Menschen zahllose Schäden zu. So viele Tausende dieses höllischen Geschlechts haben den Scheiterhaufen bestiegen – und wir wollen ihre Richter eines ungerechten Urteils beschuldigen? Nichtsdestoweniger gibt es solche eiskalte (frigidissimi) Christen, die dieses Namens nicht würdig sind, die mit Hand und Fuß der Ausrottung dieser Sippschaft widerstreben, damit nicht etwa, wie sie sagen, gegen die Unschuld gewütet werde. O über diese Feinde der göttlichen Ehre! Befiehlt nicht das göttliche Gesetz ausdrücklich: Die Zauberer sollst du nicht leben lassen? *Ich rufe auf Befehl Gottes und so laut ich nur kann, Bischöfen, Fürsten und Königen zu: Lasset die Hexen nicht leben!* Mit Feuer und Schwert ist diese schlimmste menschliche Pest zu vertilgen."[19]

Besonnenheit und Widerstand

Ohne die begangenen Greuel verharmlosen zu wollen, wird doch vor allem in der neueren Literatur auf die notwendige Differenzierung in der Beurteilung der Hexenverfolgungen hingewiesen. So hatte es in Bayern zwar eine große Menge von Prozessen gegeben, wobei aber durchaus nicht alle tödlich endeten und selbst Personen, die nach gängigem Muster eindeutig Hexenmerkmale aufwiesen, wieder frei kamen.[20] Insgesamt gehörte das Herzog- und spätere Kurfürstentum im Gegensatz zu Franken zum Beispiel zu den gemäßigten Staaten. „‹Gemäßigt› hieß in Hexenfragen nicht unbedingt, daß man nicht an die Existenz von Hexen glaubte, vielmehr bedeutete es eine vorsichtigere Haltung in Verfolgungsfragen (Ausklammerung der Volksmagie, Vorsicht bei der Anwendung der Folter, Überprüfung gemachter Aussage etc.) unter dem Aspekt der Vermeidung von Verurteilungen Unschuldiger".[21] Eine solche gemäßigte Haltung nahm in Bayern immer wieder die Universität Ingolstadt ein, die in ihren vielfach angeforderten Gutachten zur Besonnenheit, zur Überprüfung riet und als einzige juristische Fakultät nicht in die Hexenhetze miteinstimmte.

Gemäßigt verhielten sich immer wieder Teile des Hofrates, der in Hexenfragen allerdings sehr geteilt war. Dr. Simon Wangnereck, der langjährige Hofkanzler, gehörte mit Herzog Maximilian und dessen Erzieher und Hofratsmitglied Johann Baptist Fickler zu den hexengläubigsten Männern des Landes. Dagegen versuchten die Hofräte Thanner, Brugglacher und Lagus immer wieder zu mäßigen.

Vor allem aber hielt sich das Stadtgericht München zurück, weshalb es zu häufigen Diskrepanzen zwischen Stadt und herzoglicher Regierung und zu scharfen Verweisen durch Maximilian kam. So stellte der Herzog in einem Dekret deutlich fest, er sei ,,kheins wegs gemaint, länger zu gedulden, noch ungeahndt fürüber gehen zu lassen ... (daß) allhie in der Hauptstadt München hexerey halber verdachte und beschraydte Personen wider welliche mehmals starcke praesumptiones geweßen, durch den Burgerlichen Magistrat nit vleißig nachgeforscht noch auf den rechten grundt gesehen werde."[22] Wangnereck riet sogar, der Stadt die Befähigung, Hexenprozesse durchzuführen, zu nehmen, womit die Hochgerichtsbarkeit schwer in Mitleidenschaft gezogen worden wäre. Somit stand das Stadtgericht immer im Zwiespalt – es wollte milder vorgehen, mußte aber die Prozesse so führen, daß sie dem Hofrat genehm waren, da sonst weitere Anweisungen (Verstärkung der Folter oder ähnliches) kamen oder der Prozeß ganz entzogen wurde, wie Maximilian 1616 im Verlauf einer langwierigen Untersuchung erbost androhte: ,,Ist diesem nach hiermit abermals unser genedigster und ganz ernstlicher Bevelch, daß ja nit allein uns in contenti ... sondern euch auch in ander weeg diese Sachen, Innsonderheit die gehaimb, der massen eüfrig, unnd ernstlich sollet lassen angelegen sein, darmit wir zur Ersehung des Rechts grundts, und zur Ersezung der hierunder verspürten Mengel nicht Ursach haben, den ganzen Prozeß von euch abzufordern."[23]

Nicht nur der Versuch, in einzelnen Prozessen menschlicher vorzugehen, wurde unternommen. Es regten sich auch bereits von einflußreichen Persönlichkeiten geäußerte prinzipielle Einwände, so vor allem in einem Gutachten, das die Regierung 1608 angefordert hatte. Anlaß war der Selbstmord einer inhaftierten vermeintlichen Hexe. Die Kommission übte grundsätzliche Kritik an der Verfahrenspraxis, sie forderte die Unterscheidung von Aberglaube und Hexerei. Sie drang darauf, die Tortur weniger oft, mindestens aber mit größeren Abständen anzuwenden. Und sie beschrieb klar den mit der Verhaftung in Gang gesetzten Teufelskreis, dem kaum noch zu entkommen war. Und in für die Zeit ungewohnten Tönen beurteilte sie den Selbstmord der alten Frau nicht als Beweis ihrer Schuldigkeit, sondern als Folge „ex melancholia, außgestandner Tortur, langwürigem Proceß Und Schwermüthigkeit".[24]

Drei Jahre später erließ Maximilian das Landgebot, das gerade den oben erwähnten Aberglauben in Verbindung mit der Hexerei und ausdrücklich als teuflisches Tun sah und das die ausführlichste Strafgesetzgebung zur Hexerei enthielt.

In die Reihe der wachsenden Oppositionen kann, wenn auch bedingt, der Jesuit Adam Tanner gestellt werden. Der gebürtige Innsbrucker, Schüler des Gregor von Valencia, zählte zu den bedeutendsten scholastischen Theologen seiner Zeit. 1596 bis 1603 lehrte er in Ingolstadt, einige Jahre arbeitete er in München. In seinem Hauptwerk, der vierbändigen „Theologia scholastica" von 1626/27, ging er im dritten Band auf die Hexenfrage ein. Auch er gehörte zu jener Gruppe, die vor allem für gemäßigtere Verfahren und sachlicheres Vorgehen eintraten; außerdem warnte er vor den Gefahren falscher Denunziationen. An die Existenz von Hexen wie an die Notwendigkeit ihrer Verfolgung glaubte er jedoch wie fast alle seiner gelehrten und ungelehrten Zeitgenossen.

Dennoch haben diese Stimmen – auch im gebildeteren Bürgertum Münchens scheinen sie sich gemehrt zu haben – und der Schwedeneinfall wohl zu einer allmählichen Interessenverlagerung auch beim Kurfürsten geführt. Denn immerhin erließ Maximilian 1631 ein Mandat, das zwar nochmals betonte, man müsse laut Carolina streng gegen noch immer vorhandene Hexen vorgehen. Dennoch sei aber bereits Reue und Besserung festzustellen, so daß, wer sich selbst anzeige, mit Begnadigung rechnen könne. Zu solchen Selbstanzeigen kam es natürlich nicht. Aber auch die Verfolgungen hörten für längere Zeit auf.

Und bereits 1634, während der großen Pestepidemie, wurden keinerlei Andeutungen mehr laut, die diese Katastrophe Hexen zur Last gelegt hätten.

Festzustellen, daß Herzogtum und Kurfürstentum Bayern zu den eher harmlosen Verfolgern gehörten, mag in der Forschung legitim sein. Zahlenvergleiche mit anderen Landstrichen lassen Bayern tatsächlich verhältnismäßig ,gut' wegkommen – rund 1000 bis 2000 Opfer schätzt Riezler, soweit die Akten Vermutungen zulassen.

Kennt man die Verirrungen der Auffassungen, hat man Einblicke gewonnen in den Ablauf der Prozesse, dann kann man nur noch sagen, daß selbst *ein* Opfer zuviel gewesen wäre. Schließlich wird immer von der grausamen Behandlung und Hinrichtung unzähliger, in der Regel völlig unschuldiger Menschen gesprochen und nicht von Zahlenmaterial für Statistiken.

Erschütternd ist und bleibt, wie ein sonst so integrer, im tiefsten religiöser und um das Seelenheil seines Volkes besorgter Herrscher wie Maximilian so vollkommen dem Hexenwahn verfallen konnte. Mit ihm zusammen und ihn beeinflussend verfolgte der neue Orden der Gesellschaft Jesu das teuflische Treiben. Von der Auffassung des Jeremias Drexel hörten wir bereits. Ähnliche Klänge vernahm der Herrscher sicher auch von seinem Beichtvater aus ebendem Orden, der im für fürstliche Beichtväter genau vorgeschriebenen Fragenkatalog zur Gewissenserforschung darauf gestoßen wurde, ob der Herrscher auch alles ihm Mögliche getan, um Ketzerei zu verhindern, ob er nicht Ketzerei begünstigt habe – und nicht verfolgen hieß nichts anderes – und ob er dem Amte der Inquisition helfe oder Hindernisse in den Weg lege.

Waren die „Ketzer" entlarvt und in Untersuchung, durften sie sich nicht mehr zu Wort melden, um von den Qualen, die man ihnen angetan, zu berichten. Seltene Ausnahme bildet der Abschiedsbrief des als Hexer hingerichteten Ratsherrn und Bürgermeisters von Bamberg, Johannes Junius, an seine Tochter Veronica aus dem Jahre 1628.[25] Er soll als Wortführer all jener, auch wenn es vielleicht *nur* 1000 waren, die stumm gemacht wurden, hier das letzte und abschließende Wort haben dürfen:

„Zu viel hundert tausend guter nacht hertzliebe dochter Veronica. Vnschuldig bin ich in das gefengnus kommen, vnschuldig bin ich gemarttert worden, vnschuldig muß ich sterben. Denn wer in das haus kompt, der muß ein Drudner werden oder wird so lange gemarttert, biß das er etwas aus seinem Kopff erdachte weiß, vnd sich erst, daß got erbarme, vf etwas bedencke. Wil dir erzehlen, wie es mir ergangen ist." – Es folgt ein Bericht über die ersten Vernehmungen, falsche Zeugenaussagen, über die ersten, fast unerträglichen Folterungen, Daumenschraube und Aufziehen, über seinen Beschluß, Falschaussagen zu machen aus Grauen vor weiteren angedrohten Folterungen und über die erzwungenen Denunziationen. „Darnach sollt ich sag, was ich for vebel gestifft hab. Ich sagt nichts. Het mich wohl angesonnen, allein weyle ich es niht thun wolln, het er mich geschlagen. „Ziehet den schelm auf!" – So hab ich gesagt, ich hette mein Kinder umbbring sollen, so hette ich ein pferdt dargegen vmbbracht. – Es hat niht helfen wollen. – Ich hette auch ein hostien genohmen vnd die eingegraben. – Wie dieses geredt, so haben sie mich zufride gelassen. Nun, hertzliebes kindt, da hastu alle meine Aussag vnd verlauf, darauf ich sterben muß, vnd seint lautter lüg vnd erdichte sach, so war mir gott helff. Dann dieses hab ich alles auß forcht der ferner angetrohenen marter vber die schon zuvor außgestandene Martter sag müß. Denn sie lassen niht mit den martern nach, biß man etwas sagt; er sey so fromm als er wolle, so muß er ein trudener sein. Kompt auch keiner herauß, wenn er gleich ein graf wär. Vnd wenn gott kein

Werwölfe und Hexen im Herzogtum Jülich. Augsburger Flugblatt (1591)

Mittel schickt, daß die sach recht an tag kompt, so wirdt die ganze Schwegerschafft verbrendt. Dan es muß ein jedes erst laut bekennen, was man gleich niht von einem weiß, wie das ich thun muß. Nun weiß gott im himmel, daß ich das geringste niht kann noch weiß. Sterbe also vnschuldig vnd wie ein martirer.

Hertzliebes Kindt, ich weiß, daß du so fromm bist, als ich, So hastu eben so wohl schon etliche pein vnd wann ich dir rathen soll, so sollstu von gelt vnd briefen, was du hast, nehmen vnd dich etwa ein halb Jahr vf ein walfahrt begeben oder wo du dich ein zeit lang auß dem stifft mach kannst, da rahte ich Dir, biß man siehet, wo es hinaus will ...

Liebes kindt, dieses schreiben halt verborgen, damit es nicht vnter die leut kompt, sonsten werde ich dermassen gemartert, daß es zu erbarmen, vnd es würden die wechter geköpffet. Also hoh ist es verboten. Herr vetter Stamer kannstu es wohl doch vertraulich ein wenig rasch lesen lassen. Bey im ist es verschwiegen. Liebes kindt, verehr diesem man 1 Reichsthaler; ... – Ich hab etliche tag an dem schreiben geschrieben; es seint meine hendt alle lam. Ich bin halten gar übel zugericht. Ich bitte dich vmb des jüngsten gerichtes willen, halt dies schreiben in guter hut vnd bet für mich als dein vatter für ein rechten merterer nach meinem tode ... Doch hütt dich, daß du das schreiben nicht lautbar machest. Lass die Anna Maria auch für mich bet. Das darfst künlich für mich schwören, daß ich kein trudner, sondern ein mertirer bin vnd sterb hiemit gefast.

Guter nacht, denn dein vatter Johannes Junius sieht dich nimmermehr. 24. July ao. 1628.‟

Anhang: Fragenschema zum Hexenprozeß, 1622

(Abdruck aus: S. Riezler, Geschichte der Hexenprozesse in Bayern, 1896, Beilage II)

Interrogatoria, darauf ungefehrlich die zauberisch oder Hexen Persohnen peinlich examinirt werden mochten.

(Aus der „General- und Spezial-Instruction über den Hexen-prozeß im Churfürstenthumb Bayrn de anno 1622."
Münchener Reichsarchiv, Hexenakten Nr. 1½.)

Erstlich in gemain ihres Namens, Alters, das Ort, da Sye geboren, und wer ir Vatter und Muetter seye.

Item was die Ursach, das Sie bey meniglich oder vill (wie es etwann in der Geschicht seyn wurdet) Hexenwerchs halben verruecht, verdechtig und im Geschrey seye.

Ob sye sich nit an den laydigen Sathan ergeben, Gott und seine Heiligen, auch die hl. Sacramenta verlaugent haben.

Wie sye hinder das Laster gerathen, waß sye darzue bewegt, wer sye es, und was sye für Stuck gelehrnet, wie und an waß Orten das geschehen, und wie lang sye es getriben habe.

Item was für Unehr sye den heyligen Sachen, sonderlich dem hl. Sacrament, wann sye etwann communicirt, angethan habe, und was sye sonsten für Gottslästerung mehr getriben,

Ob sye nit Zauberey getriben, das sye darmit zuekonftige Ding, Haimbligkeiten und Anschlag der Menschen erkennen wellen, durch Prillen sechen, oder dergleichen.

Ob sye sich auch nit understanden habe, mit sonderlichen Worten oder Teufelskünsten Krankheiten zu vertreiben.

Was das selb für Krankheiten gewesen und was für Mitl sye dargegen gebraucht, gegen weme es geschehen.

Item ob sye nit Krankheitten und anders Uebl mehr den Leuten und dem Vich, und wie sye ihnen dasselb zuegefügt.

Welchen, wie oft und aus was Ursachen.

Ob denen, so etwan noch leben und also verletzt weren, nit mehr ze helfen seye, und wie.

Item ob sye nichts andern zu Verlezung eingraben habe, wohin, wo manns zu bekommen, und wann es geschehen.

Was es denienigen, so es gemeint oder die sonsten ungefehr darüber gehen, für Schaden bringen solle.

Item wo sye ihre Salben und hexische Sachen hinbehalten, wer ihr dieselbe geben, und aus wem die gemacht seyen.

Wie oft sye gefahren, auf welche Tagzeit und Stund, mit welchen Persohnen und wer ihre Mitgesellschaft gewesen, was sye verbracht und gehandlet haben.

Ob sye nie und (in) welchen Keller gefahren, den Wein ausgeschossen und wer aller mitgewesen.

Ob ihr Mann oder contra deß Weib solcher Laster nie vermerkt und wie es hab verdeckt und verschwigen bleiben können.

Item ob sye nit Ungewitter, Regen, Reiff, Tonner, Pliz oder Hagel zu machen sich understandten, was Maas und Weis, wie oft und ob es Schaden gebracht, auch wann und wie es abgangen seye, was sye darzue gebraucht.

Wie ihr teifflischer Puell heiße, was für Gemeinschaft sye mit demselben gehabt, und was Gstalt sye ihme verpundten.

Wie sye yberall zusammen kommen und was sye miteinander verbringen.

Ob sye nie in Gestalt wunderbahrlicher Thiere zu Erschrekkung und Verblendtung der Leut erschienen und in was Gestalt, wem, wo und wann.

Item ob keine Leut von ihr gelembt oder gar getödet worden, sonderlichen, ob sye die jungen Künder nit verletzt, gestollen und hinweggeführt oder die ungetaufften ausgraben oder vor dem hl. Tauf verletzt habe, wie vill, an was Orten und durch was Gestalten.

Was sye mit den ausgrabnen Kündern oder ihren Gepainneren gemacht, zugericht oder für Zauberey gebraucht.

Ob sye mit keinen Gifft umbgangen, Schlangen oder andern vergiften Thieren, wann, und was sye damit gethonn, obs nit Zwispalt und Unainigkeit zwischen den Eheleuten zuegericht, und was Mitl und warumb.

Ob sye auch nit teuflische unzichtige Lieb hab gemacht oder geursacht, dardurch etwan die Frauen oder die Mannen zu Fall kommen und in Ehebruch oder andere unehrliche Sachen gerathen, gegen weme das beschechen, warumb und wie.

Obs auch nit Jungfrauen oder junge Gesellen gelernet, mit dergleichen teuflischen Sachen ihren Muthwillen zu verbringen.

Welche dieselb gelernet, ob sye es zu lernen begehrt und

angesprochen oder sye es ihnen selbsten zuegemuthet, was Orts und was sye darzue gebraucht.

Obs auch nit widerumben solche Sachen und malefizia ausgelösst habe.

Mit was seltsamen teuflischen Worten, Puegstaben und dergleichen zauberischen Seegen sye die Leut betrogen.

Obs keinen sein verlohren Guett durch solche Mittl zuwegen gebracht, weme, was sye darzue gebraucht, gerödt und wie sye es wissen mögen.

Item wan sye auch ausgefahren, an was Orten sye gemainiglich seyen zusammen komen, wie vill der Hexen ufs meist allweegen beyeinander gewesen, ob sye es alle, und wem Sye darunder gekendt.

Wer die fürnembst gewesen, und was sye jedesmahls beschlossen haben.

Ob sye kainen nie mitgeführt habe, der sonsten der Sachen nit interessirt seye, wenn und warumb.

Die ybrigen Fragstuck wird ein jeder Inquisitor, dieweill die Fäll underschidlich, selbsten seiner Discretion mit allen Umbstendten darzue zu thun wissen.

Alexander Loichinger
Friedrich von Spee und seine „Cautio criminalis"

Das menschliche und religiöse Anliegen

Als Friedrich von Spee einmal von einem jüngeren Manne gefragt wurde, woher es komme, daß er viel graueres Haar habe, als seinem Alter zukomme, antwortete er, er habe das von den Hexen bekommen, die er zum Scheiterhaufen begleitete. Und als der junge Mann sich über diese Anwort wunderte, erklärte ihm Spee, wie er das meinte: „Er habe mit viel Eifer nachgeforscht, auch Macht und Einfluß der Beichte aufgeboten und doch bei keinem von all denen, die er zum Holzstoß begleitet habe, irgend etwas entdeckt, das ihn davon hätte überzeugen können, daß sie zu Recht der Hexerei beschuldigt waren. Die Einfältigeren hätten, wenn er sie in ihrer Verstörtheit ausgefragt habe, zuerst aus Furcht, erneuten Folterqualen ausgeliefert zu werden, sich als Zauberer bekannt; nachdem sie aber Vertrauen gefaßt hätten, da sie merkten, daß sie von ihrem Beichtiger nichts derartiges zu fürchten brauchten, hätten sie dann mit entsetzlichem Wehklagen entweder die Unwissenheit oder die Bosheit der Richter sowie ihres eigenen Elends bejammert und hätten noch sterbend Gott zum Zeugen ihrer Unschuld angerufen. Dies schreckliche, so viele Male wiederholte Schauspiel habe ihn so erschüttert, daß er vor der Zeit gealtert sei."[1]

Die *Tätigkeit als Seelsorger* hatte Spee mit Menschen zusammenkommen lassen, die man der Hexerei anklagte, folterte, schließlich verbrannte. Dabei bleibt seine Biographie bis heute noch in manchem recht lückenhaft. So wissen wir nicht genau, wann sich Spee seine exakte Kenntnis der Praxis der Hexenprozesse erworben hat. Seine wichtigste Quelle war jedenfalls die eigene, unmittelbare, persönliche Erfahrung; das eigene Nachforschen der Einzelheiten des Prozeßverlaufes; dazu die Berichte und Gespräche mit den Verdächtigten, Priestern und Richtern; die Einsichtnahme in die Prozeßakten und Protokolle; auch das Hinhören auf die im breiten Volk lebenden Meinungen und Vorstellungen. Die Wahrnehmung all dessen und dann die eigene, betroffene Auseinandersetzung damit befähigte Spee, „ein nie übertroffenes Buch zu verfassen, das den Hexenprozessen ein definitives Ende setzen konnte:"[2] die „Cautio criminalis".

Was bewegte Spee dazu? Ich meine, vor allem die *tiefe Betroffenheit*, das echte Mitleid mit den Menschen, denen er so viel Leid zugefügt sah; die er unschuldig und zu Unrecht gequält und zum Tode verurteilt sah und deren Verzweiflung er selber kennengelernt hatte. Das einfache Mitleid, die Liebe zu diesen Menschen war gewiß der erste und ursprüngliche Beweggrund, der in Spee den Plan der „Cautio criminalis" wachrief, der ihn auch zu dessen Ausarbeitung und Ausführung recht eigentlich drängte. Spee wußte um die Gefährlichkeit eines solchen Unternehmens. Aber er war von der Wahrnehmung, vom Wissen um dieses vielfache, täglich vermehrte Leid viel zu sehr, viel zu unmittelbar auch selber getroffen, als daß er hätte schweigen können, hätte schweigen wollen.

Hinzu tritt ein zweiter Beweggrund: die *Pflicht der Wahrheit*. Auch sie machte es ihm unmöglich, im Wissen um die wirkliche Praxis der Hexenprozesse stillzuschweigen. Wohl empfand Spee das als Unterstützung, als Mithilfe, als Verrat. Er fühlte den Anspruch der Wahrheit, des Rechts, der Gerechtigkeit. Für sie wollte er nun sprechen.

Und zugleich war ihm das die wahre Verpflichtung des Christen, des Geistlichen und des Seelsorgers: vor dem falschen, ungerechten und irrenden Tun und Glauben seiner Zeit, seiner Mitwelt der Gerechtigkeit und Wahrheit Gehör und Geltung zu verschaffen. Eben daher aber ist das letztlich treibende Motiv der „Cautio criminalis" die caritas christiana: die *christliche Liebe*, und zwar die christliche Liebe zum Menschen und zu Gott; das heißt aber die Liebe zum Menschen um Gottes willen. Hier fließen die beiden zuvor genannten Beweggründe des

Mitleids mit den Menschen und der Pflicht zur Wahrheit in Eins zusammen und gewinnen von hierher ihren Sinn, nämlich von dieser theozentrischen Akzentsetzung her. Und das ist zugleich der größere Horizont, aus dem heraus und in den hinein Spee seine „Cautio criminalis" gesprochen hat.

Spee war Jesuitenpater. Der jesuitische Wahlspruch aber heißt: *Omnia ad maiorem Dei gloriam.* Übersetzt: Alles Seiende, alles Geschaffene ist da, um Gottes Herrlichkeit zu dienen, sie zu fördern, zu preisen. Die Gegenstände der Natur tun das durch ihr bloßes Dasein. Der Mensch tut es mit seinen Werken, mit seinem Tun und Handeln, mit der Art und Weise, wie er mit der Schöpfung, mit den Naturdingen, mit seinen Mitmenschen umgeht. *Omnia ad maiorem Dei gloriam:* Dieser Glaubens- und Denkakt beherrschte Spees ganzes Leben. Er trägt ihn uns insbesondere auch in seinen geistlichen Liedern und Gedichten vor und zwar immer mit warmer Eindringlichkeit; auch mit echter mystischer Innerlichkeit. Dieses Lebensbekenntnis Spees ist auch Quellgrund, Motiv und Anlaß zugleich seiner „Cautio criminalis", ist ihre eigentlich sie hervortreibende innere Bewegkraft. Aus jeder Zeile dieses Buches leuchtet das hervor; selbst wenn der Gedanke streng logischer Beweisführung folgt oder auch in heftige Kritik, auch Ironie umschlägt. Dieses Bekenntnis aber war zugleich Antrieb für Spees rastlose Seelsorgertätigkeit. Obwohl er ein Leben lang in der Wissenschaft arbeitete, galt sein Interesse vorzüglich auch allen Fragen der praktischen Seelsorge. Auch sie drängte ihn zur Abfassung der „Cautio criminalis".

Abfassung und Veröffentlichung der „Cautio criminalis"

Spee arbeitete sie wohl in den Jahren 1628 bis 1630, vielleicht auch erst während der Jahre 1630/31 aus.[3] 1631 erschien sie das erste Mal. Und das Auffallende ist: Sie erschien bei dem protestantischen Buchdrucker und Buchhändler Peter Lucius in Rinteln an der Weser. Und sie erschien *anonym* und *ohne die kirchliche Druckerlaubnis* Spees Ordensoberer. Von dieser ersten

Friedrich von Spee, Porträt eines unbekannten Malers
Dreikönigs-Gymnasium Köln

Auflage gibt es drei verschiedene Ausgaben, die in Titelblatt und Schluß variieren. Die zweite Ausgabe berichtet die Umstände der Drucklegung. Es heißt dort im Anhang: ,,Schlußwort an den Leser. Über den Verfasser dieses Traktats. Weil der Verfasser dieser Schrift sich nicht dazu bewegen ließ, sie drucken zu lassen, glaubte ich nun zum allgemeinen Nutzen einen frommen Diebstahl begehen zu dürfen: ich tat dies also und schickte die Schrift über Nacht an die Weser zum Druck. Wenn ich mißgetan habe, so antworte ich: er möge es verzeihen, wie auch der Leser die Druckfehler und den ungleichen Satz verzeihen möge.''[4] Das klingt durchaus glaubwürdig. Der ganze Vorgang wäre dann so zu rekonstruieren: Spee scheute eine unmittelbare Veröffentlichung, der voraussehbaren Schwierigkeiten wegen. Er übergab aber sein fertiges Manuskript Freunden. Sie drangen nun in Spee, konnten ihn aber nicht dazu bewegen, sein Werk sofort zum Druck zu geben. Da druckten sie es ohne sein Wissen. So hatte Spee die Herausgabe zwar nicht unmittelbar selbst veranlaßt, trug aber doch einen Teil der Verantwortung. Das lasteten ihm denn auch seine Oberen ganz zu Recht an. Trotzdem bleibt: Die ,,Cautio criminalis'' ist ohne bewußte und unmittelbare Veranlassung Spees gedruckt worden. Darum bat Spee auch den Verleger, in der zweiten Ausgabe genanntes Schlußwort anzufügen. Daß aber Spee dieses Schlußwort nur verfaßt hatte, um sich aus der Verantwortung zu ziehen dadurch, daß er den skizzierten Vorgang nur vorspiegelte, widerspricht der Redlichkeit und Geradheit seines ganzen Wesens und Charakters. Aber man darf wohl annehmen, daß Spee im Stillen hoffte und erwartete, seine Freunde würden sein Werk in die Öffentlichkeit bringen. Ausreichender Grund dafür aber, daß Spee wohl von vornherein vorhatte, sein Buch anonym erscheinen zu lassen, war seine Vorsichtshaltung gegenüber den leicht vorhersehbaren Nachstellungen seiner Gegner; dazu aber auch seine natürliche Bescheidenheit. Freilich wußte man in der näheren Umgebung Spees sofort, wer der wirkliche Verfasser der ,,Cautio criminalis'' war. Man kannte Spees Meinung über die Hexenprozesse. Er verleugnete sie nirgends und sprach sie offen in Gesprächen, auch als Lehrer der theologischen Moral, aus. So machten denn auch die Ordensoberen Spee von Anfang an für den ganzen und vollen Inhalt der „Cautio criminalis" verantwortlich.

Ihr *Mißfallen* hatte zwei Ursachen: Spee unterwarf auch die geistlichen Oberen selbst einer scharfen Kritik, da sie immer wieder völlig ungeeignete, unreife und unfähige Priester als Beichtväter in die Hexengefängnisse schickten. Spee empfand gerade das als allergrößte Verantwortungslosigkeit. Dazu brachte Spee mit seiner Kritik an den Hexenprozessen den Orden als ganzen in Mißkredit; vor allem bei den Fürsten, die diese Prozesse veranstalteten und zugleich Gönner und Unterstützer des Jesuitenordens waren: Mit seinen scharfen Mahnungen mußte sie Spee gegen den Orden einnehmen.

Aus beiden genannten Gründen war seine „Cautio criminalis" Ärgernis erregend: daher das deutliche Bemühen, sich von ihr loszusagen, zu distanzieren, sie zu verwerfen. Man wollte Spee zum Schweigen bringen, ja hätte ihn nun am liebsten aus dem Orden selbst entfernt. Spee selber aber blieb seinem Orden treu trotz aller Schwierigkeiten, die man ihm nun bereitete. Spee war zu dieser Zeit in Köln. Vor der drohenden Kriegsgefahr aber – es war damals die Zeit des Schwedeneinfalls unter Gustav Adolf – trat nun die Empörung über ihn zurück. Man beließ ihn im Orden, versetzte ihn aber im Jahr 1633 nach Trier. Dort lehrte er an der Universität zunächst Moraltheologie, dann Exegese. Dort starb er auch bereits wenig später im Jahre 1635. Bei der Versorgung pestkranker Soldaten hatte er sich selber angesteckt. Sein Grab fand Spee in der Krypta der Jesuitenkirche in Trier. Seine Gebeine aber wurden erst vor wenigen Jahren, im Oktober 1980, wiederaufgefunden.[5]

Die gewissermaßen authentische Ausgabe der „Cautio criminalis" liegt in der *zweiten Auflage* vom Jahr 1632 vor. Sie erschien bei Gronaeus in Frankfurt. Nach ihr geht auch die erste vollständige, auch heute noch einschlägige und wirklich gelungene deutsche Übersetzung von Joachim Friedrich Ritter.[6] Diese zweite Auflage, die wieder anonym erschien, erregte aufs Neue Aufregung und Unruhe und führte unmittelbar zu Spees Versetzung. Dieser Neuauflage lag zwar das Druckexemplar beziehungsweise Manuskript der ersten Ausgabe des Vorjahrs zugrunde, das aber mit handschriftlichen Ergänzungen versehen worden war. Sie dienten der Verdeutlichung, aber auch Zuspitzung und Verschärfung des gedruckten Textes. Wohl sämtlich hat sie Spee selbst, sei es bei der Lektüre der ersten Ausgabe oder nochmaligen Reinschrift des Manuskripts, vorgenommen. Der Haupttitel lautete in allen Auflagen und Ausgaben gleich: „Cautio criminalis oder Rechtliches Bedenken wegen der Hexenprozesse für die Obrigkeiten Deutschlands gegenwärtig notwendig. Aber auch für die Ratgeber und Beichtväter der Fürsten, für Inquisitoren, Richter, Advokaten, Beichtiger der Angeklagten, Prediger, und andere sehr nützlich zu lesen." Spee hatte mit diesem Titel tatsächlich den Kerngedanken, die Zielrichtung, das Programm des ganzen Buches ausgesprochen. Schwierig bleibt dabei allerdings die deutsche Übersetzung von „Cautio criminalis". Das Wort ist offensichtlich der „Constitutio Criminalis", dem die „Peinliche Gerichtsordnung" Kaiser Karls V. von 1532 bezeichnenden Terminus nachgebildet. „Cautio" aber meint die Art und Weise, sich vor etwas zu hüten, zu bewahren: ist Vorsichtsmaßregel. Und diesen Begriff wählte Spee nun wohl ganz bewußt in Anlehnung und zugleich zur Unterscheidung zu anderen gängigen sogenannten „Cautelae criminales" oder „Cautelae Juris" und ähnlichem.[7] Diese Bücher besprachen Bestimmungen für die Praxis, für den Vollzug des Strafrechts und waren dazu da, das Recht zu sichern und gegen Mißbrauch und Verkehrung zu schützen. Eben diese Bedeutung unterlegte Spee nun auch seiner Wortnachbildung und Wortprägung „Cautio criminalis": Sie sollte Recht, Wahrheit und Gerechtigkeit beim Strafprozeß sichern und gewährleisten. Eine gleichbedeutende deutsche Übersetzung aber ist schwer. „Cautio" ist Sicherstellung, Gewähr des Rechts. Zugleich aber enthält das Wort den Sinn einer Aufforderung dazu, will Mahnung, Hinweis, Verwarnung sein: enthält also eine Bewegung. So muß man „Cautio criminalis" vor allem als Mahnwort, Warnung vor drohendem und schon herrschendem Unrecht verstehen. Daher wäre etwa im Sinne von *Strafgerichts-Warnschrift* zu übersetzen. Joachim Friedrich Ritter gibt „Cautio criminalis" mit „rechtliches Bedenken" wieder.

Auch mit den beiden, diesem Titel nachfolgenden Zitaten aus dem Alten Testament gibt Spee die Zielrichtung seines Buches an. Er überschreibt sie mit „Epitome oder Summe dieses Buches": „Ich sah unter der Sonne an der Stätte des Gerichts Gottlosigkeit und an der Stätte der Gerechtigkeit Unrecht. (So spricht der Prediger Salomo Kap. 3 v. 10.) Und nun ihr Könige! Verstehet; laßt euch weisen, die ihr Richter seid auf Erden. (So spricht David Psalm 2. v. 10.)." Dem Text unmittelbar aber stellte Spee ein Wort Senecas voran: „Ich will dir zeigen, was den großen Herren mangelt, und was denen fehlt, die alles besitzen: einer, der die Wahrheit spricht."[8] Spee spricht hier einen großen Anspruch aus. Und es wird verstehbar, daß sein Buch schon durch die Einleitung als Herausforderung und Anmaßung empfunden wurde. In Wirklichkeit aber zeugte dieser Vorspann von dem wahren, betroffenen Anliegen, von der Ernsthaftigkeit und dem Nachdruck, mit dem Spee sein Buch verfaßt hatte und auch aufgenommen wissen wollte. Und nichts anderes als das Anliegen des Seelsorgers drückte sich auch hier wieder aus, auch wenn Spee gleichsam in die Rolle des alttestamentlichen Propheten tritt. Bezeichnenderweise endigte er auch mit demselben Anliegen sein Werk. Er schreibt zuletzt: „Um dies eine endlich beschwöre ich alle gebildeten, frommen, klugen und besonnenen Beurteiler (denn die übrigen sind mir gleichgültig) um des Gerichts des allmächtigen Richters willen, daß sie das, was wir in diesem Buche niedergeschrieben haben, recht aufmerksam studieren und bedenken. Das Seelenheil aller Obrigkeiten und Fürsten ist in großer Gefahr, wenn sie nicht sehr aufmerksam sein wollen. Sie mögen sich nicht wundern, wenn ich sie zuweilen heftig und leidenschaftlich ermahne; es gebührt mir nicht, unter denen zu sein, die der Prophet stumme Hunde heißt, die nicht zu bellen wissen. Sie mögen auf sich und ihre ganze Herde achtgeben, die Gott einstmals strenge aus ihrer Hand zurückfordern wird."[9] Das heißt: Es herrscht Unrecht in der Rechtspflege, und die Verantwortlichen sollten sich darum bekehren lassen um ihres eigenen Seelenheiles willen sowie um das der ihnen Anvertrauten. Das ist Spees Aufruf. Folgerichtig widmete er in seiner Vorrede sein Buch den Obrigkeiten Deutschlands, und zwar vor allem denen, die es nicht lesen werden, weniger denen, die es lesen werden; denn wer es liest, hat bereits, wozu es aufruft: Gewissenhaftigkeit bei den Hexenprozessen; und wem diese Sorgfalt fehlt, der wird es nicht lesen.[10] Dieser Zusatz klingt resignierend, zeigt aber zugleich Spees feinen Sarkasmus, auch seinen Realitätssinn. Trotzdem hoffte er wohl, daß sein Buch nicht vergebens geschrieben sei, daß es wirke.

Anlage des Werkes

Spee trägt seine Gedanken mit großer Eindringlichkeit vor. Sein inneres Beteiligtsein spürt man überall. Überall schwingt seine aufrichtige persönliche Anteilnahme mit. Seine Ausführungen sind ihm wahre Herzensangelegenheit. Daher gleicht die „Cautio criminalis" so sehr einem persönlichen Bekenntnis, vom Verfasser mit der ganzen Überzeugung seiner Persönlichkeit vorgetragen. Das drückt sich schon in der *Anlage des Werkes* aus: Spee schrieb seine „Cautio criminalis" in Form von 51 sogenannten „dubia" nieder: Zweifeln, Fragen, Bedenken. In Frageform führt er das zu Bedenkende dem Leser vor und fügt dann seine Antwort an, die er gewöhnlich mit „ich antworte" beginnt. Und nun geht er mit dem Leser zusammen schrittweise das Ganze durch, führt ihn von Frage zu Frage, befragt alles auf seine Richtigkeit und Berechtigung hin und unterwirft es seiner Kritik, seinem Bedenken. Spee hofft, daß er, ebenso wie er selber freimütig und offen seine Gedanken ausspricht, auch den Leser unmittelbar ansprechen, bewegen und überzeugen kann. Vom Leser erwartet er dabei nur die unbefangene und ruhige Bereitschaft, sich von ihm durch diesen Gedankenvortrag führen zu lassen. Dazu ruft ihn Spee gleich in der ersten Frage auf: „So folge mir denn, mein Leser, unvoreingenommen und gefügig, wohin ich dich behutsam an meiner Hand führen will. Es soll dich nicht gereuen, viele Dinge schön langsam und eingehend durchdacht zu haben."[11] Zugleich fordert er da vom Leser dieselbe Selbstbescheidung ein, die er auch sich selbst auferlegt hatte: Spee will nicht haßerfüllt, sondern auf besonnene Weise gegen das bestehende Unrecht einschreiten. Wirklich tritt Spee nie verletzend seinen Gegnern gegenüber. Freilich widerlegt er sie in seinen Beweisgängen oft mit heftiger Kritik, vor allem wenn er die Widersprüchlichkeit ihrer Argumente, ihres Wahnglaubens, die Scheingerechtigkeit der Hexenprozesse mit Spott, Ironie, auch beißendem Sarkasmus aufdeckt. Aber er verbittert sich nie darüber. Vielmehr will er durch Besonnenheit zum Nachdenken bringen, will durch gedankliche Einsichtigkeit überzeugen und zum Erkennen führen, will den Haß, den Wahn des Hexenglaubens nicht vertiefen, sondern Änderung und Besserung crwirken. Und das vor allem um der zu Unrecht Leidenden willen.

Dieses Ziel bestimmte die Wahl seiner Mittel. Seine ,,Cautio criminalis" gleicht einem fesselnden Vortrag, in dem die ganze Überzeugung, der ganze Einsatz des Verfassers sichtbar bleibt. Das erreicht Spee auch durch seine wortreiche und lebendige Sprache, darüber hinaus durch die vielen rhetorischen Mittel, mit denen er den Leser unmittelbar anspricht, miteinbezieht, immer erneut seine Aufmerksamkeit reizt, ihn zum Mitdenken, zur Auseinandersetzung anregt. Wirklich wirkt sein damals über 400 Oktavbogenseiten umfassendes Buch in keinem Abschnitt langweilig, spröde oder ermüdend.[12]

In allem besticht auch die Klarheit und der Scharfsinn, mit dem Spee seine Gedanken entwickelt. Aus ihr spricht eine klare Logik des Denkens, dazu die Gabe scharfer Analyse und konsequenter Schlußfolgerung. Die Folgerichtigkeit seines Argumentierens erweist sich der gegnerischen weitaus überlegen. Die eigene jesuitische, scholastisch geprägte Schulbildung kam Spee hier zu Gute. Aus allem spricht eine gesunde Vernünftigkeit. Prüfstein war für Spee die ,,recta ratio": die unvoreingenommene menschliche Vernunft. Sie war ihm einzig gültiger Maßstab vor jeder Gelehrten-Autorität. Auf ihre Forderung stützte sich Spees große geistige Selbständigkeit. Freimütig tritt er in der ,,Cautio criminalis" für diesen eigenständigen Gebrauch der persönlichen, menschlichen Vernunft ein, die ihre Richtigkeit in sich selbst trägt, deren Einsicht zur Legitimation keines anderen bedurfte. Gerade mit dieser Ansicht und Forderung, mit diesem Grundprinzip der ,,Cautio criminalis" wies Spee in die anhebende Neuzeit voraus. Man darf dieses Moment nicht überbetonen, denn Spee war seiner Zeit verhaftet, war ein Kind seiner Zeit. Aber man könnte dennoch seine ,,Cautio criminalis" als ein frühes Produkt ,,katholischer Aufklärung", einmal im weitesten Sinn des Wortes genommen, ansehen.[13]

Es mag vielleicht verwundern, daß Spee seinen Kampf gegen die Hexenprozesse nicht direkt gegen das *crimen magiae*, das heißt gegen den Hexenglauben selbst führte. Zumeist wird ihm das zum Nachteil ausgelegt. Es kann aber auch als Vorteil gewertet werden. Spee lebte in einer Zeit, in der dem Glauben an die Existenz von Hexen beinahe unbestritten Gewißheit zukam. Gegen diesen Glauben sich direkt zu wenden, wäre völlig vergebens, dazu lebensbedrohlich gewesen. Denn wer es tat, mußte notwendig selbst der Hexerei verfallen sein. So wählte Spee einen anderen Weg: die *Kritik der Praxis der Hexenprozesse*, die in ihrem Ergebnis eigentlich den Hexenglauben selber verwarf. Dieser Weg war zugleich Spees eigener Erkenntnisweg: Er begegnete der Praxis der Hexenprozesse, setzte sich mit ihr auseinander und begann bald klarer zu sehen. So übernahm er die mühevolle Arbeit der Kritik all der Argumente, mit denen man diese Praxis rechtfertigte. Das unmittelbare, erste Ergebnis aber war, daß der Hexenprozeß ein ganz und gar ungeeignetes Mittel zur Ermittlung und Bestrafung Schuldiger sei. Das zweite, mit diesem ersten unmittelbar zusammenhängende Ergebnis aber war, daß der Hexenprozeß selber Hexen hervorbringe, daß er selber also erst schaffe, wogegen er sich dann wende, was er dann verurteile – daß er so auch den Hexenglauben selbst hervorbringe, fördere und verbreite: Die Praxis der Hexenprozesse also macht, daß es überhaupt Hexen gibt. Oder umgekehrt: Sobald man den Hexenprozessen ein Ende setzt, werden auch die Hexen verschwunden sein. Das war die Konsequenz, die in der Logik der ,,Cautio criminalis" angelegt war. Der Hexenprozeß schuf sich die Opfer, die er verurteilte, selbst. Sie waren unschuldig. Diese Unschuld der der Hexerei angeklagten Menschen aber war zugleich ein starkes *Argument gegen die Existenz von Hexen* überhaupt. Diese letzte Schlußfolgerung aber sprach Spee nicht ausdrücklich aus; er deutete sie nur an. Und sie hatte er wohl auch im Auge, wenn er an mehreren Stellen seiner „Cautio criminalis" betont, er hätte noch viel mehr zu sagen, sage es aber nicht, weil seine Zeit es noch nicht ertragen könne.[14] Mit Recht kann man aus solchen Andeutungen schließen, daß Spee ein zweites Hexenbuch geplant hatte. Ohne Zweifel wollte er damit die in der „Cautio criminalis" vorgetragenen Gedanken zum Abschluß bringen. So wäre die „Cautio criminalis", so revolutionär sie war, doch nur Anfang gewesen, der nach Fortführung verlangte. Diese Fortführung aber konnte sich nur auf die Frage beziehen, ob es Hexen gebe beziehungsweise was das *crimen magiae* von seinem Wesen her überhaupt sei. Daß Spee ganz offensichtlich wirklich in diese Richtung weitergedacht und auf diese Frage auch eine ganz feste Antwort gefaßt hatte, zeigt der Inhalt der kleinen Schrift „*Theologischer Prozeß*". Sie erschien zwar wieder anonym bei Peter Lucius in Rinteln im Jahr 1631, ist aber mit größter Gewißheit Spee zuzuschreiben. Sie ist aber nicht als Abhandlung mit Argument und Gegenargument aufgebaut, sondern beschreibt recht eigentlich den Hergang der feierlichen Versöhnung einer Hexe mit Gott, deutet gleichsam die mögliche Form eines solchen liturgisch-sakramentalen Geschehens an.

Entscheidend ist dabei zum einen, daß Spee die Möglichkeit einer solchen Aussöhnung überhaupt annimmt, sie zuläßt und befürwortet, zum anderen, daß er die Schuld der Hexerei ausschließlich als Abfall von Gott beschreibt. Darin sieht er das Wesen des *crimen magiae*. In nichts anderem. Die Wirklichkeit der Hexensabbate, der schädigenden Zauberei, überhaupt die Wirksamkeit der Hexenkünste, von der Volk und Richter die entstellendsten Vorstellungen hatten, nennt Spee mit keinem Wort. Er leugnet sie. Er zog die Sünde und Schuld der Hexerei in den geistigen, seelischen Bereich hinüber. Alle leiblichen und materiellen Auswirkungen schloß er aus. Die Schlußfolgerung dieser Überzeugung ist nun aber selbstverständlich: Da das *crimen magiae* ein rein geistig-geistliches Vergehen ist, kann es vom staatlichen Recht weder erfaßt noch gerichtet werden. Das kann nur das geistliche Recht der Kirche. Der Staat kann hier nichts ausrichten. Einzig die Kirche ist die berufene Instanz, zu ahnden, zur Rechenschaft zu rufen, zu urteilen, zu bestrafen – mehr noch aber: zu heilen, wieder zu versöhnen. Deshalb schrieb Spee für seine Mitpriester mit diesem „Theologischen Prozeß" gleichsam eine Handreichung nieder, die ihnen zeigen sollte, wie die Bekehrung und Versöhnung eines der Hexerei beschuldigten Menschen mit Gott, mit der Kirche, mit den Mitmenschen, aussehen könnte. Wieder aber stand hier bei Spee nicht ein rein theoretisches Interesse im Vordergrund, sondern das Anliegen, die Pflicht des Priesters. Wieder tritt er uns hier vor allem als der Seelsorger entgegen, der die Schuld der Hexerei nicht beschönigen, nicht kleiner machen will; der aber weiß, daß die Barmherzigkeit Gottes, die dem, der wirklich bereut, verzeiht, größer ist als alle Menschenschuld. Wer anders aber hätte zu dieser Zeit so etwas niedergeschrieben als Spee? Wer anders als er hätte es damals gewagt, solche Gedanken auch öffentlich seiner Mitwelt mitzuteilen?

In diesem erschließbaren Gesamtzusammenhang der Gedanken, Meinung und Überzeugung Spees liegt auch die „Cautio criminalis" eingebettet. In ihr erscheint der *Hexenglaube als Folge von Prozeßfehlern*. Diesen Erweis erbringt die „Cautio criminalis". Und das scheint zugleich ihr wahres verborgenes Konzept zu sein in der Arbeit der Kritik der Hexenprozesse; jedenfalls ist es ihr feststellbares Ergebnis. Bemerkenswert ist dabei die diesem Vorgehen Spees zugrundeliegende, aus den modernen Naturwissenschaften abgeleitete These, wonach die Methode, in unserem Fall der Hexenprozeß, den Gegenstand, den Hexenglauben, beeinflusse, bestimme, hervorbringe. Solches Vorgehen und Argumentieren bedeutete für das Zeitalter Spees, das 17. Jahrhundert, einen unerhörten Anachronismus.[15] Es spricht aber für Spees Geisteskraft, auch für den Mut und die Kühnheit seines Buches.

Cautio
CRIMINALIS,

✿ *Seu* ✿

DE PROCESSIBUS
CONTRA SAGAS
Liber.

AD MAGISTRATUS
Germaniæ hoc tempore necessarius,

Tum autem

Consiliariis, & Confessariis Principum,
Inquisitoribus, Judicibus, Advocatis, Confessariis
reorum, Concionatoribus, cæterisq; lectu
utilissimus.

AVCTORE
INCERTO THEOLOGO ROMANO.

RINTHELII,
Typis exscripsit Petrus Lucius Typog. Acad.

M DC XXXI

Friedrich von Spee, Cautio criminalis, Rinteln 1631 (1. Aufl., 2. Ausgabe)

Freilich ging es Spee mit seiner „Cautio criminalis" zunächst um ein anderes: Ihm war es nicht um die Frage der Möglichkeit oder Unmöglichkeit der Existenz von Hexen zu tun, sondern vielmehr um die *Unschuld* der vielen gefolterten und verbrannten, der Hexerei angeklagten Menschen. Gegen dieses diesen Menschen zugefügte Leid und Unrecht wollte er ankämpfen. So mußte es ihn in seiner „*Cautio criminalis*" auch gar nicht ausdrücklich und in erster Linie interessieren, ob es wirklich Hexen gibt oder nicht. Sondern er wollte nur erweisen, daß in Wirklichkeit viele Menschen zu Unrecht angeklagt würden und daß dafür der Hexenprozeß selber die Schuld trage. So griff er auch nicht den Hexenglauben überhaupt an, sondern nur den falschen Hexenwahn, der zu einem Massenwahn und Menschenschrecken geworden war. Diesen Massenwahn, der zutiefst abergläubisch, der wesenhaft unchristlich war, wollte Spee brechen und damit viel Leid lindern. Das war sein Motiv als verantwortlicher Seelsorger und Theologe.

Inhalt

Obleich die Cautio criminalis aus 51 fortlaufenden Fragen besteht, gliedert sie sich ihrem Inhalt nach in fünf thematische Abschnitte.[16] Einleitend bekannte Spee, daß er selber zwar an die Existenz von Hexen glaube, nicht aber daran, daß es so viele Hexen gebe.[17] Mit dieser Behauptung sprach Spee nur aus, was er selber erfahren hatte, wovon er selber überzeugt war. Dabei ließ er die zuvor angedeutete letzte Konsequenz offen. *An die Adresse der Fürsten* aber sagte er nun, daß sie, soviel sie auch verbrennen, das Hexenunwesen doch nicht ausbrennen können, sofern sie nicht alles verbrennen.[18] So sind die beiden Grundakkorde angeschlagen. Und Spee beschäftigt sich nun im anschließenden *ersten Sinnabschnitt* mit den Fürsten, den weltlichen Gerechtsamen, den Verantwortlichen. Sie stehen nicht umsonst an erster Stelle. Spee ruft sie auf zur Notwendigkeit äußerster Vorsicht, Besonnenheit und Umsicht bei den Hexenprozessen, sollte nicht größtes Unrecht geschehen.[19] Und die ganze „Cautio criminalis" hindurch wandte sich Spee immer erneut mit eindringlichen, aufrüttelnden, erschütternden Mahnworten an das Gewissen der Herrscher. Sie ließen die Hexenprozesse zu und hafteten darum auch für deren Ausführung mit letzter Verantwortung. So ruft Spee einmal aus: „Wehe ... den Fürsten, die strenge die Hexen verfolgen möchten und doch nicht sorgfältiger auf ihre Richter acht geben! ... Wehe den Fürsten! Kann es denn ohne schwere Sünde möglich sein, daß derjenige, der es doch am besten wissen sollte, nichts davon weiß...? Ihre Ratgeber und Beichtväter schweigen, sie wissen genau so wenig von all dem, was vorgeht. Darum rühren sie weder ihr eigenes noch ein fremdes Gewissen."[20] Dieser Gewissensappell war die vorrangige Aufgabe der ganzen „Cautio criminalis", ihre erste Stoßrichtung. Spee sprach das schon durch die Widmung und die vorangestellten Zitate aus. Die große, wirklich eindringliche und aufrüttelnde Kraft aber, mit der er sie führte, war bis dahin einzigartig, unbekannt und noch nicht da gewesen.

Aber auch die *Ratgeber der Fürsten* meinte Spee. Auch an ihr Gewissen richtete sich sein Appell. Gerade aber unter den geistlichen Ratgebern hatte er mithin die schlimmsten Antreiber zur Hexenverfolgung erkannt. Und schonungslos wandte er sich auch gegen sie. Vor allem klagte er sie als selbstzufriedene Stubengelehrte an, die von dem, was den Gefangenen wirklich angetan wurde, nichts wüßten; die vielleicht wirklich ahnungslos an den gerechten Ablauf der Prozesse glaubten; die aber doch zu sorglos die durch die Folter abgepreßten Aussagen – Spee nannte sie Geschichtchen, auch rechtes Altweibergeschwätz[21] – für wahr hielten und so wichtig wie das Evangelium selbst nahmen.

Vor allem klagte Spee noch eine andere Gruppe von Geistlichen an: Diejenigen, die als die *Beichte hörenden Priester* zu den Gefangenen ins Gefängnis gingen. Denn sie traten zumeist nicht als Seelsorger, sondern ganz ähnlich den weltlichen Richtern auf. Sie drängten die Beschuldigten zu einem möglichst vollständigen Geständnis und stürzten sie so nur in noch tiefere Verzweiflung, auch in Einsamkeit und Verlassenheit, da der

Priester der einzige Mensch war, der sie besuchen durfte, dem sie sich anvertrauen konnten. Oft war sogar das Beichtgeheimnis selbst gebrochen, mißbraucht und zur Anklage verwandt, der Beichtende so aber in eine letzte Verzweiflung gestürzt worden. Die wahre Aufgabe des Priesters sah Spee hier verkehrt und den Leiden der Gefangenen nur neues Leid hinzugefügt. Viele Stellen der ,,Cautio criminalis" sprechen das aus. Sie zeigen, wie sehr Spee gerade dieser Gedanke bedrängte. Hier zittert sein Mitleid, seine ganze innere Erregung und Betroffenheit nach, mit der er die ,,Cautio criminalis" niederschrieb. Und hier spricht Spee eine besonders empfindsame, warme, beinahe zarte Sprache. Hier tritt er uns am unmittelbarsten als der anteilnehmende Seelsorger entgegen, der wahren Trost bringen will, den echtes Mitleid bewegt, der wahre Zuwendung zu den Betroffenen empfindet, in der aber mehr enthalten ist als rein menschliches Mitgefühl: nämlich der Auftrag des Priesters, die Liebe und Barmherzigkeit Gottes zu bringen. So zählt auch nicht zufällig das Kapitel, in dem er ausdrücklich über die wichtigsten Anweisungen für die Hexenbeichtiger spricht, zu den ausführlichsten.[22]

Hinter allem aber stand Spees aus eigener Erfahrung und Einsicht gewonnene Überzeugung der *Unschuld der Opfer*. Alle Überlegungen, Beweise, Gedanken der ,,Cautio criminalis" laufen ja auf dieses Ergebnis zu. Und darum war ihr Inhalt so akut. Denn seine Kritik der Hexenprozesse hatte in jedem Punkt dieses Ergebnis seiner Unschuldsüberzeugung im Blick. Das heißt aber umgekehrt: Seine Kritik erbrachte in jedem Punkt den Erweis, daß in diesen Prozessen Unschuldige angeklagt, für schuldig erklärt und zum Tode verurteilt wurden. Oder noch einmal anders: In dem Maße es Spee gelang, den Hexenprozeß überzeugend zu kritisieren, lastete er das aufgedeckte Unrecht den Verantwortlichen an. Das war der eigentliche Stein des Anstoßes seiner ,,Cautio criminalis" in den Kreisen der Prozeßverteidiger. Die in ihr niedergeschriebenen Gedanken konnten nicht wahr sein, durften nicht wahr sein. Spee wußte das. Er sprach aber seine deutliche Sprache weiter.

Im *zweiten Sinnabschnitt* beschreitet Spee wieder seinen indi-rekten Weg der Beweisführung: Er sagt nicht, daß es in den Hexenprozessen überhaupt keine Schuldigen gäbe; aber er weist mit Nachdruck darauf hin, daß für Unschuldige, waren sie nur einmal angeklagt, keine Möglichkeit mehr bestand, die Anklage als unwahr zurückzuweisen und freigesprochen zu werden. Hatte der Prozeß nur einmal eingesetzt, so gab es kei-nen Ausweg mehr, gleich ob der Angeklagte schuldig war oder nicht. Das hieß aber: Der Prozeß selbst konnte weder Schuld noch Unschuld erweisen. Insbesondere wandte sich Spee *gegen die übliche Praxis,* alle Denunzierten und Gefangenen sofort und von vornherein als Schuldige anzusehen, zu behandeln und ihnen alles Gehör zu versagen. Er kennzeichnete es als aller-größtes Unrecht, den Angeklagten jeden Rechtsbeistand, jede Verteidigung zu verweigern, sie vielmehr von Anfang an auf ein Eingeständnis ihrer Schuld hin zu befragen und zu verhören. Mit dieser Kritik stellte Spee die Gültigkeit und Zuverlässigkeit der Prozesse überhaupt in Frage: Sie dienten gar nicht der Wahrheitsfindung, sondern nur der Schuldverstrickung. Diese Praxis hatte sich versteift auf die althergebrachte Meinung, ein allerschlimmstes Verbrechen – und das war die Hexerei – kön-ne, dürfe nicht mehr verteidigt werden; der Verbrecher selbst habe jeden Rechtsanspruch verspielt. Tatsächlich verwechselte man aber dabei den Unterschied zwischen Verteidigung und Verhör eines allererst noch der Schuld zu überführenden und eines bereits überführten Angeklagten. Darauf weist Spee hin. Er führt aber noch ein anderes an: das *Naturrecht der Verteidi-gung.* So formuliert er den Satz, daß mit der Größe des angela-steten Verbrechens auch das Recht der Verteidigung gegen sol-che Anschuldigung wachse. Dazu machte er noch ein Drittes geltend, nämlich den Rechtsgrundsatz: Stehen belastende und entlastende Indizien unentscheidbar einander gegenüber, so sei den entlastenden der Vorzug zu geben, bis die Schuld eindeutig erwiesen sei.[23]

All das war zugleich *gegen die Anwendung der Folter* gesagt, die Spee in einem *dritten Sinnabschnitt* behandelt. In ihr sahen die Hexenrichter das allein geeignete Mittel der Wahrheitsfindung. Spee aber hatte die Praxis gesehen. Er wußte, mit welcher Leichtigkeit und Beliebigkeit man zur Folter schritt. Er hatte erkannt, daß sie in den Händen der Hexenrichter nur der Erpressung der von ihnen verfolgten Geständnisse diente; er sah, daß sie von ihnen so gehandhabt wurde, daß der Angeklagte aus Angst vor noch größeren Qualen zu Geständnissen und Selbstbeschuldigungen beliebiger Art bereit war. So hatte Spee in der Praxis der Folter den wahren Motor des ganzen Hexenunwesens aufgewiesen: Die Gefolterten denunzierten sich selbst und andere; denn weil sie als Hexen notwendig Gefährtinnen haben mußten, preßte man auch deren Namen aus ihnen heraus. Das war die erschreckende und unentrinnbare Mechanik der Hexenprozesse. Man muß die besonnene Zurückhaltung, Sachlichkeit und Behutsamkeit bewundern, mit der Spee seine Bedenken und Argumente vorbringt und sich, bei aller leidenschaftlichen Beteiligung, vor allzu heftigen Angriffen und Verurteilungen verwahrt, wohl wissend, daß sie nur die Glaubwürdigkeit seiner Ausführungen gefährdeten. Schließlich aber zieht er seine Schlußsynthese: Die Tortur müsse völlig abgeschafft, zumindest von allem Mißbrauch so gereinigt und geschützt werden, daß sie nicht mehr eine so gefährliche Einrichtung sein könne.[24] Diese Schlußfolgerung spricht Spee wieder ausdrücklich den Fürsten und ihren Ratgebern ins Gewissen.

Noch mehr als gegen die Folter selbst wandte Spee seine Kritik nun gegen die Voraussetzung, die Bedingung, aufgrund derer man zur Folter schritt: die *Indizien des Hexenprozesses*. Er folgte damit der im Prozeß selber liegenden inneren Logik. An den Anfang dieses *vierten Sinnabschnittes* stellte er die Frage, aus welchen Gründen man zur Folter schreiten dürfe.[25] Spee mahnt auch hier zu Vorsicht und macht den Rechtsanspruch geltend, daß erst gefoltert werden dürfe, sobald die allerschwersten Indizien vorlägen und zur völligen Gewißheit einzig das Geständnis der Angeklagten selbst fehle. Mit diesem Anspruch verwirft er die gängige Praxis, der bereits eine einfache Denunziation, ein bloßes Gerücht genügte. Ein derartiges Indiz schien

Spee weder stichhaltig noch rechtsgültig, da es nichts beweise, sondern selber erst zu beweisen sei. Vor allem aber widerlegt er nun mit scharfer Nachdrücklichkeit den Grundsatz, daß bei heimlichen und schwer nachweisbaren Verbrechen schon auf leichtere Indizien hin gefoltert werden dürfe, um die Wahrheit zutage zu fördern. Dieser Grundsatz sollte insbesondere bei Sonderverbrechen wie dem *crimen magiae* gelten.

Hier tritt Spee gleichsam gegen eine ganze Reihe bewährter Rechtsgelehrter an. Wir erleben ihn in seiner besten Form. Er setzt ihrer Lehrmeinung die Norm und Forderung der ,,recta ratio" entgegen. Aus ihr leitet er seine Widerlegung und Auffassung her. Wirklich traf Spee hier auf den *Nerv des ganzen Hexenunwesens:* die völlig rechtswidrige Bedeutsamkeit, Interpretation und Wertigkeit, die man an sich wert- und bedeutungslosen und widervernünftigen Indizien zuzuerkennen bereit war. Tatsächlich machten sich hier Angst und Wahn des Hexenglaubens geltend. Tatsächlich hatte hier dieser Wahn mit all seinen widervernünftigen, unnatürlichen und irrationalen Vorstellungsinhalten und Erklärungen Eingang in den Prozeß selbst gefunden. Nur so wird letztlich auch verstehbar, wie der Hexenprozeß, als ursprünglicher Strafrechtsprozeß mit dem Anspruch der Gerechtigkeit, ein so rechtswidriges und entartetes Wesen annehmen konnte; wie er den unwahrscheinlichsten Indizien größte Wahrscheinlichkeit und Gewißheit beimessen und die härteste Folge der Folter und Verurteilung daran anknüpfen konnte.

Zugleich deckte Spee unter diesem Punkt das Typische der Hexenprozesse selbst auf. Der Hexenprozeß sucht – im Unterschied zum Strafrechtsprozeß – nicht mehr Richtigkeit und Wahrheit der Anklage herauszufinden – sie stand fest –, sondern in die Person, in das Wesensinnere der Hexe selbst einzudringen. So will er in jeder Gebärde der gefangenen, verurteilten, gefolterten Hexe ihr dämonisches Besessensein entdecken. Und daher wurde jede Reaktion der Angeklagten als Ausdruck teuflischer Verdorbenheit umgedeutet. Und der ganze Wahn des Hexenglaubens tobte sich hier aus. Mehr noch: Er fand hier immer neue Nahrung.

Das in den Hexenprozessen zumeist angewandte Indiz aber war die *Denunziation*. Es genügten mehrere gleichlautende Denunziationen, und der Richter konnte zu Festnahme und Folterung schreiten. In einem *fünften Sinnabschnitt* wandte sich Spee der Frage der Denunziation zu. Sie machte den *Kreislauf der Hexenprozesse* perfekt: Die unschuldig denunzierte Hexe bekannte sich unter der Folter schuldig und denunzierte wieder Unschuldige, die wiederum gefoltert sich und andere schuldig bekannten. In den Denunziationen aber sah man das einzige Mittel, Hexen zu entdecken, zu enttarnen. Spee setzte nun aber mit seiner Kritik am wesentlichen Punkt an, nämlich an der Glaubwürdigkeit der Denunziationen. Jede Denunziation mußte nämlich durch die Folter erhärtet werden. Die Folter aber galt ihm in keiner Weise als Mittel zur Wahrheitsfindung. Dazu machte er auch noch auf ein weiteres aufmerksam: den Widerspruch, daß man gerade hier den Aussagen der Hexen, die man im Übrigen als durch und durch lügenhaft verschlagene Wesen verwarf, allergrößten Glauben schenkte; denn gleich, ob sie gefoltert waren oder nicht, sie blieben Hexen und somit Lügnerinnen, die darum viel eher Unschuldige als Schuldige, das heißt ihre eigenen Gefährtinnen anzeigten. Das zuzulassen wäre wohl auch vom Teufel selber die allergrößte Unklugheit, da so seine Anhängerschaft erheblich beeinträchtigt würde. Dazu wäre es von ihm, der nur auf Zerstörung ausging, eine äußerste Dummheit, sich diese Gelegenheit, so viele Unschuldige in Leid, Unglück und Unheil zu stürzen, entgehen zu lassen.[26] Man hört da Spees feinen Spott heraus, mit dem er sich die gegnerische Denk- und Argumentationsweise zueigen macht, um sie in ihrer Widersprüchlichkeit aufzudecken, aufzulösen und zu zerschlagen.

Diesen Weg des Aufweisens der inneren Widersprüchlichkeit, Ungerechtigkeit und Widervernünftigkeit des Hexenprozesses hatte Spee zur ersten Methode seiner „Cautio criminalis" gemacht. Und das *Ergebnis* wollte er rot angestrichen wissen: *Solange es diese Prozesse gibt, gibt es Hexen, und niemand ist sicher, nicht selbst der Hexerei angeklagt und verurteilt zu werden.*[27] Die Prozesse selber also machten die Hexen, und ein

Prozeß zog notwendig andere nach sich, zeugte sich notwendig in vielen anderen fort. Das war der verhängnisvolle Kreislauf. Ihn wollte Spee von innen her aufbrechen. Und er tat das durch sein ebenso kluges wie mutiges Argumentieren. Darin lag die Bedeutung und Größe seines Buches.

Georg Schwaiger
Das Ende der Hexenprozesse im Zeitalter der Aufklärung

Erklärungsversuche zu den Hexenverfolgungen weichen bis heute in der Forschung stark voneinander ab. Festzustellen sind Wellen der Verfolgung und merkliche regionale Unterschiede. Betroffen wurden alle christlichen Konfessionen. Die konfessionellen Kämpfe des 16. und 17. Jahrhunderts haben an manchen Orten den Hexenwahn gesteigert. Es fehlt aber noch beträchtlich an Einzeluntersuchungen. „Die grundsätzliche Übereinstimmung der Konfessionen im Kampf gegen die ‚Hexen‘ ist jenseits aller Unterschiede so wenig zu bestreiten wie die Tatsache, daß die Hexenlehre in allen Konfessionen nicht nur Verfechter, sondern auch Gegner hatte. Programmatische Äußerungen von Päpsten und Reformatoren bekunden diesen gemeinsamen Kampf ebenso wie die praktische Mithilfe von Geistlichen aller Bekenntnisse bei der Durchführung der Prozesse."[1] Das Ende der Hexenverfolgungen großen Stils und das Ende der Hexenprozesse brachte erst der Sieg der Vernunft mit dem Vordringen der Aufklärung.

Geistesgeschichtliche Entwicklung

Die Geistesgeschichte kennt, ebenso wie die politische und soziale Geschichte, die Tatsache der Entlastung oder des Entlastungsversuches. Geschichtliche Macht wird nicht nur als Segen, sondern auch als Last empfunden. Entlastungsversuche, Befreiungen von beengenden Mächten der Überlieferung vollzogen sich in der Geschichte nicht selten, häufig in Sturm und Drang. In der abendländischen Welt wurde die seit dem ausgehenden 17. Jahrhundert von England und den Niederlanden her vordringende *Aufklärung* der größte geistige Befreiungs- und Entlastungsversuch der uns bekannten Geschichte. Philosophisch wurzelte die Aufklärung vor allem in den Denksystemen von René Descartes (1596–1650), Francis Bacon (1561–1626) und Baruch Spinoza (1632–1677). Seit dem Ende des 17. Jahrhunderts gewann die Aufklärung in Frankreich, Deutschland, dann auch in den übrigen Staaten Europas und schließlich in allen Gebieten europäischer Kultur ständig an Boden. Die Aufklärung war in den verschiedenen Ländern und Köpfen verschieden ausgeprägt. Während sie in Frankreich vielfach scharf kirchenkritische und auch kirchenfeindliche Züge annahm, behielt sie in England und Deutschland zunächst ein im allgemeinen maßvolles Gepräge. In den deutschen Staaten, im Heiligen Römischen Reich, kamen die Gedanken der Aufklärung erst um die Mitte des 18. Jahrhunderts stärker und allgemein zum Durchbruch.

Die Aufklärung stellte in den Mittelpunkt aller Bemühungen den *Menschen,* und zwar den Menschen als Vernunftwesen, der sich selbst nach eigener Einsicht bestimmt und sein Leben und das Leben der Gemeinschaft gestaltet. Das 18. Jahrhundert wurde recht eigentlich zum Jahrhundert der Aufklärung. Auf die Frage, was denn nun Aufklärung sei, gab Immanuel Kant (1724–1804) – Höhepunkt und Überwindung der philosophischen Aufklärung zugleich – in einem Aufsatz der „Berlinischen Monatsschrift" vom Jahre 1784 (Heft 12) seine berühmte Antwort: „Aufklärung ist der Ausgang des Menschen aus seiner selbst verschuldeten Unmündigkeit. Unmündigkeit ist das Unvermögen, sich seines Verstandes ohne Leitung eines anderen zu bedienen. Selbst verschuldet ist die Unmündigkeit, wenn die Ursache derselben nicht am Mangel des Verstandes, sondern der Entschließung und des Mutes liegt, sich seiner ohne Leitung eines anderen zu bedienen. Sapere aude (wage zu wissen) . . . ist also der Wahlspruch der Aufklärung." Bei dieser Begriffsbestimmung zielte Kant auf die theoretische Aufklärung, deren Wesensmerkmal die völlige Autonomie der menschlichen Vernunft ist. Er dachte in erster Linie an „Religionssachen"; denn hier galt die Unmündigkeit als am schädlichsten und entehrendsten.

Das philosophische, intellektuelle Zeitalter der Aufklärung war wie kein zweites um die Anwendung und Verwirklichung der gewonnenen Erkenntnisse bemüht. Und hier ist auf dem Gebiete der Staatsverwaltung, der Rechtspflege, des Bildungswesens, von den Volksschulen bis zu den Universitäten und Gelehrten-Akademien, Hervorragendes geleistet worden, auch wenn nicht immer die Gefahr doktrinärer Aufklärerei vermieden wurde. Die Aufklärung, so unterschiedlich sie in den verschiedenen Köpfen und in der Verwirklichung ihrer Gedanken sein mochte, hatte sich eben ganz bewußt dem Menschen zugewandt. Und unmerklich veränderte sich im fortschreitenden 18. Jahrhundert das Welt- und Lebensgefühl – von den oberen Rängen der Gesellschaft in die mittleren und auch schon unteren Ränge des Sozialgefüges. Statt der unermeßlichen illusionistischen Weiten verlangten die Menschen jetzt nach überschaubaren Ordnungen, statt gefühlsseligen Überschwanges nach rationaler Klarheit und Nüchternheit, statt himmlisch-irdischen Prunkes nach Hilfe und Nützlichkeit auf dieser Welt, im menschlichen Alltag. Den Menschen des aufgeklärten Zeitalters waren die barocken Festgewänder zu schwer und faltenreich geworden. Das mystische Himmelslicht des Barocks wurde im „Zeitalter der Kritik" fortschreitend durch das Licht der Natur und der Vernunft ersetzt.

Spannungen zur überlieferten Glaubenslehre in den christlichen Kirchen mochte dieses neue Pochen auf die Eigengesetzlichkeit des Menschen in dieser Welt wohl heraufführen. Das alte Thema *Glauben und Wissen* trat in die entscheidende Phase. Echte Widersprüche zwischen Glauben und Wissen aber konnte es für den gläubigen Christen letztlich nicht geben, wenn nicht einer der beiden Partner, der Zeuge des Glaubens, oder der Anwalt des Wissens, die Grenze seiner Aussagemöglichkeiten überschritt. Die guten Kräfte der Aufklärung haben sich im 18. Jahrhundert vielfach mit gläubigem Christentum verbunden. Im katholischen Deutschland wurden die Hauptschauplätze aufgeklärter Reformen die habsburgischen Lande unter der Kaiserin Maria Theresia (1740–1780) und Kaiser Joseph II. (1765–1790, seit 1780 Alleinherrscher der Erblande), das Kurfürstentum Bayern und viele Territorien der Fürstbischöfe und Reichsäbte.

Aus dem Denken der Aufklärung erhob sich schließlich das gewaltige Pathos der *Freiheit* für den einzelnen Menschen, das seit über zweihundert Jahren Europa und die Welt in immer neuen Ansätzen bewegt. Zu den bedeutendsten Reformen des aufgeklärten Zeitalters gehörten die Abschaffung der Folter im Strafprozeß und der Verzicht auf die ausgedehnten, oft tagelangen Quälereien bei Hinrichtungen. Die Besinnung auf den Menschen als Vernunftwesen, auf die Menschenwürde, brachte auch das Ende der Hexenprozesse.

Frühe Gegner des Hexenwahns

Einzelne Stimmen der Vernunft, menschlichen Mitgefühls und christlichen Erbarmens hatten sich schon seit dem Aufkommen der Zauberei- und Hexenprozesse erhoben. Zu den erschütterndsten Zeugnissen gehören die Protokolle der beiden *Prozesse über Jeanne d'Arc,* „die Jungfrau von Orléans": des Strafprozesses von 1431 und des Rehabilitationsverfahrens der Jahre 1449 bis 1456. Am 30. Mai 1431 hat man das etwa zwanzigjährige Mädchen zu Rouen auf dem Scheiterhaufen lebendig verbrannt, am 16. Mai 1920 wurde das arme Opfer des englisch-französischen Krieges von Papst Benedikt XV. heiliggesprochen.[2]

Gegen die erdrückende Übermacht der Verteidiger des Hexenwahns und der damit verbundenen Folter war schwer anzukommen. Argumente einzelner *Juristen, Ärzte und Theologen des 16. Jahrhunderts* (Petrus von Ravenna, Juan Luis Vives, Agrippa von Nettesheim, Johannes Weyer, Johannes Fr. de Ponzinibius, Andreas Alciatus, Reginald Scot, Johannes Ewich, Johannes G. Gödelmann, Augustin Lercheimer, Johannes Scultetus) konnten sich nicht durchsetzen. Schon das Eintreten für die Opfer, Zweifel am Hexenglauben, konnten überaus gefährlich werden. *Johannes Weyer* (1516–1588), calvinischer Leibarzt des Herzogs von Kleve, widmete sein Werk „Über die Blendwerke der Dämonen, Zaubereien und Giftmischereien" (1563)[3] Kaiser Ferdinand I. Der gebildete, irenisch gesinnte Arzt trat darin dem Hexenwahn entschieden entgegen, erhielt vom Kaiser auch ein huldvolles Schreiben, das die Absicht lobte. Dennoch kam das Werk rasch auf den Index der verbotenen Bücher. Schlimmer erging es dem aus den Niederlanden stammenden katholischen Priester und Professor *Cornelius Loos* (ca. 1546–1595). Als Professor der Theologie in Trier trat er gegen die Hexenverbrennungen auf, wurde auf Veranlassung des Kölner Nuntius Ottavio Mirto Frangipani in der Abtei St. Maximin eingesperrt und 1592 zum Widerruf gezwungen. Nach seiner Freilassung wirkte er als Seelsorger in Brüssel, nahm wieder gegen den Hexenwahn Stellung und wurde erneut in Haft gesetzt.[4]

Nur wenige wagten noch, an dem „Canon episcopi" aus dem 9. Jahrhundert festzuhalten, nach welchem Hexengeschichten nur Traumgebilde waren.[5] Der hochangesehene Jesuit *Adam Tanner* (1572–1632), Professor der Universität Ingolstadt, wollte den Canon episcopi wenigstens im allgemeinen noch gelten lassen. Er erregte aber beträchtlichen Anstoß, als er 1627 im dritten Band seiner „Scholastischen Theologie" unter dem Titel der Gerechtigkeit gegen die Art der Prozesse sich aussprach, namentlich gegen die Anwendung der Folter. Zwei Inquisitoren erklärten daraufhin, der Verfasser verdiene selber auf die Folter gespannt zu werden.[6]

Erst die „Cautio criminalis" (1631, 1632) des Jesuiten *Friedrich von Spee* (1591–1635)[7] leitete allmählich einen Durchbruch ein und veranlaßte einige katholische und evangelische Fürsten zur Einschränkung der Hexenprozesse. Dem Verfasser erwuchs mancherlei Bedrängnis. Noch während des Dreißgjährigen Krieges flammten die Hexenprozesse in verschiedenen konfessionellen Lagern auf. In den Jahren 1660 bis 1675 wüteten die Verfolgungen vor allem in protestantischen Gebieten Mittel- und Norddeutschlands, besonders grausam in den sächsischen Landen. Friedrich von Spee hatte mit der flammenden Leidenschaft des betroffenen Christen auf die Hauptursache der Hexenprozesse gedeutet: *Die Folter macht die Hexen.* Der Philosoph Gottfried Wilhelm Leibniz (1646–1716), in seiner Jugend in kurmainzischen Diensten, berichtet von einer Mitteilung des damals noch jungen Domherrn Johann Philipp von Schönborn (1605–1673). Dieser habe den Jesuiten Spee einmal gefragt, warum er so früh völlig weißes Haar bekommen habe. Spee gab zur Antwort, das hätten ihm die Hexen angetan. Denn bei keiner, die er als Beichtvater zum Feuertod begleitet, habe er etwas gefunden, was ihn von ihrer Schuld hätte überzeugen können. Die Opfer hätten mit erschütternden Worten unter Tränen und mit Jammern über ihre Richter Gott zum Zeugen ihrer Unschuld angerufen. Darüber sei er so früh zum Greis geworden. – Als Johann Philipp von Schönborn 1647 zum Kurfürsten und Erzbischof von Mainz gewählt wurde, gehörte zu seinen ersten Regierungshandlungen, daß er im Erzstift Mainz die Einstellung der Hexenprozesse verfügte.[8]

Friedrich von Spees mutige Schrift gegen die Hexenprozesse hatte auch unter evangelischen Theologen aufmerksame Leser gefunden. Der Hauptvertreter vorpietistischer Reformbestrebungen im sächsischen Luthertum, *Johannes Matthäus Meyfart* (1590–1642),[9] brachte 1635 eine freie Bearbeitung von Spees „Cautio criminalis" heraus, fand aber vielfache Anfeindungen. Den gelehrten Juristen Benedikt Carpzov (1595–1666),[10] einen strengen Christen im Stil der lutherischen Orthodoxie der Zeit, den Vater des deutschen Strafrechtes, wird man zwar nicht mehr als einen der härtesten Hexenrichter seiner Zeit bezeichnen dürfen, aber sein Sächsisches Strafrecht (Practica nova imperialis Saxonica rerum criminalium, Wittenberg 1638) wurde tatsächlich auch zum Leitfaden der Hexenprozesse nach Art des „Hexenhammers" von 1487, mit tunlicher Verschärfung der „Carolina", der Peinlichen Gerichtsordnung von 1532.

Der reformierte niederländische Pfarrer *Balthasar Bekker* (1634–1698)[11] trat in mehreren umfangreichen Werken dem Aberglauben an Kometen, Teufelswerk und Gespenster entgegen. Er bestritt die Hexenprozesse aus Gründen der Vernunft und unter Berufung auf die Heilige Schrift. Dieser Kampf trug ihm heftigste Gegnerschaft calvinischer Theologen ein, führte auch zu seiner Absetzung vom Pfarramt (1692). Die vielfache Bedrängnis zu Lebzeiten wurde überstrahlt durch das Verdienst, den Aberglauben als einer der ersten erfolgreich bekämpft und selbst „Hexen" vor dem Scheiterhaufen gerettet zu haben.

Christian Thomasius (1655–1728)[12]

Den entscheidenden Durchbruch zur Abschaffung der Folter in Gerichtsverfahren und zur Beendigung der Hexenprozesse leitete der Jurist und Philosoph Christian Thomasius ein. Noch befand sich die europäische Welt auf der Höhe des absolutistischen Zeitalters. Es ist aber bezeichnend, daß nunmehr in erster Linie der Jurist – nicht mehr der Theologe – mit den Fürsten zusammenwirkt. Grundlage zur Stabilisierung der Fürstenherrschaft „von Gottes Gnaden" ist nicht mehr das „Wort Gottes" allein, sondern in steigendem Maße das rationale Naturrecht. Neben den älteren Rechtsdenkern Hugo Grotius (1583–1645)[13] und Samuel von Pufendorf (1632–1694)[14] wurde Thomasius der bedeutendste Vertreter des Naturrechts und der frühen Aufklärung in Deutschland. Sein entschiedenes Eintreten für religiöse Toleranz und für die Humanisierung der Strafprozeßordnung trug wesentlich zum Ende der seit Jahrunderten vorgenommenen Ketzerverbrennungen und Hexenverfolgungen bei.

Christian Thomasius ist den großen Bahnbrechern menschlicher, christlicher Freiheit zuzurechnen, nicht dadurch, daß er besonders originell gewesen ist. Seine entscheidende Bedeutung lag darin, daß er die Gedanken eines vernünftigen, an den Bedürfnissen des Einzelmenschen und der Gesellschaft ausgerichteten Nützlichkeitsdenkens in breite Kreise der Gebildeten brachte. Er wurde durch seine Lehrtätigkeit an der Universität Leipzig, in Berlin und seit 1694 als Professor an der neuen Universität Halle, ebenso durch seine Schriften, der einflußreichste Erzieher und Popularisator der frühen, durchaus christlich fundierten Aufklärung. Er war ein persönlich frommer evangelischer Christ, der treu den Gottesdienst besuchte, dabei allen ordentlichen Freuden des Lebens zugetan. Allem Welt- und Lebensfremden, allem, was das Leben unnötig einengte und belastete, sagte er mit geistvollem Wort und spitzer Feder den Kampf an. Dies schuf ihm lebenslang viele Feinde, vor allem unter Vertretern der protestantischen Orthodoxie und auch von seiten des aufkommenden Pietismus. Zusätzliches Ärgernis bereitete die Neuerung, daß er die Vorlesungen in deutscher Sprache hielt, nicht mehr in Latein, auch nicht mehr im akademischen Talar, sondern in stets sorgfältig gewählten modischen Anzügen der Zeit, an der Seite den Degen in goldenem Gehänge. Lebenslang bemühte sich Thomasius, den Studenten gute Lebensart im Stil der Zeit zu vermitteln. Die meisten jungen Leute strömten voll Begeisterung in seinen Hörsaal, obwohl die Gegner vor dem „Verführer und Verderber" der Jugend warnten. Zum Glück hielt der Landesherr, der Kurfürst und spätere König Friedrich I. in Preußen (1688–1713), seine schützende Hand über den angefochtenen Mann. So konnte Christian Thomasius vor allem an dem neuen Typ der Universität in Halle eine außerordentliche Wirkung erreichen, weit über die preußischen Lande hinaus, zunächst im protestantischen Deutschland, aber bald auch in die Universitäten katholischer Territorien hinein. Seine öffentlichen Erfolge wurden bedeutsamer als der Einfluß des Philosophen Gottfried Wilhelm Leibniz (1646–1716),[15] sogar den gefeierten Christian Wolff (1679–1754)[16] hat Thomasius an bleibender Wirkung weit übertroffen.

Der junge Doctor iuris Christian Thomasius erregte – noch in seiner Heimatstadt Leipzig – zum erstenmal Anstoß, als er 1685 ein gelehrtes Werk „Über das Verbrechen der Bigamie" (De crimine bigamiae) veröffentlichte. Er stellte darin das geltende Recht der Monogamie keineswegs in Frage, legte aber dar, daß nach dem Naturrecht auch Bigamie denkbar und zulässig sei. Fortan begleitete ihn der Vorwurf der Theologen, er mische sich in seinem Kampf gegen alle „Vorurteile" (praeiudicia) unzulässiger Weise in ihre Zuständigkeit ein.

Der Lehre Martin Luthers vom allgemeinen Priestertum eingedenk hielt sich Thomasius für berechtigt, auch den Theologen

157

einiges zu sagen. Er beschrieb sich einmal als einen Mann, der zwar Philosoph und Jurist, aber im Grunde keiner Fakultät zuzurechnen und deshalb allen Fachdisziplinen als kritischer Betrachter zugewiesen sei. Darüber allerdings kam es schon in Leipzig, dann verstärkt in Halle zu heftigem Streit. Dem Zugriff der lutherischen Pietisten in Halle entzog er sich schließlich dadurch, daß er mit seiner Familie zum reformierten Bekenntnis seines brandenburgischen Landesherrn überwechselte.

Thomasius ging es stets um ein innerliches, persönliches Christentum. Eine Kirche als Institution und allen äußeren Kultus betrachtete er mit tiefem Mißtrauen. Die wahre Kirche war ihm eine innere, unsichtbare Gemeinschaft der Christen. Die bestehenden protestantischen Landeskirchen seiner Zeit sah er in neuer Begründung: Der Landesherr übe seine Rechte in der Kirche und über die Kirche „nicht etwa deswegen aus, weil er das vornehmste Glied der Kirche sei, sondern weil er als Träger der obersten Gewalt im Staat auch im Bereich der Kirchen zur Friedenssicherung berufen sei. Auf die Religion des Fürsten komme es bei seinem Regiment über die Kirchen daher nicht an ... Die Kirche sei eine Veranstaltung des Landesherrn, zu welchem Thomasius mehr Vertrauen hatte als zu den kirchlichen Amtsträgern seiner Zeit ... Religion wurde im eigentlichen Sinne des Wortes zur Privatsache, zu einer Angelegenheit, die der Einzelne allein vor Gott zu verantworten hat."[17] Aus diesem Verständnis der Religion zog Thomasius eine wichtige rechtspolitische Folgerung: Dem Landesherrn steht kein Recht zu, abweichenden Glauben, damit einen Ketzer, zu bestrafen. Wenn die Landeskirche aber nicht mehr eine Anstalt zur Sicherung des metaphysischen Staatsheiles war, so konnte sie und der mit ihr verbundene Staat nicht länger das Recht zum Gewissenszwang und zur strafrechtlichen Verfolgung kirchlich mißbilligter Lehren in Anspruch nehmen. „Der Kirche warf Thomasius vor, daß sie einstmals den römischen Gewissenszwang bekämpft habe, nun aber ihrerseits vom Landesherrn verlange, er solle gegen Irrlehren mit der weltlichen Strafgewalt durch Schwert und Landesverweisung vorgehen. Der Landesherr dürfe nicht mit weltlicher Strafe gegen die von der Amtskirche als ‚halsstarriges Festhalten an einer Irrlehre‘ beschriebene Ketzerei vorgehen."[18] Durch Gesetz könne nicht befohlen werden, daß jemand eine persönlich erkannte Wahrheit annehme oder verberge. Der Glaube bestehe seinem Wesen nach im Gottvertrauen, in der Liebe zu Gott und dem Nächsten, nicht aber im Bekennen theologischer Lehren; deshalb unterliege er seinem Wesen nach nicht der staatlichen Weisung.

Thomasius folgert nun mit aller Schärfe: ,,Wenn Irrtum ein Mangel im Verstande und Ketzerei ein Irrtum des Verstandes sei, so müsse man doch fragen: ‚Kann man auch dem Verstand ein Gesetz geben? Ist die Bosheit denn eine Beschaffenheit des Verstandes oder des Willens? Ist Nachlässigkeit nicht ein Mangel im Willen?‘ Ketzerei sei daher nicht strafbar und dürfe von den Gerichten nicht verfolgt werden."[19]

Aus diesem Sachverhalt kam Thomasius zu seiner Folgerung: *Hexenprozesse sind unmöglich.* Den ersten Anstoß zum Überdenken der überlieferten ,,Vorurteile" gab ihm, nach eigenem Zeugnis, ein Votum der juristischen Fakultät in Halle (1694), wo er als Referent, gestützt vor allem auf die ,,Kriminalpraxis" des hochangesehenen Benedikt Carpzov, für eine mäßige Folterung einer ,,Hexe" sich erklärt hatte. Die Kollegen stimmten gegen ihn. Nun studierte er eifrig die Werke gegen den Hexenwahn (Johannes Weyer, Spees ,,Cautio criminalis", van Dale, Balthasar Bekker). Erstaunt und persönlich beschämt stellte er fest, daß diesen gescheiten Männern kein besserer Erfolg beschieden war.

An eine breitere Öffentlichkeit trat Thomasius, als er am 12. November 1701 den Magister Johann Reiche zur Erlangung der juristischen Licentiatenwürde Thesen über das Verbrechen der Zauberei (de crimine magiae) verteidigen ließ. Thomasius hatte diese Thesen selber verfaßt und brachte sie auch später unter seinem eigenen Namen heraus.

Thomasius beschritt einen eigenen Weg im Kampf gegen den Hexenwahn. Sein Schüler Johann Reiche brachte in Halle 1703 und 1704 ,,Unterschiedliche Schriften vom Unfug des Hexenprozesses" heraus. Darin wurden unter anderem die ,,Cautio criminalis" Friedrich Spees abgedruckt und in mitgeteilten Akten mehrerer Hexenprozesse Einfältigkeit und Betrügereien angeprangert. 1704 veröffentlichte Thomasius seine „Kurtzen Lehr-Sätze Von dem Laster der Zauberey", ebenfalls in Halle. Er war überzeugt, daß die Theologen nicht vom Teufel und die Juristen nicht vom Verbrechen der Zauberei lassen würden. Von der Existenz des Teufels war Thomasius durchaus überzeugt. Er bestritt aber entschieden, daß der Teufel körperliche Gestalt (incubus, succubus) annehmen und daß Menschen mit ihm einen Pakt zur Zauberei oder Hexerei abschließen könnten. Damit traf er die Argumente der Theologen und der Juristen in gleicher Weise. Teufelspakte und darauf beruhende Zaubereien und Hexereien verwies er ins Reich der Fabeln und Hirngespinste. Jüdisch-römische Strafbestimmungen über Wahrsager, Sterndeuter, Giftmischer, Gaukler und Götzendiener habe man später auf die – eingebildete – Hexerei angewendet, ohne dafür stichhaltige Beweise erbracht zu haben. Und dann hätte eine theologische und juristische „Autorität" der anderen nachgeschrieben: Carpzovius hätte sich schämen sollen, daß er in einer Sache, worauf das Hauptwerk der ganzen Frage beruht, nichts anders vorbringt, als die Zeugnisse päpstlich-katholischer Schreiber, die ihre Bücher mit Altweiber- und Mönchsgeschichten, mit den Aussagen melancholischer (trübsinniger) und ausgefolterter, ausgemarterter Leute anfüllen. Durch die Folterung müssen die Leute freilich alles das, worum sie gefragt werden, auch gestehen. Mit aller Schärfe greift Thomasius die theologische „Autorität" Theophil Spizelius (+ 1691) an, der das Leugnen der Hexerei für Ketzerei und Atheismus erklärt und sich dabei auf die scholastischen Theologen Thomas von Aquin (+ 1274), Johannes Bonaventura (+ 1274) und Johannes de Turrecremata (Torquemada, + 1468) berufen hatte. Zornig hält er diesem Glaubenseiferer entgegen: „Hierbei sehe ich auch nicht, wie die Meinung derjenigen, die das Laster der Zauberei nicht für wahr halten, den Weg zur Atheisterei bahnen solle. Vielmehr halte ich dafür, daß diejenigen Geistlichen und Prediger, die anstatt der seligmachenden Lehre auf der Kanzel und in ihren Schriften lauter alte Weiber-Lehren, und abergläu-

160

bische Märlein erzählen, schuldig sind, daß viele Leute, die noch ein wenig Verstand und etwas von ihren fünf Sinnen übrig haben und sich gerne von dem Schandfleck des Aberglaubens reinigen wollen, endlich in die äußerste Gefahr der Atheisterei verfallen."[20]

Thomasius wurde heftig angegriffen, besonders von Theologen, mehr noch von juristischen Kollegen im protestantischen Deutschland. Dennoch griff er das leidige Hexenthema noch einmal auf. 1712 ließ er – unter seinem Vorsitz – erneut eine kritische Abhandlung über den Ursprung und Fortgang des inquisitorischen Prozesses gegen die Hexen an der Universität Halle öffentlich verteidigen. Jetzt zeigte sich, daß die Aufklärung in der Öffentlichkeit nicht vergeblich gewesen war.

In engem Zusammenhang mit der Auseinandersetzung um Glaubens- und Gewissenszwang stand das Eintreten *gegen die Anwendung der Folter* als eines Instrumentes der Wahrheitsfindung. In dem erwähnten Rechtsgutachten seiner Fakultät vom September 1694 war Thomasius im Rahmen eines Verfahrens gegen eine angebliche Hexe auch mit diesem Problem befaßt gewesen. Er hatte klar die Verknüpfung von Tortur und erwartetem Geständnis erkannt. Dennoch hielt er es für zweifelhaft, ob die plötzliche Abschaffung jeder Tortur angesichts vielfacher Mißstände der Rechtspflege nicht größere Nachteile bringe als eine maßvolle vorläufige Beibehaltung. Im fortschreitenden 18. Jahrhundert gewannen schließlich die Argumente des Professors Christian Thomasius gegen Hexenprozesse und Tortur allmählich in Deutschland die Oberhand.

Letzte Hexenprozesse, Abschaffung der Folter und Vordringen der Toleranz im Jahrhundert der Aufklärung

Das 18. Jahrhundert verstand sich als das Jahrhundert der Aufklärung. Dieses stolze Selbstverständnis konnte sich aber erst in der zweiten Jahrhunderthälfte stärker durchsetzen und blieb zunächst auf die oberen Ränge der Gesellschaft beschränkt. Das allmähliche, regional und konfessionell verschiedene Vordringen der Aufklärung wurde auch zum Gradmesser dafür, in welchem Maße Hexenprozesse zurückgingen, die Folter im Prozeß abgeschafft und Gewissensfreiheit in Theorie und Praxis eingeräumt wurde. Der Weg zur individuellen Freiheit war lang. Er verlief nicht ohne Rückschläge und herbe Enttäuschungen – bis zur begeistert propagierten Freiheit des Menschen in der Französischen Revolution und ihrer neuen Pervertierung in einem Meer von Blut und Tränen.

Die gröbsten Schilderungen über Dämonenpakt und teuflische Hexereien verursachten schon im beginnenden 18. Jahrhundert Unbehagen und stießen auf Ablehnung. Dies zeigt sich bei vielen juristischen und theologischen Autoren, auch im Ablauf der nun deutlich verminderten Hexenprozesse. Den Kampf gegen den Hexenwahn hat in dieser Zeit die Berufung seiner Befürworter auf die *Autorität der Heiligen Schrift* erheblich erschwert: Die Versuchung Hiobs im Alten Testament, die dreimalige Versuchung Jesu (Mt 4,1–11; Mk 1,12.13; Lk 4,1–13) und die zahlreichen Berichte über Dämonenaustreibung und Heilung Besessener verstand man als handgreifliche Zeugnisse dafür, daß der teuflische Satan körperliche Gestalt annehmen und im Menschen viel Unheil anrichten könne. Überall war der Teufelsglaube noch massiv verbreitet. Erst seit der Mitte des 18. Jahrhunderts geriet diese Auslegung der Heiligen Schrift unter dem Vordringen der philosophischen Aufklärung und der bei einzelnen katholischen und evangelischen Theologen stärker einsetzenden Bibelkritik, zunächst einer historisch-kritischen Untersuchung der überlieferten Texte, allmählich ins Wanken. An schärfstem Widerstand der kirchlichen Obrigkeiten gegen diese „Neuerer" hat es nicht gefehlt. Dies beweist am ehesten die Geschichte der kritischen Erforschung der Bibel in dieser Epoche, vom gelehrten französischen Oratorianer Richard Simon (1638–1712) angefangen bis zum klassischen Schriftwechsel Gotthold Ephraim Lessings (1729–1781) mit dem Hamburger Hauptpastor Johann Melchior Goeze (1717–1786).[21]

Selbst bei den *Juristen* konnten sich die Argumente des Christian Thomasius nur langsam durchsetzen. Allzu schwer fiel die

Richtstätten, Straf- und Folterwerkzeuge.
Brandenburgische Halsgerichtsordnung (Nürnberg 1517)

jahrhundertealte Praxis, gestützt durch das erdrückende Ansehen gefeierter Rechtslehrer, ins Gewicht. Gutachten der Juristenfakultäten von Tübingen (1713) und Helmstedt (1714) spiegeln, nur wenig gemildert, den alten Hexen- und Zauberglauben. Die Referenten der Rechtskollegien kennen durchaus die „Cautio criminalis" und die Schriften des Thomasius. Thomasius wird abgelehnt. Die Tübinger Gelehrten hatte man um ein Gutachten zu einem der üblichen Hexenprozesse gebeten: Der junge Sohn eines Generals war erkrankt. Die Ärzte bezeichneten den Zustand des Leidenden als nicht natürlich erklärbar. Nun erinnerte sich auch der alte General, daß er in seiner Jugend öfters „Alpdrücken" verspürt habe. Als Urheberin der Leiden an Vater und Sohn wurde eine alte Frau ausgemacht und sofort vor Gericht gezogen. Sie „gestand" alles, was man von ihr hochnotpeinlich erfragte und wurde nach dem Votum der Tübinger Juristenfakultät zum Holzstoß geführt. Die Rechtsgelehrten der Universität Helmstedt hatten sich im Februar 1714 für die Folterung ausgesprochen, als ein frecher Dieb ergriffen wurde, der standhaft leugnete. Auch bei der Tortur gab der offensichtlich harte Bursche keinen Schmerzenslaut von sich. Er sei endlich auf der Folter „gar sanft eingeschlafen". Wahrscheinlich war der geschundene Mensch durch eine Ohnmacht vorübergehend seinen Peinigern entzogen worden. Vielleicht hatte er aber auch „Pillen" geschluckt, wie ein gelehrtes Mitglied des Kollegiums von einem anderen, ähnlichen Fall aus der Literatur zu berichten wußte. Solches war nur durch teuflische Hilfe zu erklären. Nach eingehender Beratung kam die Mehrheit der Gutachter überein, daß man in diesem Fall das Hexenmal am Körper des Delinquenten suchen müsse: Die Scharfrichter sollen ihm daher zuerst am ganzen Leib die Haare abnehmen und ihn dann durch andere zulässige Mittel, welche die Scharfrichter angeben werden, zur Empfindlichkeit bringen, anschließend die Tortur auf die im vorigen Urteil vorgeschriebene Art an ihm wieder von neuem anfangen und vollstrecken.[22]

Noch ein Jahrzehnt später schrieb Johann Gottlieb Heineccius, Professor der Rechte zu Halle (†1741), in einem gelehrten

164

Werk: „Zauberer, die durch Gemurmel und Zauberformeln Schaden angerichtet haben, werden mit dem Schwerte hingerichtet, diejenigen aber, die ausdrücklich ein Bündnis mit dem Teufel eingegangen sind, werden lebendig verbrannt." Er fügt nur hinzu: Der Richter muß in einer solchen mit soviel Irrtümern der Menge verflochtenen Sache nicht zu leichtgläubig sein![23]

Erst 1758 konnte Joh. Samuel Friedrich Böhmer an der preußischen Universität Frankfurt an der Oder verkünden, daß nun das Licht der Vernunft gesiegt und der Hexenglaube der Verachtung preisgegeben sei.[24]

Im jungen Königreich *Preußen* hatte sich zuerst dieses gepriesene Licht der Vernunft durchgesetzt. Dies war eine unmittelbare Wirkung des Einflusses, den Christian Thomasius hier, vor allem von der Landesuniversität Halle aus, üben konnte. Der Kurfürst von Brandenburg und erste König in Preußen, Friedrich I. (1688–1713), zog bereits 1701 einen adeligen Gerichtsherrn in der Uckermark zur Rechenschaft, weil ein fünfzehnjähriges Mädchen wegen Unzucht mit dem Teufel enthauptet worden war – die Universität Greifswald hatte das entsprechende Rechtsgutachten geliefert. 1706 schränkte der König die Hexenprozesse in Pommern ein. Sein Nachfolger, der „Soldatenkönig" Friedrich Wilhelm I. (1713–1740), behielt durch Edikt vom 13. Dezember 1714 die Hexenprozesse der königlichen Regierung und den obersten Justiz-Kollegien vor. Alle Urteile in Hexensachen, bei denen es um die Anwendung der scharfen Frage (Tortur) oder gar um die Todesstrafe ging, mußten dem König zur Bestätigung vorgelegt werden. Damit waren die Verfahren der oft eifernden Unvernunft örtlicher Gerichtsherren entzogen. Die Hexenbrände hörten in Preußen auf. 1740 gehörte es zum aufgeklärten Regierungsprogramm des jungen Königs Friedrich II. von Preußen (1740–1786), die Folter abzuschaffen. Während im zivilen Bereich der Strafvollzug im Königreich Preußen humanisiert wurde, blieb es in der Armee bei den barbarischen Strafen dieser Epoche.[25]

Auch wo die Rechtsbücher des 18. Jahrhunderts das „Verbrechen der Zauberei" (crimen magiae) und damit den Hexenprozeß noch aufführten, hat sich die Zahl der Prozesse doch mit jedem Jahrzehnt vermindert. Um so betrüblicher muß erscheinen, daß einzelne Hexenprozesse – bis zum Vollzug der Hinrichtung durch Enthauptung und Verbrennen – noch bis zum Ende des Jahrhunderts durchgeführt worden sind.

In *Frankreich* hatte der Oratorianer *Nicole Malebranche* (1638–1715)[26] auf der Grundlage der Philosophie des Descartes seinen Zeitgenossen erklärt, daß neben der Allmacht Gottes an teuflisches Hexenwerk nicht zu denken sei. 1672 wurden die Magistrate in Frankreich angewiesen, Klagen auf Zauberei nicht mehr anzunehmen. Todesstrafen wegen Hexerei wurden fortan gewöhnlich in Verbannung umgewandelt. Und im 18. Jahrhundert konnte *Voltaire* (1694–1778) stolz und spöttisch sagen: Seitdem es in Frankreich Philosophen gebe, begännen die Hexen zu verschwinden. In der Tat trugen die aufgeklärten Philosophen, Literaten und Staatsrechtslehrer Frankreichs entscheidend bei zur Humanisierung des gesamten Rechtswesens, zur Ausbreitung der Toleranz im öffentlichen und privaten Leben, besonders zur Duldung im religiösen Bereich.[27] Der Hexenglaube wurde als Aberglaube gebrandmarkt und der Lächerlichkeit in Kreisen der Gebildeten preisgegeben. Dies konnte zwar den letzten armen Opfern wenig helfen, erwies sich aber in den Folgen um so mehr als wirksam, als im 18. Jahrhundert französische Sprache und Literatur ganz Europa faszinierten.

In *Schweden* fanden im 18. Jahrhundert (1720, 1742, 1757–1763) noch einige Hexenprozesse in gewohnter Weise mit reichlicher Anwendung der Folter statt. Auch in dem letztgenannten Prozeß, 1757–1763 in Dalarne, lebten noch einmal die Greuel auf. Doch wurde der Prozeß schließlich vom königlichen Hofgericht zugunsten der angeklagten dreizehn Frauen entschieden. Richter und Gefängniswärter erhielten für ihre Übergriffe empfindliche Strafen, die Frauen vom Staat 3000 Taler Entschädigung für erlittenes Unrecht. Aber erst 1779 wurde im Königreich Schweden die Todesstrafe wegen Zauberei durch den aufgeklärten König Gustav III. (1771–1792) ausdrücklich aufgehoben.[28]

Auf *Island*, zum Königreich Dänemark gehörig, wurde 1685

das letzte Opfer, ein Mann, wegen Zauberei verbrannt, 1690 aber bereits ein anderer Mann in gleicher Strafsache begnadigt.[29]

Die *Niederlande,* seit dem ausgehenden 16. Jahrhundert schon Zuflucht vieler Verfolgter, kannten im 18. Jahrhundert längst keine Hexenprozesse im eigentlichen Sinne mehr.[30]

In *England* und verstärkt in *Schottland* gab es im 17. Jahrhundert noch zahlreiche Prozesse wegen Zauberei, nicht selten in Verbindung mit den heftigen konfessionellen Kämpfen. 1712 wurde in Herfordshire noch eine Frau als Hexe verurteilt; auf Betreiben des Richters wurde die Strafe gemildert. In Schottland erfolgte die letzte Hinrichtung einer Hexe 1722. Im Jahr 1736 wurde durch Parlamentsakte das Zaubereistatut Jakobs I. förmlich aufgehoben, nachdem der fanatische Pöbel eben noch eine alte Frau in der ,,Wasserprobe" umgebracht hatte. – Im Königreich *Polen* verbot der Reichstag im Jahr 1776 alle Prozesse gegen Zauberei.[31]

Im Süden und Westen *Deutschlands* folgte der Rückgang der Hexenprozesse etwas verzögert der Entwicklung im protestantischen Norden. Im einzelnen ist die Forschung noch durchaus lückenhaft. Zahlreiche im älteren Schrifttum weitergetragene Gemeinplätze, als hätte man in den katholischen Landen ungleich mehr Hexen verfolgt und verbrannt, bedürfen sorgfältiger Überprüfung und vielfacher Korrektur. Dies wird aus der gründlichen Untersuchung von Gerhard Schormann ,,Hexenprozesse in Deutschland" (Göttingen 1981) klar ersichtlich. Das verdienstvolle Werk bietet zugleich eine Übersicht zum Stand der Forschung in den einzelnen Gebieten des Alten Reiches. Den Schwerpunkt im Bereich der Forschungslücken sieht Schormann mit Recht im Mangel an empirischen Überprüfungen. ,,Vergleicht man die unabdingbaren Voraussetzungen für Hexenprozesse – Hexenlehre, Folter, Antifeminismus u. a. – mit einem Instrument, dann kann man sagen, daß dieses Instrument in ganz Deutschland zweihundert Jahre lang bereitlag. Angewandt wurde es aber vornehmlich in bestimmten Gebieten und dort vornehmlich zu bestimmten Zeiten."[32]

In den *habsburgischen Erblanden* gab es in der ersten Hälfte des 18. Jahrhunderts noch mehrere besonders grausame Hexenprozesse, am schlimmsten im Königreich Ungarn, wo am 23. Juli 1728 sechs Hexenmeister, unter ihnen der frühere Stadtrichter, jetzt ein Greis von 86 Jahren, und sieben Hexen, „nach gemachter Wasserprobe, in der sie wie ‚Pantoffelholz‘ geschwommen haben sollen, und nach geschehener Waagprobe, in der ein großes, dickes Weib nicht mehr als anderthalb Lot wog, auf drei Scheiterhaufen an der Theiss lebendig verbrannt wurden. Nur *eine* Frauensperson wurde vorher geköpft. Unter den hingerichteten Weibern befand sich auch die Hebamme, die über zweitausend Kinder in des Teufels Namen getauft haben sollte." In Siebenbürgen wurden zuletzt 1746 drei Glieder einer Familie wegen Hexerei verbrannt, im benachbarten Ungarn noch 1752 eine alte Frau der Wasserprobe ausgeliefert, weiterer Tortur unterworfen und schließlich hingerichtet.[33]

Im Jahr 1717 fand im Erzstift *Salzburg* noch ein fürchterlicher Hexenprozeß statt. Im Pfleggericht Moosham hatten Wölfe viel Vieh auf der Weide und auch Wild gerissen. Treibjagden auf die Wölfe brachten keinen Erfolg. Die geschädigten Gemeinden sahen Hexer am Werk. Ein inhaftierter armer Teufel „gestand", daß der kürzlich verstorbene Betteltoni – der Name sagt bereits alles über den sozialen Stand – ihn mit einer schwarzen Salbe angeschmiert habe, wodurch er auf der Stelle zum reißenden Wolf geworden sei. Nun benannte er weitere arme Burschen, die vorerst verhaftet und grausamster Folter unterworfen wurden. Alle gestanden sie, daß sie sich mit der schwarzen Salbe eingeschmiert hätten, die der Perger auf der Heide bei Moosham vom Teufel persönlich erhalten habe. Der Teufel habe dabei gesagt: „Was sollt ihr Hunger leiden? Hier habt ihr Salben, daß ihr zu Wölfen werdet und euch satt fresset, so oft und wie ihr wollt!" Darauf habe sich der Perger dem Teufel mit Leib und Seele ergeben. Der Perger leugnete anfangs alles. Aber am 23. September 1717 wurde er auf die Folter gebracht. Man hat ihm einen fünfundzwanzigpfündigen Stein an die gefesselten Füße gebunden und ihn anschließend an den ebenfalls gefesselten Händen am Seil ruckartig hochgezogen. Da bekannte er die ganze Geschichte mit der Teufelssalbe und daß er mit seinen ebenfalls schwarz angeschmierten Gesellen zum Wolf gewor-

Warhafftige vnd Wunderbarlich Newe zeyttung von einem Bauren/ der sich durch Zauberey/ des tags siben stund zu einem wolff verwandelt hat/vnd wie er darnach den Coldischen Nachrichter dan Leyen October Jm 1589 Jar.

Hinrichtung eines Bauern, der ein Werwolf gewesen sein soll.
Rechts oben Verbrennung zweier Hexen. Nürnberger Flugblatt (1589)

den sei und das Vieh gerissen habe. Als er nach der Tortur sein Geständnis widerrief, hat ihn der Scharfrichter sofort wieder in seine Behandlung genommen, auf die Leiter gespannt und eine halbe Stunde lang gemartert. Nun gab der Perger seinen Widerstand auf, bestätigte alle früheren Geständnisse, wurde von den Richtern zum Tod durch Verbrennen verurteilt, aber der Gnade des Erzbischofs empfohlen. Seine fürsterzbischöfliche Gnaden Franz Anton von Harrach „begnadigte" daraufhin den wegen Zauberei und teuflischer Verwandlung in Wolfsgestalt (in puncto magiae et lycanthrophiae) inliegenden Perger auf ewig, den vulgo Schweblhans auf acht Jahre zur Galeerenstrafe.[34]

Die umfassenden *Theresianischen Reformen* in den Habsburger Landen entsprachen einem dringenden Bedürfnis und wurden vor allem für das katholische Deutschland zum Vorbild, zum Anstoß eigener Reformen. Diese Reformen der Königin und Kaiserin *Maria Theresia* (1740–1780) brachten in allen Bereichen der Staatsverwaltung, der Volksbildung, der Priesterbildung und Seelsorge gewaltige Fortschritte zum Segen für Staat und Kirche. Die kluge, energische Kaiserin war persönlich von der Frömmigkeit des süddeutschen Barocks geprägt, der Kirche stets verbunden und dabei den Erfordernissen der Zeit aufgeschlossen, politisch durchaus praktisch veranlagt. Sie ließ sich von vortrefflichen Männern beraten. Die Aristokratie des Großgrundbesitzes stellte sich den Reformen der Kaiserin zur Bauernbefreiung teilweise entgegen. Aber das schwerste Hindernis ihrer Reformen bildeten die drei verheerenden, äußerst kostspieligen Schlesischen Kriege – Raubkriege, die König Friedrich II. von Preußen gegen alles Recht zur Einverleibung Schlesiens führte. Mit dem Recht brutaler Gewalt blieb der Preußenkönig siegreich. Erst in dem Jahrzehnt der Alleinherrschaft Kaiser Josephs II. in den habsburgischen Erblanden (1780–1790) erlebte der „Josephinismus" durch hektisches, manchmal ungerechtes Vorgehen des persönlich durchaus religiösen Kaisers seine Überspitzung und seine Krisis: Joseph II., seit 1765 bereits Römisch-deutscher Kaiser und Mitregent seiner Mutter in den Erblanden, wollte für seine kurze Lebensspanne „zuviel" und „alles auf einmal".

Maria Theresia hat den Hexenverfolgungen in allen Ländern des Hauses Österreich ein Ende gesetzt.[35] Noch ein Jahr vor ihrem Regierungsantritt waren neue Kriegsartikel erschienen (1739), die das höllische Laster der Hexerei mit dem Feuertod bedrohten. Aber schon 1740 hob Maria Theresia, nunmehr Königin von Ungarn und Böhmen, Herrscherin in allen Erblanden, die bestehende Prozeßordnung auf. Sie verfügte, daß zur Verhinderung fernerer Unfuges sämtliche Hexenprozesse aller kaiserlichen Erblande ihr zur Einsicht und Entscheidung vorgelegt werden sollten. Im Artikel 58 ihrer „peinlichen Gerichtsordnung" verbot sie die Wasserprobe „nebst allen dergleichen nichtigen und abergläubischen Zaubermitteln" mit bestimmtester Entschiedenheit. Energisch schritt sie gegen den Aberglauben mit empfindlichen Strafdrohungen ein. Sie verstand darunter ausdrücklich Fälle von Gespenstern, Hexerei, Schatzgräberei und angeblicher teuflischer Besessenheit. Stets waren vernünftige Physici (Ärzte) und staatliche Stellen einzuschalten. Damit war der Hexenriecherei der Gerichte und auch dem Betrug ein Riegel vorgeschoben. Die Hexenprozesse gingen zuende.

Auch wenn noch formale Bestandteile des alten Zauberglaubens beibehalten wurden, warf die Strafrechtsreform das ganze bisherige Gerichtsverfahren gegen Zauberei und Hexen über Bord. Zu den vertrautesten Ratgebern der Kaiserin gehörte ihr Leibarzt *Gerhard van Swieten* (1700–1772), ein ernster, frommer und hochgebildeter Mediziner niederländischer Herkunft. Am 5. November 1766 erschien „Seiner Kaiserlich-Königlich-Apostolischen Majestät allergnädigste Landesordnung, wie es mit dem Hexenprozesse zu halten sei". Alle Gerichtsstellen und Obrigkeiten der kaiserlichen Erblande wurden angewiesen, dieses neue Statut bis zur Publikation des vorbereiteten Strafgesetzes als bindendes Gesetz zu beachten. Hier heißt es: „Wir haben gleich bei Anfang Unserer Regierung auf Bemerkung, daß bei diesem sogenannten Zauber- und Hexenprozesse aus ungegründeten Vorurteilen viel Unordentliches sich miteinmenge, in Unseren Erblanden allgemein verordnet, daß solche vorkommende Prozesse vor Kundmachung eines Urteils zu

Unserer höchsten Einsicht und Entschließung eingeschicket werden sollen; welch' Unsere höchste Verordnung die heilsame Wirkung hervorgebracht, daß derlei Inquisitionen mit sorgfältigster Behutsamkeit abgeführet, und in Unserer Regierung bisher kein wahrer Zauberer, Hexenmeister oder Hexe entdeckt worden, sondern derlei Prozesse allemal auf eine boshafte Betrügerei, oder eine Dummheit und Wahnwitzigkeit des Inquisiten, oder auf ein anderes Laster hinausgeloffen seien, und sich mit empfindlicher Bestrafung des Betrügers oder sonstigen Übeltäters, oder mit Einsperrung des Wahnwitzigen geendet haben." Hier ist klar ausgesprochen, daß es in dem Vierteljahrhundert seit dem Regierungsantritt Maria Theresias nicht einen einzigen Fall wirklicher Magie und Hexerei gegeben hat. Entsprechend wird auch für die Behandlung derartiger Anzeigen strenge Prüfung der staatlichen Stellen angeordnet: ob Unwissenheit, Erdichtung und Betrug vorliege; ob die Zustände aus Melancholie, Verwirrung der Sinne, Wahnwitz oder aus einer besonderen Erkrankung kämen; ob eine gottvergessene Person versucht habe, und zwar von sich aus ernsthaft, jedoch ohne Erfolg und Wirkung, ein Teufelsbündnis zu erzielen; ob schließlich das Vorhandensein untrüglicher Kennzeichen eines wahren zauberischen Wesens, das von teuflischem Zutun herkommen solle, festzustellen sei. Ausdrücklich werden dem Richter alle Nadel-, Wasser- und sonstigen Proben verboten, die bisher als Beweisstücke der Hexerei und des Teufelsbundes gewertet worden waren. Die Tortur ist zwar im Strafgesetzbuch von 1768 (,,Theresiana") noch nicht abgeschafft, aber sehr beschränkt und an bestimmte Regelungen gebunden; sie wurde im wesentlichen nur noch als Abschreckung, zur Verhütung von Verbrechen verstanden, nicht mehr angewandt.

Damit hatte die Kaiserin Maria Theresia in ihren weiten Landen, von den Österreichischen Niederlanden (heute Belgien) bis nach Siebenbürgen, vom Oberrhein (Vorderösterreich) bis zur ungarischen Karpatengrenze, den Hexenverfolgungen ein Ende gesetzt. Kaiser Joseph II. hat die Humanisierung des ganzen Justizwesens weitergeführt.

Man hätte erwarten können, daß nun endlich – in Abwandlung eines Wortes König Friedrichs II. von Preußen – die Frauen im protestantischen und katholischen Deutschland in Ruhe hätten alt werden und im Frieden sterben können. Der Hexenwahn erwies sich aber als recht zählebig. Das ungebildete Volk suchte nur zu leicht nach verursachenden Hexen, wenn ein Unglück hereinbrach. Auch einzelne Gelehrte konnten sich noch lange nicht von ihrer Schriftauslegung und von der Autorität anerkannter Lehrer der Vergangenheit lösen.

Im Kurfürstentum *Bayern* löste die mutige Akademie-Rede des Münchener Theatiner-Chorherrn *Don Ferdinand Sterzinger* gegen das „gemeine Vorurteil von der wirkenden und tätigen Hexerei" (1766) einen beträchtlichen Sturm widersprechender Meinungen aus. Man sprach von einem Hexenkrieg in Bayern. Don Ferdinand Sterzinger (1721–1786)[36] konnte sich in seinem entschiedenen Kampf gegen den Hexenwahn auch auf so angesehene Theologen des Landes berufen wie den Augustiner-Chorherrn *Eusebius Amort* (1692–1775)[37] im Stift Polling bei Weilheim. Die Erregung steigerte sich, als in den siebziger Jahren der Vorarlberger Pfarrer Johann Joseph Gaßner (1727–1779)[38] seine spektakulären „Heilungen" auch in Regensburg durchführen konnte. Der Teufelsbanner und Wunderheiler Gaßner fand seit langem nachhaltige Unterstützung und Förderung durch den Regensburger Fürstbischof und Ellwanger Fürstpropst Anton Ignaz von Fugger-Weißenhorn. Er heilte die Krankheiten durch Teufelsbeschwörung und Handauflegung, gewöhnlich in großen Sälen vor einem haufenweise herbeigelaufenen gaffenden Publikum. Gaßners Heilerfolge und der entsprechende Ruhm zeigten sich vor allem in der Damenwelt. Im Ganzen aber waren die Heilerfolge in Regensburg weit geringer als vorher in Ellwangen. Die Aufklärung schritt voran. Don Ferdinand Sterzinger schrieb mit fliegender Feder gegen den gaßnerischen frommen Unfug und allen Zauber- und Hexenglauben, der soviel Unglück über die Menschen gebracht hatte. In diesem mannhaften Eintreten für wahre Volksaufklärung wurde der feine, hochgebildete, gütige Theatiner-Chorherr von den Vertretern einer maßvollen, christlich fundierten Aufklärung in München kräftig unterstützt, von Gegnern scharf angegriffen. Don Ferdinand Sterzinger gebührt das erste Verdienst, dem Hexenwahn in Bayern den Todesstoß versetzt zu haben.

Nicht nur aufgeklärte Literaten französischer Sprache bekämpften in diesen Jahrzehnten vor dem Sturm der großen Revolution den Aberglauben in seiner vielgestaltigen Ausprägung. Zu den entschiedenen literarischen Vorkämpfern gegen den Hexenwahn gehörte eine ganze Reihe hochgebildeter katholischer Priester, neben dem Augustiner-Chorherrn Eusebius Amort und Don Ferdinand Sterzinger vor allem der Abbate *Ludovico Antonio Muratori* (1672–1750),[39] einer der gelehrtesten Historiker seines Jahrhunderts, und der Priester *Hieronymus Tartarotti* (1702–1761). Nach zweijähriger Verzögerung durch die Zensur der Republik Venedig erschien 1750 Tartarottis umfangreiches Werk gegen den Hexenwahn: „Über die nächtliche Hexenversammlung" (Del congresso notturno delle lamie libri tre, Venedig 1750). Als Tartarottis Werk erschien, schrieb dem Verfasser der greise Ludovico Muratori, Bibliothekar des Herzogs von Modena: „Die Frage [über die Nichtigkeit des Hexenwesens] ist von Dir mit solcher Klarheit behandelt worden, daß ich vollkommen überzeugt bin, kein Anhänger des Delrio werde sich je wieder erheben, um gegen Dich auf den Kampfplatz zu treten. Denn dem allgemeinen Gelächter würde der sich aussetzen, der es noch wagen sollte, die vulgäre Ansicht zu verteidigen."[40]

Die Sicherheit der beiden gelehrten Priester war verfrüht. Im schwäbischen Prämonstratenser-Reichsstift *Marchtal* (Obermarchtal) hatte man kurz vorher einige Frauen gefoltert und als Hexen verbrannt,[41] im fürstbischöflichen *Würzburg* 1749 die hochbetagte, offensichtlich geistesverwirrte Nonne Maria Renata Singer von Mossau aus dem Kloster Unterzell ebenfalls verbrannt. Schon zu den Verhören hatten Laienschwestern die körperlich und geistig gebrochene Greisin tragen müssen. Dem Einsatz eines verständigen Arztes und eines einsichtigen Priesters war es nicht gelungen, das arme Opfer vor der Hinrichtung zu bewahren. Die Singerin wurde zum Richtplatz getragen, „aus besonderer Gnade" zuerst geköpft und anschließend

Wasserprobe einer Hexe. Stich des 17. Jahrhunderts

verbrannt. In der späteren Literatur wurde diese arme Klosterfrau „die letzte Reichshexe" genannt. Der Fall erregte großes Aufsehen in der Öffentlichkeit und rief nicht nur den Zorn der Kaiserin Maria Theresia herauf, obwohl der Jesuit Georg Gaar in seiner bald gedruckten Predigt die Hinrichtung und den alten Hexenglauben noch entschieden verteidigte. Von seinem Ordensbruder Friedrich von Spee hatte P. Gaar wohl keine Zeile gelesen, da er wenig später auch für die Exorzismen Gaßners eintrat.[42]

Der letzte Hexenprozeß im heutigen Süddeutschland wurde 1775 im Reichsstift *Kempten* geführt. Opfer eines angeblichen Teufelspaktes war eine frühzeitig heimatlose, dann wohl auch verwahrloste Tochter eines Söldners und Taglöhners. Sie gehörte wie viele „Hexen" zur untersten sozialen Schicht. Im Kerker hart und stets von neuem bedrängt, gesteht sie schließlich, daß sie jede Nacht mit dem Teufel Unzucht getrieben hat, muß immer neue Details schildern und wird am 30. März 1775 zum Tod durch das Schwert verurteilt.[43]

Die schrecklichsten Hexenprozesse wurden fast durch das ganze 18. Jahrhundert in der *Schweiz* geführt, so 1737/38 im Kanton Zug. Nur ein Beispiel aus einer ganzen Gruppe von Opfern: Am 12. August 1737 wurde die vierzigjährige verheiratete Frau Anna Gilli in voller Gesundheit, körperlich kräftig, zum erstenmal dem Untersuchungsrichter in Zug vorgeführt. Nach kaum vorstellbaren Torturen fand man sie ein halbes Jahr später, am 29. Januar 1738, zusammengekauert in der Ecke eines der Löcher im Kaibenturm, wo man sie eingesperrt hatte, tot auf – am ganzen armseligen Körper zerschlagen und zerfetzt, bis auf die Knochen zerrissen, kaum noch der Widerschein eines menschlichen Wesens. Zu den wichtigsten Beweismitteln der Anklage hatten acht „Steckeln" gehört: Man hatte diese acht geschnitzten Stöcke in ihrem Stall gefunden, sofort darin Hexenbesenstiele erkannt, auf denen sie zum Sabbat fahre – und niemand wollte der armen Frau glauben, daß ihr Ehemann die Stecken hergerichtet hatte, sie mit geschnitzten Köpfen versehen und dann als Gehstöcke verkaufen wollte. Als man sie tot auffand, auf der rechten Schulter liegend, Hände und

Füße zusammengezogen, mit einem Skapulier und Rosenkränzlein am Hals, stellte man keine Anzeichen eigenhändiger Gewalt fest. Darauf befanden die wohlweisen und gnädigen Herren des Stadt- und Amtsrates in Zug, daß solch arme Person durch große und vielfältige Pein sich purgiert habe und daher als tot nicht für eine Unholdin gehalten werde. „Deshalb soll solche heute Nacht ohne Geläute und Lichter von den Läufern auf den Kirchhof getragen und in das Bettlerloch heruntergelassen werden."[44]

Hexenprozesse blieben keineswegs auf die katholischen Kantone der Innerschweiz beschränkt. Noch 1743 wurde in Neufchatel, das damals zum Königreich Preußen gehörte, wo seit drei Jahren bereits Friedrich II. die Regierung übernommen hatte, vom Kriminalgericht zu Motiers ein Hexer zuerst gerädert und dann lebendig verbrannt.[45] 1753 wurden im Kanton Schwyz zwei Hexen lange gefoltert. Beide gaben infolge der gräßlichen Tortur noch im Kerker, die eine im Hexenturm, ihren Geist auf.[46]

In *Glarus* wurde im Juni 1782 eine arme Dienstmagd, Anna Göldi, von reformierten Richtern zum Tod verurteilt und mit dem Schwerte gerichtet. Von den Anschuldigungen und von den „Beweisaufnahmen" her wurde eindeutig ein Hexenprozeß geführt, weil die Dienstmagd angeblich das Kind ihres Dienstherrn, des Arztes Tschudi, bezaubert hatte. In den Akten spürt man förmlich, wie sich die Richter angesichts der fortgeschrittenen Aufklärung winden. Vom aufgeklärten Zürich her wird den Glarnern zudem gesagt, wie sehr sie sich schämen müßten, in dieser Zeit noch einen Hexenprozeß zu führen. Dies hatte aber nur zur Folge, daß die Richter zu Glarus in ihrem Todesurteil von „außerordentlicher und unbegreiflicher Kunstkraft" und von „Vergiftung" sprechen, wo völlig eindeutig Hexenzauber gemeint ist.[47]

Elf Jahre nach der Hexenhinrichtung in Glarus wurden 1793 zwei alte Frauen in *Posen,* noch unter polnischer Hoheit, als Hexen verbrannt. Im Zuge der Teilungen des Königreiches Polen war das Gebiet dem König von Preußen bereits zugesprochen. Dem Vernehmen nach hatte der polnische Magistrat von

Posen die zwei Frauen zum Tod verurteilt, weil sie rot-entzündete Augen gehabt hätten und das Vieh ihres Nachbarn ständig krank gewesen sei. Die preußische Kommission habe zwar sofort ein Verbot erlassen, dieses Urteil zu vollstrecken, doch seien inzwischen die beiden Frauen bereits als Hexen verbrannt gewesen.[48]

Die Hexenprozesse von Glarus (1782) und Posen (1793) – beide mit Vollstreckung des Urteils – sind die beiden letzten bekannten Hexenprozesse und Hexenhinrichtungen im mittleren Europa. Der Hexenwahn freilich war mit dem 18. Jahrhundert keineswegs erloschen. Im Aberglauben lebte der Zauberwahn in vielfacher Gestalt durch das 19. und 20. Jahrhundert weiter – und fordert in sektiererischen, krankhaften Zirkeln gelegentlich bis in die Gegenwart herein noch blutige Opfer. Der Glaube an Schadenzauber und Tierverwandlungen ist auch in der Gegenwart in vielen Regionen der Welt noch stark verbreitet.

Dennoch war der Sieg der Vernunft, die Humanisierung des Strafrechtes und, zeitlich oft früher, des Strafvollzuges einer der gewaltigsten Fortschritte der neueren Zeit. Dazu gehörte wesentlich die *Abschaffung der Folter* als Mittel zur Wahrheitsfindung im Strafprozeß.

Die Folterung eines Verdächtigen ist uralt. Überragende Bedeutung im Strafprozeß erlangte die Folter, seit zur Verurteilung ein Geständnis unbedingt erforderlich war. Dies führte auch zu dem ärgsten Mißbrauch der Tortur im Hexenprozeß seit dem 15. Jahrhundert. Feste Regeln zur Anwendung der Folter hatte man durchaus erarbeitet, aber in so vielen Fällen war auch der ,,Erfahrung" des Scharfrichters, der die Tortur anzuwenden hatte, beträchtlicher Spielraum gelassen. Eingehende Regelungen der Folter waren nicht nur in der ,,Carolina", der Peinlichen Gerichtsordnung Kaiser Karls V. von 1532, enthalten, die bis zum Ende des 18. Jahrhunderts als Strafgesetzbuch, verbunden mit einer Strafprozeßordnung, für das Alte Reich, das Heilige Römische Reich, grundlegend blieb. Auch die ,,Theresiana", das Strafgesetzbuch der Kaiserin Maria Theresia von 1768, enthielt noch solche Regelungen, ebenso das

Gesetzeswerk des kurbayerischen Kanzlers Wiguläus Freiherrn von Kreittmayr (Codex Juris Bavarici Criminalis, 1751). Man hat in diesen Werken die Folter noch aufgeführt, aber sie wurde kaum mehr angewandt. Um 1800 verschwand sie fast allgemein aus der Praxis der zivilisierten Staaten Europas. Abgesehen von den Forderungen ihrer Aufhebung durch Theologen wie Friedrich Spee und Juristen wie Christian Thomasius wurde auf die Folter verzichtet, als das Geständnis seine prozeßentscheidende Rolle verloren hatte: Das Geständnis wurde ersetzt durch den Zeugen- und Indizienbeweis. Dem Vorbild Preußens von 1740/1754 folgten andere deutsche Staaten. Endgültig wurde die Folter in den europäischen Staaten formell erst im Laufe des 19. Jahrhunderts abgeschafft.[49]

Noch mitten in den konfessionellen Kämpfen des 16. Jahrhunderts hatte auch der Gedanke religiöser *Toleranz* und konfessioneller *Parität* sich Ausdruck verschafft, reichsrechtlich vor allem im Religionsfrieden von Augsburg (1555) und verstärkt im Westfälischen Frieden (1648) seinen Niederschlag gefunden. Standen dabei noch die Reichsstände im Vordergrund, nicht der einzelne Mensch, so setzte sich mit dem Vordringen der Aufklärung, aber auch bei nicht wenigen Menschen in christlicher Besinnung, nicht nur die Duldung, sondern auch die Achtung anderer religiöser Bekenntnisse immer stärker durch. Diese Besinnung war eingebettet in die *Achtung vor der Menschenwürde* des anderen.[50] Die religiöse Toleranz wurde weitergeführt zur rechtlichen Parität, zum gesetzlich verankerten Schutz dessen, was seit zweihundert Jahren als unantastbares Recht eines jeden Menschen verstanden, gefordert und verteidigt wird.

Anhang

Anmerkungen

Braun: Teufelsglaube und Heilige Schrift

1 II. Vatikanisches Konzil, Dogmatische Konstitution über die göttliche Offenbarung, Nr. 12, in: Lexikon für Theologie und Kirche. Das II. Vatikanische Konzil II, Freiburg 1967[2], 551.

2 Bibelzitate aus: Die Bibel. Einheitsübersetzung der Heiligen Schrift, Stuttgart 1980.

3 C. Westermann, Genesis, I. Teilband (Gen 1–11), Neukirchen-Vluyn 1983[3], 355.

4 G. v. Rad, Das erste Buch Mose/Genesis, Göttingen 1981[11], 61.

5 O. Eißfeldt, Einleitung in das Alte Testament, Tübingen 1976[4], 244.

6 G. Fohrer, Geschichte der israelitischen Religion, Berlin 1969, 384.

7 Ebenda 385.

8 H. Groß, Ijob, Würzburg 1986, 14.

9 W. Eichrodt, Theologie des Alten Testaments, Teil II/III, Stuttgart 1974[6], 139.

10 G. v. Rad, diábolos, in: Theologisches Wörterbuch zum Neuen Testament, Bd. II, Stuttgart 1935, 71–74, hier 73 f.

11 W. Eichrodt, 140.

12 H. Haag, Teufelsglaube, Tübingen 1980[2], 166.

13 Vgl. A. H. J. Gunneweg, Geschichte Israels bis Bar Kochba, Stuttgart 1984[5], 155–167.

14 M. Limbeck, Die Wurzeln der biblischen Auffassung von Teufel und Dämonen, in: Concilium 11 (1975) 161–168, hier 162.

15 Apokryphen-Zitate aus: P. Rießler, Altjüdisches Schrifttum außerhalb der Bibel, Freiburg 1984[5].

16 Vgl. H. Haag, Teufelsglaube, 245 f.

17 H. Schlier, Mächte und Gewalten im Neuen Testament, Freiburg 1958, 63.

18 R. Schnackenburg, Das Problem des Bösen in der Bibel, in: Ders. (Hg.), Die Macht des Bösen und der Glaube der Kirche, Düsseldorf 1979, 11–32, hier 24.

19 Ebenda 23.

20 H. Schlier, 15.

21 K. Kertelge, Teufel, Dämonen, Exorzismen in biblischer Sicht, in: W.

Kasper – K. Lehmann (Hg.), Teufel – Dämonen – Besessenheit, Mainz 1978, 9–39, hier 17.

22 H. Haag, Abschied vom Teufel, Einsiedeln 1984[8], 48.

23 K. Kertelge, Teufel, Dämonen, Exorzismen, 18.

24 U. Luz, Das Evangelium nach Matthäus, 1. Teilband (Mt 1–7), Zürich 1985, 167.

25 Ebenda.

26 K. Kertelge, Jesus, seine Wundertaten und der Satan, in: Concilium 11 (1975) 168–173, hier 170.

27 Ebenda 171.

28 O. Böcher, Christus Exorcista. Dämonismus und Taufe im Neuen Testament, Stuttgart 1972, 166.

29 J. Gnilka, Das Evangelium nach Markus, 1. Teilband (Mk 1–8,26), Zürich 1978, 150.

30 K. Kertelge, Teufel, Dämonen, Exorzismen, 31.

31 M. Limbeck, 166.

32 R. Pesch, Das Markusevangelium, 1. Teil (Einleitung und Kommentar zu Kap. 1–8,26), Freiburg 1976, 98.

33 Vgl. H. Haag, Tiefstand beim Teufelsglauben, in: Publik-Forum 22 (1986) 36 f.

34 Vgl. zuletzt J. Ratzinger, Zur Lage des Glaubens, München 1985, 141–151; Katholischer Erwachsenen-Katechismus, hg. von der Deutschen Bischofskonferenz, Bonn 1985[3], 111 f.; Ansprache Papst Johannes Pauls II. bei der Generalaudienz am 20. August 1986, abgedruckt in der deutschsprachigen Ausgabe des Osservatore Romano vom 29. August 1986, 4.

35 W. Kasper, Das theologische Problem des Bösen, in: W. Kasper – K. Lehmann (Hg.), Teufel – Dämonen – Besessenheit, Mainz 1978, 41–69, hier 63.

36 K. Rahner, Schriften zur Theologie, Bd. XIII, Zürich 1978, 408.

Jilg: „Hexe" und „Hexerei" als kultur- und religionsgeschichtliches Phänomen

1 Zum Begriff „Hexe" als Sammelbegriff allgemein: M. Bauer (Hg.), Soldan/Heppe, Geschichte der Hexenprozesse, 2 Bde., Hanau o. J. Nachdruck der 3. Auflage, München 1912, des 1843 zum erstenmal erschienenen, immer noch grundlegenden Werkes. Ein weiterer Nachdruck erschien Darmstadt 1972. – J. Dahl, Nachtfrauen und Galsterweiber. Eine Naturgeschichte der Hexe, Ebenhausen bei München 1960. – S. Golowin, Die weisen Frauen. Die Hexen und ihr Heilwissen, Basel 1982. – J. Hansen, Zauberwahn, Inquisition und Hexenprozeß im Mittelalter und die Entstehung der großen Hexenverfolgung, München 1900 (Neudruck Aalen 1964). – H. Hunger, Lexikon der griechischen und römischen

Mythen, Wien 1984[6]. – B. König, Hexenwahn und Hexenprozesse in Mosbach, Elztal–Dallau 1974. – A. Mayer, Erdmutter und Hexe. Eine Untersuchung zur Geschichte des Hexenglaubens und zur Vorgeschichte der Hexenprozesse, München-Freilassing 1936. – S. Riezler, Geschichte der Hexenprozesse in Bayern, Stuttgart 1896 (Neudruck Aalen 1968). – J. W. R. Schmidt (Hg.), Jakob Sprenger und Heinrich Institoris. Der Hexenhammer, Darmstadt 1974 (Neudruck der Ausgabe Berlin 1906). – G. Schormann, Hexenprozesse in Deutschland, Göttingen 1981. – Ders., Hexen, in: Theologische Realenzyklopädie XV (Berlin––New York 1986) 297–304 (mit neuester Bibliographie). – H. Staschen, Hexenprozesse im Mittelalter und in der frühen Neuzeit – unter besonderer Berücksichtigung der Bulle „Summis desiderantes" Papst Innocenz' VIII. und des „Malleus Maleficarum", in: Ergebnisse 16 (März 1982) 3–98. – L. Weiser, Hexe, in: H. Bächthold-Stäubli (Hg.), Handwörterbuch des deutschen Aberglaubens III (Leipzig und Berlin 1930/ 31) 1827–1920. – A. Wittmann, Die Gestalt der Hexe in der deutschen Sage, Mannheim 1933.

2 1 Sam 28,3–25.

3 V. Hamp, Lilith, in: Lexikon für Theologie und Kirche VI (Freiburg 1961[2]) 1054.

4 Zum Typus der Märchenhexe siehe besonders: A. Wittmann 95–100 und J. Dahl 84–92.

5 Einen ausführlichen Überblick über die Hexe in der neueren Überlieferung bietet: L. Weiser 1858–1920.

6 F. Ranke, Alp, in: H. Bächtold-Stäubli (Hg.), Handwörterbuch des deutschen Aberglaubens I (Berlin und Leipzig 1927) 281–305. – F. Ohrt, Alp(druck)sagen, ebda. 305–307.

7 Truden sind Frauen, deren Seelen aus schicksalhaftem Zwang (Vererbung, ungünstige Geburtsstunde, Fehler bei der Taufe) in der Nacht durch kleine Öffnungen, durchs Schlüsselloch in die Schlafräume eindringen, sich auf die Brust der schlafenden Menschen setzen und sie schwer drücken und ängstigen.

8 Die Sage wird ausführlich erzählt in: A. Wittmann 71.

9 Zum Begriff „Hexe" in Sprache und Etymologie siehe: L. Weiser 1834–1838.

10 Das Wort „hagazussa" setzt sich zusammen aus der Grundbedeutung von „hag" (Zaun) und „zussa" (Weib), bedeutet also „Zaunweib", womit die „Zaunreiterin" gemeint war. Das Reiten gehörte zur altgermanischen Hexenvorstellung, so daß „hagazussa/Zaunweib", auch verstanden wurde, wenn das Reiten nicht besonders ausgedrückt war. Außerdem gebrauchte man „hagazussa" als Tabuwort, das nicht zu deutlich und durchsichtig sein durfte.

11 A. Darlapp, Dämon III. In der Theologie, in: Lexikon für Theologie und Kirche III (Freiburg 1959[2]) 142f. – K. Rahner, Angelologie, in: LThK I (Freiburg 1957[2]) 533–538. – Ders., Dämonologie, in: LThK III (Frei-

burg 1959[2]) 145–147. – R. Schnackenburg, Dämon II. In der Schrift, in: LThK III (Freiburg 1959[2]) 141 f.

12 Zur Beschreibung der unterschiedlichen Tätigkeiten einer Hexe im Hexenhammer: J. W. R. Schmidt, Zweiter Teil: Die verschiedenen Arten und Wirkungen der Hexerei und wie solche wieder behoben werden können. – Dazu der Beitrag von Hans-Jörg Nesner in diesem Band.

13 Siehe dazu: J. Hansen 9.

14 Vergleiche dazu auch: Verg. ecl. 8,99: „. . . atque satas alio vidi traducere messis", in: Vergilius Maro, Publius, Landleben, ed. J. und M. Götte. Vergil-Viten, ed. K. Bayer, Lat.-dt., München 1981[4].

15 Der leichteren Auffindbarkeit wegen hier und in den Anmerkungen 16, 25 und 27 zitiert nach Reclams Universal-Bibliothek. J. W. v. Goethe, Faust. Der Tragödie erster Teil, Stuttgart 1986 (Reclam UB Nr. 1) 2540–2552.

16 W. Shakespeare, Macbeth. Tragödie, Stuttgart 1985 (Reclam UB Nr. 17) 3. Aufzug, 5. Szene.

17 F. Schwenn, Lamia 1), in: G. Wissowa (Hg.), Paulys Realencyclopädie (RE) der classischen Altertumswissenschaft XII 1 (München 1924) 544–546.

18 J. Heckenbach, Hekate, in: RE VII 2 (Stuttgart 1912) 2769–2782.

19 G. Wissowa, Diana, in: RE V 1 (Stuttgart 1903) 325–338.

20 F. Boehm, Striges, in: RE IV 1, 356–363.

21 L. Weiser 1849 f.

22 F. Bölte, Kirke, in: RE XI 1 (Stuttgart 1921) 501–508.

23 Verg. ecl. 8,97 f.

24 Eine umfassende Sammlung von Tieren und Gegenständen, in die sich die Hexen mit Vorliebe verwandeln, bietet: L. Weiser 1869–1912.

25 J. W. v. Goethe, Faust 3956.

26 Vergleiche zu den Zeiten der Hexenversammlungen: L. Weiser 1879 f.

27 J. W. v. Goethe, Faust, Walpurgisnacht: 3835–4223, hier besonders 3936–4059.

28 P. Mikat, Inquisition, in: Lexikon für Theologie und Kirche V (Freiburg 1959[2]) 698–702.

29 Tertullian nennt in seiner Verteidigungsschrift des Christentums (Apologeticum 7,1) Kindermord, Kannibalismus und Blutschande. Tertullian, Apologeticum. Verteidigung des Christentums, ed. C. Becker, Lat.-dt., München 1961[2], 81.

30 Siehe zu den Plätzen der Hexenversammlungen: L. Weiser 1880–1883.

31 M. Bauer, Bd. 1, 10.

32 M. Ferguson, Die sanfte Verschwörung. Persönliche und gesellschaftliche Transformation im Zeitalter des Wassermanns, München 1984; versteht sich als das Standardwerk des New-Age-Bewußtseins.

1 J. Bodin, De la démonomanie des sorciers, Paris 1580.

2 F. Donovan, Zauberglaube und Hexenkult. Ein historischer Abriß, München 1973, 160.

3 C. Zintzen/P. G. van der Nat, Geister (Dämonen), in: Reallexikon für Antike und Christentum IX (Stuttgart 1976) 640–668, 715–761. – W. Foerster, Daimon, in: Theologisches Wörterbuch zum Neuen Testament II (Stuttgart 1935) 1–20. – M. Nilsson, Geschichte der griechischen Religion II: Die hellenistische und römische Zeit, München 1950.

4 Platon, Symposion, 202 e–203 a (Übersetzung F. Schleiermacher).

5 F. van der Meer, Augustinus der Seelsorger. Leben und Wirken eines Kirchenvaters, Köln 1958, 78 f. – Zum Leben und Werk: P. Brown, Augustinus von Hippo, Frankfurt 1973 (übersetzt von J. Bernard), erweiterte Neuauflage München 1975. – K. Flasch, Augustin. Einführung in sein Denken, Stuttgart 1980. – B. Altaner/A. Stuiber, Patrologie. Leben, Schriften und Lehre der Kirchenväter, Freiburg-Basel-Wien 1978[8], § 102.

6 Augustinus, Enarrationes in Psalmos XCV,5, Corpus Christianorum Series Latina (CChrL) 38–40.

7 Augustinus, De civitate Dei XV, 23, CChrL 47–48.

8 K. Flasch, 384–388.

9 Vgl. De cicitate Dei X,6.

10 Augustinus, De doctrina christiana III,55, CChrL 32.

11 Das IV. Laterankonzil (1215) sagt dazu in Constitutio I, De fide catholica: ,,Diabolus enim et daemones alii a Deo quidem natura creati sunt boni, sed ipsi per se facti sunt mali. Homo vero diaboli suggestione peccavit." Conciliorum Oecumenicorum Decreta. Hg. v. J. Alberigo, J. A. Dossetti u. a., Bologna 1973[3], 230. – Zu Konzilsaussagen über Dämonen: Ebenda 110* (Register).

12 De civitate Dei VIII,22 (Übersetzung W. Thimme).

13 Enarrationes in Psalmos XCVI,11.

14 De civitate Dei IX,12–13.

15 Vgl. Mt 6,24 (,,Niemand kann zwei Herren dienen."), Mt 12,3 (,,Wer nicht für mich ist, der ist gegen mich."), Rö 6,15–23.

16 De doctrina christiana II, 30–40.

17 Augustinus, De Genesi ad litteram II,17, Corpus Scriptorum Ecclesiasticorum Latinorum (CSEL) 28,1.

18 Exemplarisch hierfür ist Augustinus' Untersuchung über die anhand von Exodus 7–8 aufgeworfene Frage: ,,Warum taten die Magier des Pharao Wunder wie Moses, der Diener Gottes?": De diversis quaestionibus LXXXIII LXXIX, CChrL 44 a. Er zieht hier das Fazit: ,,Wenn also die Zauberer solche Wunder tun wie sie die Heiligen manchmal vollbringen ..., so geschehen diese mit anderem Ziel und anderem Recht. Jene näm-

lich vollbringen sie, weil sie eigenen Ruhm, diese, weil sie Gottes Ruhm suchen … Deshalb wirken die Zauberer, die guten Christen und die schlechten Christen auf je andere Weise Wunder: Die Zauberer durch private Verträge, die guten Christen durch öffentliche Gerechtigkeit, die schlechten Christen durch die Zeichen der öffentlichen Gerechtigkeit."

19 Augustinus, De divinatione daemonum, CSEL 41.
20 Caesarius von Arles, Sermo LIV, CChrL 103–104. Die von Caesarius vertretene Auffassung vom Dämonenpakt unterscheidet sich von der des Augustinus. Sie greift auf den schon um 200 n. Chr. von Tertullian (De anima XXXV,3, CChrL 2) vertretenen Gedanken auf, daß der Christ bei der Taufe durch die Absage an „den Teufel und sein Gefolge" mit dem Teufel einen Pakt eingehe. Laut Caesarius bricht ein Christ durch Anwendung von Magie den in der Taufe mit Christus geschlossenen Vertrag und geht einen Pakt mit dem Teufel ein; vgl. Sermo CLXXXIV,4. Diese Traditionslinie hatte jedoch hinsichtlich der Begründung des Hexenwahns weniger große Nachwirkung.
21 J. Hansen, Zauberwahn, Inquisition und Hexenprozeß im Mittelalter und die Entstehung der großen Hexenverfolgungen, München-Leipzig 1900, 167–170.
22 Isidor von Sevilla, Etymologiae VIII,9, Oxford 1911.
23 Hrabanus Maurus, De magicis artibus, Migne Patrologia Latina (PL) 110.
24 Decretum Gratiani, pars II, causa XXVI, v. a. quaestio II, in: Corpus iuris canonici, Leipzig 1879 (Nachdruck Graz 1959), I, 1019–1036.
25 Petrus Lombardus, Sentenzen, liber II, dist. VII, cap. VI, Grottaferrata 1971.
26 Albertus Magnus, Sentenzenkommentar zu liber II, dist. VII: art. X, Paris 1894; vgl. dazu: Augustinus, De diversis quaestionibus LXXXIII, LXXIX,4.
27 Thomas von Aquin, Summa theologica II/II, quaestiones 95–96, Turin-Rom 1952.
28 Thomas von Aquin, De sortibus ad dominum Jacobum de Tonengo, Rom 1976.
29 Bonaventura, Sentenzenkommentar zu liber II, dist. VII: pars II, art. II, quaestio III, Quaracchi 1885.
30 M. Bauer (Hg.), W. Soldan/H. Heppe, Geschichte der Hexenprozesse, Bd. I, Hanau o. J., 199,205.
31 J. W. R. Schmidt (Hg.), Jakob Sprenger und Heinrich Institoris, Malleus maleficarum, in der deutschen Ausgabe Darmstadt 1974, I, 84, II, 61.
32 F. Guazzo, Compendium maleficarum, Mailand 1608.
33 F. Donovan, 127. Die Illustrationen hierzu aus der Ausgabe von 1626 sind abgebildet in: R. H. Robbins, The encyclopedia of witchcraft and demonology, London 1959, 370–374.
34 Übersetzung nach F. Donovan, 128. Originaltext und Abbildung in: R. H. Robbins, 377–379.

35 J. Hansen, 172.

36 E. von Petersdorff, Daemonologie, München 1956, I,186–188.

Nesner: „Hexenbulle" und „Hexenhammer"

1 Immer noch maßgeblich zur Entwicklung des Hexenwahns bis in das 16. Jahrhundert: J. Hansen, Zauberwahn, Inquisition und Hexenprozeß im Mittelalter und die Entstehung der großen Hexenverfolgung, Aalen 1964 (Neudruck der Ausgabe München 1900); zu Hexenbulle und Hexenhammer vgl. auch: S. v. Riezler, Geschichte der Hexenprozesse in Bayern, Aalen 1968 (Neudruck der Ausgabe Stuttgart 1896), 82–127. – F. Merzbacher, Die Hexenprozesse in Franken (Schriftenreihe zur bayerischen Landesgeschichte 56), München 1957, 19–22. – K. Baschwitz, Hexen und Hexenprozesse. Die Geschichte eines Massenwahns, München 1966, 75–85. – H. Brackert, Der „Hexenhammer" und die Verfolgung der Hexen in Deutschland, in: H. Rupp (Hg.), Philologie und Geschichtswissenschaft (medium literatur 5) (1977), 106–116. – H.-P. Kneubühler, Die Überwindung von Hexenwahn und Hexenprozeß, Diessenhofen/Schweiz 1977, 36–45. – G. Schormann, Hexenprozesse in Deutschland, Göttingen 1981, 30–32. – H. Staschen, Hexenprozesse im Mittelalter und in der frühen Neuzeit unter besonderer Berücksichtigung der Bulle „Summis desiderantes" Papst Innozenz' VIII. und des „Malleus maleficarum", in: Ergebnisse 16 (1982) 3–98. – A. Schnyder/ F. J. Worstbrock, Institoris, Heinrich OP, in: K. Ruh (Hg.), Die deutsche Literatur des Mittelalters. Verfasserlexikon, Bd. 4, Berlin-New York 1983, 410–415 (Lit.). – G. Schormann, Hexen, in: Theologische Realenzyklopädie XV (Berlin-New York 1986) 297–304 (neueste Bibliographie). – P. Segl (Hg.), Der Hexenhammer. Entstehung und Umfeld des *Malleus* maleficarum von 1487 (Bayreuther Historische Kolloquien 2), Köln-Wien 1988.

2 Text in: C. Mirbt/K. Aland, Quellen zur Geschichte des Papsttums und des römischen Katholizismus, Bd. I, Tübingen 1967[6], 492f. und in: J. W. R. Schmidt (Hg.), Jakob Sprenger und Heinrich Institoris. Der Hexenhammer, Darmstadt 1974 (Neudruck der Ausgabe Berlin 1906), XXXII-XLI (mit Übersetzung). – P. Friedrich, Die Hexenbulle Papst Innocens' VIII. „Summis desiderantes" aus dem Bullarium Magnum, Leipzig 1905.

3 J. Hansen, Zauberwahn, 47f., 251–258.

4 H.-P. Kneubühler, 43f. – F. Merzbacher, 20.

5 J. Hansen, Zauberwahn, 469.

6 J. Hansen, Zauberwahn, 474. – G. Schormann, 34. – C. Gérest, Der Teufel in der theologischen Landschaft der Hexenjäger des 15. Jahrhunderts. Eine Studie über den „Hexenhammer", in: Concilium 11 (1975) 173–183.

7 Der Liber septimus ist eine private Dekretalensammlung des Lyoner Kirchenrechtlers Petrus Matthäus (gest. 1621), die seit 1595 dem Corpus

Iuris Canonici als Anhang beigegeben war; vgl. S. Leutenbauer, Hexe-
rei- und Zauberdelikt in der Literatur von 1450–1550, mit Hinweisen auf
die Praxis im Herzogtum Bayern (Universitätsschriften. Juristische Fakultät. Abhandlungen zur rechtswissenschaftlichen Grundlagenfor-
schung 3), Berlin 1972, 177 f.

8 K. Baschwitz, 84 f.

9 M. Bauer (Hg.), Soldan/Heppe, Geschichte der Hexenprozesse, Bd. I,
Hanau o. J., 251 (Dieses immer noch grundlegende Werk erschien zum
erstenmal Stuttgart 1843 in 2 Bänden; vorliegender Neudruck bringt die
3. Auflage, München 1912. Ein weiterer Nachdruck: Darmstadt 1972).

10 M. Bauer, Soldan/Heppe I, 251–253. – K. Baschwitz, 77. – H.-P. Kneubühler, 38. – Zum Verhalten Golsers: W. Ziegeler, Möglichkeiten der
Kritik am Hexen- und Zauberwesen im ausgehenden Mittelalter. Zeitgenössische Stimmen und ihre soziale Zugehörigkeit (Kollektive Einstel-
lungen und sozialer Wandel im Mittelalter 2), Köln-Wien 1973, 82–110.

11 Zitierte Ausgabe: J. W. R. Schmidt, Der Hexenhammer (Anm. 2). –
Weitere Ausgabe: dtv, München 1985[3] (Nachdruck der Ausgabe Berlin
1906).

12 J. Hansen, Zauberwahn, 270–275. – H.-P. Kneubühler, 36 f.

13 J. Hansen, Zauberwahn, 475 f. – C. Gérest, 175. – H. Staschen, 45–47. –
H.-C. Klose, Die angebliche Mitarbeit des Dominikaners Jakob Spren-
ger am Hexenhammer nach einem alten Abdinghofer Brief, in: P.-W.
Scheele (Hg.), Paderbornensis Ecclesia. Beiträge zur Geschichte des Erz-
bistums Paderborn. Festschrift für Lorenz Kardinal Jaeger, München-
Paderborn-Wien 1972, 197–205.

14 Text des Gutachtens in: J. W. R. Schmidt, XVI–XXXI. – Zur Kontro-
verse um die Echtheit des Gutachtens vgl. J. Hansen, Der Hexenham-
mer und die gefälschte Approbation vom Jahre 1487, in: Westdeutsche
Zeitschrift für Geschichte und Kunst 26 (1907) 372–404. – Ders., Die
Kontroverse über den Hexenhammer und seine Kölner Approbation, in:
Westdeutsche Zeitschrift für Geschichte und Kunst 27 (1908) 366–372. –
Dagegen: N. Paulus, Ist die Approbation des Hexenhammers eine Fäl-
schung?, in: Historisches Jahrbuch 28 (1907) 871–876. – Ders., Zur
Kontroverse über den Hexenhammer, in: Historisches Jahrbuch 29
(1908) 559–574.

15 Text der Apologie in: J. W. R. Schmidt, XLII–XLVI. – In der Anrede
der Hexenpersonen wechselt ständig das Geschlecht, allerdings domi-
niert in den Überschriften das Femininum.

16 J. W. R. Schmidt, Hexenhammer, Teil I, 2. Frage.

17 I, 6. – C. Gérest, 178.

18 Zur Beurteilung der Frau im Hexenhammer: H. Crohns, Die Summa
theologica des Antonin von Florenz und die Schätzung des Weibes im
Hexenhammer, Helsingfors 1903. – N. Paulus, Die Rolle der Frau in
der Geschichte des Hexenwahns, in: Historisches Jahrbuch 29 (1908)
72–95. – K. Baschwitz, 78 f. – H. Staschen, 62–66.

19 J. Hansen, Zauberwahn, 464–466.
20 J. Hansen, Zauberwahn, 490–493, 496–498. – F. Merzbacher, 22.
21 C. Gérest, 174.
22 Ebenda 179.
23 Ebenda 180.
24 K. Baschwitz, 83 f. – S. Leutenbauer, 14 f. – H.-P. Kneubühler, 53.

Hartmann: Der Hexenwahn im Herzogtum und Kurfürstentum Bayern

1 Dieser Aufsatz basiert im wesentlichen auf folgenden Arbeiten: Grundlegend und noch nicht überholt ist die klassische Abhandlung von S. von
Riezler, Geschichte der Hexenprozesse in Bayern. Im Lichte der allge-
meinen Entwicklung dargestellt, mit einem Nachwort und Register ver-
sehen von F. Merzbacher, Aachen 1968 (Unveränderter Neudruck der
Erstausgabe Stuttgart 1896). Sie wurde bisher nur ergänzt durch wenige
Einzeluntersuchungen, so die Dissertation von M. Kunze, Der Prozeß
Pappenheimer (Münchener Universitätsschriften, Juristische Fakultät
48, hg. v. S. Gagnér–A. Kaufmann-D. Nörr), Ebelsbach 1981; dieser
Prozeß wurde auch in Romanform gefaßt: M. Kunze, Straße ins Feuer.
Vom Leben und Sterben in der Zeit des Hexen-Wahns, München 1982.
Die neuesten und ausführlichsten Untersuchungen stammen von W.
Behringer, Scheiternde Hexenprozesse. Volksglaube und Hexenverfol-
gung um 1600 in München, in: R. van Dülmen, Kultur der einfachen
Leute. Bayerisches Volksleben vom 16. bis zum 19. Jahrhundert, München 1983, 42–78. – W. Behringer, Henker, Hexen und Huren im alten
München, in: Oberbayerisches Archiv 109 (1984) 113–142. – Ders., Hexenverfolgungen im Spiegel zeitgenössischer Publizistik. Die ,,Erweyt-
terte Unholden Zeyttung" von 1590, ebenda 339–360. Die erst im Laufe
des Jahres 1987 erscheinende Dissertation Behringers zu den bayerischen Hexenverfolgungen konnte noch nicht eingesehen und berück-
sichtigt werden. – G. Schormann, Hexenprozesse in Deutschland, Göttingen 1981. – Ders., Hexen, in: Theologische Realenzyklopädie XV
(Berlin – New York) 297–304. – E. Heinemann, Hexen und Hexenglauben. Eine historisch-sozialpsychologische Studie über den europäischen
Hexenwahn des 16. und 17. Jahrhunderts (Campus Forschung, Bd. 478),
Darmstadt 1986.
2 Binsfeld, Tractatus, 4 v., zitiert nach Behringer, Scheiternde Hexenprozesse, 70.
3 H. Brackert, ,Unglückliche, was hast du gehofft?', in: G. Becker-S. Bo-
venschen-H. Brackert, Aus der Zeit der Verzweiflung. Zur Genese und
Aktualität des Hexenbildes, Frankfurt/Main 1977, 153.
4 Stadtarchiv München. Bestand Stadtgericht 892 A2, Generalinstruction,
p.12–33, nach Behringer, a. a. O., 70.
5 Ebenda.

6 Kunze, Der Prozeß Pappenheimer, 182.

7 Wörtlich liegt der Fragenkatalog der Generalinstruktion von 1622 vor, der, wie angenommen werden darf, dem von 1590 entspricht. Abgedruckt bei Riezler, Geschichte der Hexenprozesse, 338–340. Dieses Fragenschema wurde in den Anhang des Beitrags übernommen.

8 Ein Teil dieser Bräuche wäre wohl ohne Mitwirkung der Geistlichkeit, durch Segnungen gegen Übel verschiedenster Arten zum Beispiel, gar nicht aufgekommen, worauf Riezler, a. a. O., 211 ausdrücklich hinweist.

9 Ebenda 218.

10 Ebenda.

11 J. Schrittenloher, Aus der Gutachter- und Urteiltätigkeit der Ingolstädter Juristenfakultät im Zeitalter der Hexenverfolgungen, in: Jahrbuch für fränkische Landesforschung 23 (1963) 315–353.

12 Antrag Poißls an die Regierung von Freising vom 23. 1. 1590; Riezler, a. a. O., 178.

13 Ebenda 179.

14 Schreiben der Regierung vom 18. 7. 1591, ebenda 181.

15 Ebenda 184.

16 Erstmalige vollständige Publikation und Kommentierung bei Behringer, Hexenverfolgungen im Spiegel zeitgenössischer Publizistik, 339–360.

17 Kunze, Der Prozeß Pappenheimer, 1981; ders., Straße ins Feuer, 1982 (Roman über den Prozeß und die Verurteilten).

18 Kunze, Der Prozeß Pappenheimer, 295.

19 Riezler, a. a. O., 190 f.

20 Vgl. die Fälle aus München bei Behringer, Scheiternde Hexenprozesse, 49–68.

21 Ebenda 75.

22 M. Kunze, Zum Kompetenzkonflikt zwischen städtischer und herzoglicher Strafgerichtsbarkeit in Münchner Hexenprozessen, in: Zeitschrift der Savigny-Stiftung für Rechtsgeschichte, Germanistische Abteilung 87 (1970) 305–314, hier 308.

23 Behringer, Scheiternde Hexenprozesse, 66; er zeigt an Beispielen, wie sich ein Prozeß verschärfte, wenn Hofrat und Herzog mitsprachen, wie aber auch wieder zu milderen Mitteln gegriffen wurde, wenn das Stadtgericht allein zuständig war.

24 Ebenda 73.

25 Abgedruckt in: H. Pörnbacher, Die Literatur des Barock (Bayerische Bibliothek 2, hg. v. H. Pörnbacher-B.Hubensteiner), München 1986, 901–906.

Loichinger: Friedrich von Spee und seine „Cautio Criminalis"

1 Aus einem Brief von Gottfried Wilhelm Leibniz, 26. April 1697; abgedruckt bei: J.-F. Ritter, Friedrich von Spee 1591–1635. Ein Edelmann,

Mahner und Dichter, Trier 1977, 50 f.; dort auch die inhaltliche Kritik dieses Briefes.

2 H. Zwetsloot, Friedrich von Spee und die Hexenprozesse. Die Stellung und Bedeutung der Cautio criminalis in der Geschichte der Hexenverfolgungen, Trier 1954, 111. Diese Arbeit bietet die bisher ausführlichste, zugleich wirklich erschöpfende inhaltliche Auseinandersetzung mit Spees Cautio criminalis. – Umfassende, thematisch geordnete Bibliographie: F. R. Reichert, Friedrich Spee – Bibliographie, in: A. Arens (Hg.), Friedrich Spee im Lichte der Wissenschaften. Beiträge und Untersuchungen, Mainz 1984 (Quellen und Abhandlungen zur mittelrheinischen Kirchengeschichte 49), 243–281. – Zu Friedrich von Spees Biographie seien nur genannt: E. Rosenfeld, Friedrich Spee von Langenfeld. Eine Stimme in der Wüste, Berlin 1958 (Quellen und Forschungen zur Sprach- und Kulturgeschichte der germanischen Völker, Neue Folge 2), 7–79. – J.-F. Ritter, Friedrich von Spee. – T. G. M. van Oorschot, Die Lebensdaten, in: A. Arens (Hg.), Friedrich Spee im Lichte der Wissenschaften, 9–13. – W. Rupp, Friedrich von Spee. Dichter und Kämpfer gegen den Hexenwahn, Mainz 1986.

3 Die Frage der Entstehung der „Cautio criminalis", auch die Frage des Hergangs ihrer Drucklegung kann nicht eindeutig beantwortet werden. – E. Schröder, Die Cautio criminalis. Ihre Veröffentlichung und ihre Entstehungszeit, in: Literaturwissenschaftliches Jahrbuch der Görres-Gesellschaft 3 (1928) 134–150. – E. Rosenfeld, Friedrich Spee von Langenfeld, 281–294. – K. Honselmann, Friedrich von Spee und die Drucklegung seiner Mahnschrift gegen die Hexenprozesse, in: Westfälische Zeitschrift für vaterländische Geschichte und Altertumskunde 113 (1963) 427–454.

4 Zitiert nach H. Zwetsloot, Friedrich von Spee und die Hexenprozesse, 80.

5 A. Arens (Hg.), Friedrich Spee von Langenfeld. Zur Wiederauffindung seines Grabes im Jahre 1980, Trier 1981.

6 Friedrich von Spee: Cautio Criminalis, oder rechtliches Bedenken wegen der Hexenprozesse. Deutsche Ausgabe von J.-F. Ritter, Weimar 1939; unveränderter Nachdruck: München 1985 (nach dieser Ausgabe wird im Folgenden zitiert: Ritter, Cautio criminalis). – Ausgaben und Übersetzungen der Cautio criminalis vollständig aufgeführt bei H. Zwetsloot, Friedrich von Spee und die Hexenprozesse, 329–331. – Dazu R. G. Dimler, Friedrich Spee von Langenfeld. Eine beschreibende Bibliographie, in: Daphnis. Zeitschrift für Mittlere Deutsche Literatur 13 (1984) 642–675. – Faksimileausgabe des in der Universitätsbibliothek Marburg erhaltenen Exemplars der Cautio criminalis der ersten Auflage vom Jahre 1631, 1971 in beschränkter Auflage erschienen bei C. Bösendahl in Rinteln, dem Nachfolger des Universitätsdruckers Peter Lucius, aus Anlaß des 350. Gründungsjahres der Universität Rinteln. Dieser Ausgabe ist, ebenfalls in Faksimile, beigebunden: Friedrich von Spee, Theologi-

scher Prozeß. Wie mit Hexen und zauberischen Personen zu verfahren sey, Rinteln 1631.

7 J.-F. Ritter, Friedrich von Spee, 52 f.

8 Ritter, Cautio criminalis, XXXVII und XLIII (Seneca, De beneficiis, Lib. 6 cap. 30).

9 Ritter, Cautio criminalis, Frage 51, S. 289.

10 Ebenda XXXVIII.

11 Ebenda Frage 1, S. 2.

12 H. Zwetsloot, Friedrich von Spee und die Hexenprozesse, 106–111.

13 P. Zeller, Friedrich von Spee und seine Weltanschauung, Haigerloch/ Hohenzollern 1956, 38 f., 132–134.

14 Ritter, Cautio criminalis, Frage 20 und vor allem 51, S. 95 und 298; dazu viele andere Stellen. Zu Spees Plan eines zweiten Hexenbuches, zu Verfasserschaft, Entstehungszeit, Inhalt und Aussage des ,,Theologischen Prozesses'': H. Zwetsloot, Friedrich von Spee und die Hexenprozesse, 271–278. – E. Rosenfeld, Theologischer Prozeß, Die Rinteler Hexentrostschrift – ein Werk von Friedrich von Spee, in: Deutsche Vierteljahrschrift für Literaturwissenschaft und Geistesgeschichte 29 (1955) 37–56. – Zur Überlieferung des Textes des ,,Theologischen Prozesses'' vgl. Anm. 6.

15 H. Holzhauer, Die Bedeutung von Friedrich Spees Kampf gegen die Hexenprozesse für die Strafrechtsentwicklung, in: A. Arens (Hg.), Friedrich Spee im Lichte der Wissenschaften, 151–164, hier 155–157.

16 H. Zwetsloot, Friedrich von Spee und die Hexenprozesse, 112–263. – E. Rosenfeld, Friedrich Spee von Langenfeld, 256–352. – Die folgende inhaltliche Beschäftigung kann die selbständige Lektüre der Cautio criminalis nicht ersetzen. Sie unterstreicht nur einige tragende Gedanken auf dem Hintergrund des bisher Gesagten.

17 Ritter, Cautio criminalis, Frage 1, S. 1 f.

18 Ebenda Frage 7, S. 9 f.

19 Ebenda Frage 8, S. 10.

20 Ebenda Frage 20, S. 88 f.

21 Ebenda Frage 15, S. 45 f.

22 Ebenda Frage 30, S. 136–154.

23 Ebenda Fragen 18 und 19, S. 65–78.

24 Ebenda Frage 29, S. 134.

25 Ebenda Frage 32, S. 157–159.

26 Ebenda Frage 44, S. 218–231.

27 Ebenda Frage 51, S. 288.

Schwaiger: Das Ende der Hexenprozesse im Zeitalter der Aufklärung

1 G. Schormann, Hexenprozesse in Deutschland, Göttingen 1981, 115. Verschiedene Erklärungsversuche hier S. 100–122 (archaische Kulte, So-

zialdisziplinierung, Instrument der Glaubenskämpfe, Feldzug gegen das weibliche Geschlecht). Angaben über die umstrittenen Zahlen der Opfer (in Deutschland jedenfalls deutlich unter 100 000) S. 70 f. Einen Überblick zum ganzen Komplex mit neuestem Schrifttum: G. Schormann, Hexen, in: Theologische Realenzyklopädie XV (Berlin-New York 1986) 297–304. – Von den älteren Werken sind immer noch grundlegend: J. Hansen, Zauberwahn, Inquisition und Hexenprozeß im Mittelalter und die Entstehung der großen Hexenverfolgung, München 1900 (Neudruck Aalen 1964), und vor allem: W. G. Soldan/H. Heppe, Geschichte der Hexenprozesse, neu bearbeitet u. hg. v. M. Bauer, 2 Bände, München 1912. Neudruck Hanau o. J. (nach dieser Ausgabe wird im Folgenden abgekürzt zitiert: Soldan/Heppe), weiterer Nachdruck dieser 3., von W. Bauer besorgten Auflage: Darmstadt 1972. Das Werk war von W. G. Soldan zuerst in Stuttgart 1843 erschienen, die 2. Aufl., 2 Bände, von H. Heppe, Stuttgart 1880. Außerdem verweise ich auf die Beiträge des vorliegenden Werkes und das dort genannte Schrifttum.

2 Der Prozeß Jeanne d'Arc. Akten und Protokolle, 1431.1456. Übersetzt u. hg. v. R. Schirmer-Imhoff, München 1961, 1987[4].

3 Johannes Wierus, De praestigiis daemonum et incantationibus ac veneficiis, Basel 1563. – C. Binz, Doctor Johann Weyer, ein rheinischer Arzt, der erste Bekämpfer des Hexenwahns, Berlin 1896[2].

4 Cornelius Loos (Callidius), De vera et falsa magia, 4 Bücher. Der Druck wurde auf kirchliche Weisung in Köln eingestellt; die 2 ersten Bücher handschriftlich in der Stadtbibliothek Trier. – Soldan/Heppe II 471 f. – F. Zoepfl, Cornelius Loos, in: Lexikon für Theologie und Kirche VI[2] (Freiburg 1961) 1139 f.

5 Der Canon episcopi aus dem 9. Jahrhundert ist aufgezeichnet bei Regino von Prüm (906) und von Burchard von Worms (+ 1025) übernommen. J.-P. Migne, Patrologia Latina 140, col. 962 A. – F. Merzbacher, Die Hexenprozesse in Franken, München 1957 (1970[2]), 8 f.

6 Adam Tanner, Universa theologia scholastica, 4 Bände, Ingolstadt 1626–1627. – B. Duhr, Die Stellung der Jesuiten bei den deutschen Hexenprozessen, Köln 1900.

7 Dazu den Beitrag von A. Loichinger in diesem Band.

8 V. Placii Theatrum anonymorum, Hamburg 1708, Nr. 980. – G. Schnürer, Katholische Kirche und Kultur in der Barockzeit, Paderborn 1937, 316. – Soldan/Heppe II 57–223. – Zum Zeitalter allgemein: H. Lehmann, Hexenverfolgungen und Hexenprozesse im Alten Reich zwischen Reformation und Aufklärung, in: Jahrbuch des Instituts für Deutsche Geschichte 7 (1978) 13–70. – Ders., Das Zeitalter des Absolutismus. Gottesgnadentum und Kriegsnot (Christentum und Gesellschaft, Bd. 9), Stuttgart 1980. – M. Heckel, Deutschland im konfessionellen Zeitalter, Göttingen 1983. Neudruck in: Deutsche Geschichte, Bd. 2: Frühe Neuzeit, v. B. Moeller, M. Heckel, R. Vierhaus, K. O. Freiherr v. Aretin, Göttingen 1985.

9 Ch. Haller, Die Wirksamkeit Joh. Matthäus Meyfarts in Erfurt 1633–1642, in: Zeitschrift des Vereins für Kirchengeschichte der Provinz Sachsen 24 (Magdeburg 1928) 146–183. – Ders., Johannes Matthäus Meyfart, ebenda 25 (1929) 37–51; 26 (1930) 52–74.

10 H. von Weber, Benedikt Carpzov, in: Festschrift für H. Rosenfeld, Berlin 1949, 29–50. – Neue Deutsche Biographie III (Berlin 1957) 156 f.

11 Sein heftig bekämpftes Hauptwerk: De Betooverde Weereld, 3 Bände, Leeuwarden 1691–1693; deutsch: Die bezauberte Welt, Hamburg 1693; französisch: Amsterdam 1694; englisch: London 1695. Zur Bekämpfung des Hexenwahns lehrte Bekker, daß der Teufel wohl existiere, aber keinerlei Einfluß auf die Menschheit habe.

12 M. Fleischmann (Hg.), Christian Thomasius. Leben und Lebenswerk, Halle 1931. – R. Lieberwirth, Christian Thomasius. Sein wissenschaftliches Lebenswerk (Thomasiana, Heft 2), Weimar 1955 (mit vollständigem, kommentiertem Werkverzeichnis). – H. Rüping, Die Naturrechtslehre des Christian Thomasius und ihre Fortbildung in der Thomasius-Schule, Bonn 1968. – G. Schubart-Fikentscher, Christian Thomasius. Seine Bedeutung als Hochschullehrer am Beginn der deutschen Aufklärung, Berlin (Ost) 1977. – H. Hattenhauer, Christian Thomasius, in: M. Greschat (Hg.), Die Aufklärung (Gestalten der Kirchengeschichte, Bd. 8), Stuttgart 1983, 171–186 (mit Verzeichnis der Werke und ihrer Neuausgaben). – Zum Pietismus in Halle: K. Deppermann, Der hallesche Pietismus und der preußische Staat unter Friedrich III. (I.), Göttingen 1961. – Ders., August Hermann Francke, in: M. Greschat (Hg.), Orthodoxie und Pietismus (Gestalten der Kirchengeschichte, Bd. 7), Stuttgart 1982, 241–260.

13 J. ter Meulen – P. J. J. Diermanse (Hg.), Bibliographie des écrits imprimés de Hugo Grotius, Den Haag 1950. – G. J. Hoenderdaal, Hugo Grotius, in: M. Greschat (Hg.), Die Aufklärung (Gestalten der Kirchengeschichte, Bd. 8), Stuttgart 1983, 43–59 (mit Werkverzeichnis und Schrifttum). – H. R. Guggisberg, Hugo Grotius, in: Theologische Realenzyklopädie XIV (Berlin-New York 1985) 277–280.

14 H. Welzel, Die Naturrechtslehre Samuel Pufendorfs. Ein Beitrag zur Ideengeschichte des 17. und 18. Jahrhunderts, Berlin 1958. – E. Wolf, Große Rechtsdenker, Tübingen 1963[4].

15 K. Müller, Leibniz. Bibliographie. Die Literatur über Leibniz, Frankfurt 1967. – C. H. Ratschow, Gottfried Wilhelm Leibniz, in: M. Greschat (Hg.), Die Aufklärung (Gestalten der Kirchengeschichte, Bd. 8), Stuttgart 1983, 121–155 (mit Werkverzeichnis und Schrifttum).

16 H.-J. Birkner, Christian Wolff, in: M. Greschat (Hg.), Die Aufklärung (s. Anm. 15), 187–198 (mit Werkverzeichnis und Schrifttum).

17 Hattenhauer (s. Anm. 12) 181.

18 Ebenda 182.

19 Ebenda 182.

20 Soldan/Heppe II 250 f., zum Ganzen ebenda 245–265.

21 G. Schwaiger (Hg.), Historische Kritik in der Theologie. Beiträge zu ihrer Geschichte (Studien zur Theologie und Geistesgeschichte des Neunzehnten Jahrhunderts, Bd. 32), Göttingen 1980. – Lessings „Anti-Goeze" von 1778 in: Gotthold Ephraim Lessing, Sämtliche Werke, hg. v. K. Lachmann u. F. Muncker, Bd. 13, Neudruck Berlin-New York 1979. – R. Smend, Gotthold Ephraim Lessing, in: M. Greschat (Hg.), Die Aufklärung (s. Anm. 15), 281–297 (mit Werkverzeichnis und Schrifttum).

22 Beide Fälle (Tübingen, Helmstedt) mit den Quellen bei Soldan/Heppe II 257 f.

23 Ebenda 258 f.

24 Ebenda 259.

25 Soldan-Heppe II 259, 267–271. – Als die beiden besten neueren Biographien über Friedrich II. erscheinen mir (auch auf dem Hintergrund der sehr unterschiedlichen Literatur zum 200. Todestag 1986): P. Gaxotte, Frédéric II, Paris 1972. Deutsche (erweiterte und bearbeitete) Übersetzung: Friedrich der Große, Frankfurt-Berlin-Wien 1981, und Th. Schieder, Friedrich der Große. Ein Königtum der Widersprüche, Frankfurt a. M.–Berlin-Wien 1983.

26 H. Gouhier, La pensée religieuse de Descartes, Paris 1924. – Ders., La philosophie religieuse de Malebranche et son expérience religieuse, Paris 1948². – G. Schmidt, René Decartes, in: M. Greschat (Hg.), Die Aufklärung (s. Anm. 12), 77–87.

27 Soldan/Heppe II 260–262.

28 Ebenda 262 f.

29 Ebenda 263.

30 Ebenda 263.

31 Ebenda 263–265.

32 Schormann, Hexenprozesse in Deutschland, 123. Schormann bringt S. 125–128 eine gediegene Auswahlbibliographie, dazu in den Anmerkungen S. 129–140 auch das wichtigste Regionalschrifttum für den deutschen Raum.

33 Soldan/Heppe II 273–275.

34 Ebenda 275 f.

35 Zum Folgenden Soldan/Heppe II 277–280.

36 L. Hammermayer, Ferdinand von Sterzinger (1721–1786), in: G. Schwaiger (Hg.), Christenleben im Wandel der Zeit. Band I: Lebensbilder aus der Geschichte des Bistums Freising, München 1987, 310–333.

37 O. Schaffner, Eusebius Amort, in: G. Schwaiger (Hg.), Bavaria Sancta. Zeugen christlichen Glaubens in Bayern, Bd. III, Regensburg 1973, 373–387.

38 J. Hanauer, Der Teufelsbanner und Wunderheiler Johann Joseph Gaßner (1727–1779), in: Beiträge zur Geschichte des Bistums Regensburg 19 (Regensburg 1985) 303–545.

39 Atti e memorie del Convegno di studi in onore di Ludovico Antonio

Muratori nel Bicentenario della morte, Modena 1951. – A. Vecchi, L'opera religiosa del Muratori, Modena 1955. – S. Bertelli, Erudizione e storia in Ludovico Antonio Muratori, Neapel 1960. – E. Zlabinger, Ludovico Antonio Muratori und Österreich, Innsbruck 1970.

40 Soldan-Heppe II 293–297, Zitat Muratoris 296. – Der einflußreiche Jesuit Martin Anton Delrio (1551–1608) war durch sein bekanntestes Werk (Disquisitionum magicarum libri VI, 3 Bände, Löwen 1599/1600, 20 Auflagen!) einer der Hauptförderer der Folteranwendung in Hexenprozessen geworden.

41 Ebenda 281–284.

42 F. Merzbacher, Die Hexenprozesse in Franken, München 1957 (1970²), 37–39.

43 Soldan/Heppe II 314–319.

44 Ebenda 319–323.

45 Ebenda 326.

46 Ebenda 326f.

47 Ebenda 327–331.

48 Ebenda 332.

49 F. Helbing, Die Tortur. Geschichte der Folter im Kriminalverfahren aller Zeiten und Völker. Neu bearbeitet v. M. Bauer, Berlin 1926. Nachdruck Aalen 1971. – E. Schmidt, Einführung in die Geschichte der deutschen Strafrechtspflege, Göttingen 1965³.

50 J. Punt, Die Idee der Menschenrechte. Ihre geschichtliche Entwicklung und ihre Rezeption durch die moderne katholische Sozialverkündigung (Abhandlungen zur Sozialethik, Bd. 26), Paderborn 1987. – J. Karniel, Die Toleranzpolitik Kaiser Josephs II., Gerlingen 1986.

Erklärung einiger Begriffe

Carolina: Peinliche Gerichtsordnung (Constitutio Criminalis Carolina) Kaiser Karls V. von 1532; erstes allgemeines deutsches Strafgesetzbuch, verbunden mit einer Strafprozeßordnung; allgemein gültig bis zum Ende des 18. Jahrhunderts.

Cautio Criminalis: Werk des Jesuiten Friedrich von Spee gegen den Hexenwahn (1631, 1632), besonders gegen die Folter im Hexenprozeß.

crimen magiae: Verbrechen der Zauberei (Hexerei).

Folter (Tortur): Uraltes, weitverbreitetes Mittel im Gerichtsgebrauch, um ein Geständnis zu erzwingen. Mit der Rezeption des römischen Rechtes im Mittelalter wurde die Folter in vielen Variationen als „peinliche Frage" in den Strafprozeß, seit dem 13. Jahrhundert in den Inquisitionsprozeß gegen Ketzer (Häretiker) eingeführt, im Spätmittelalter in den Hexenprozeß übernommen. Man betrachtete die Folter als (legales) Mittel zur Wahrheitsfindung, um das für den Prozeß notwendige Geständnis zu erreichen, im Hexenprozeß oft auch zur Dämonenbefreiung. Die „Carolina" brachte durch feste Regeln eine Beschränkung der Tortur. Doch galt Hexerei als außergewöhnliches Verbrechen (crimen exceptum), bei dem die Tortur das gewöhnliche Maß überschreiten durfte. Die Tortur wurde ausgeführt vom Scharfrichter (und Gehilfen), gewöhnlich in der Folterkammer, in Anwesenheit (meist durch Gitter abgetrennt) von Gerichtspersonen, die Aussagen des „Inquisiten" protokollierten. Die Tortur begann mit ihrer Androhung, dann dem Zeigen der Instrumente. Sie wurde in Stufen (Graden) fortschreitender Marter durchgeführt. In den Hexenprozessen sind viele Opfer bereits an der Tortur gestorben. Die Folter im Gerichtsverfahren wurde erst unter dem Einfluß der Aufklärung abgeschafft, zuerst in Preußen 1740 und 1754.

Hexenproben: In der Praxis der „Gottesurteile" im mittelalterlichen Gerichtsverfahren entwickeltes Mittel, um „Hexen" im Hexenprozeß als Zauberinnen zu erkennen. Als wichtigste „Indizien" galten im Hexenprozeß seit dem 15. Jahrhundert: *Wasserprobe* oder *„Hexenbad":* Das Opfer wurde (zu einem Bündel verschnürt) vom Scharfrichter dreimal – und öfter – in ziemlich tiefes Wasser gestoßen; ging die Person unter, galt sie als unschuldig, schwamm sie „obenauf", wurde dies als Zeichen des Teufelsbundes gewertet. *Nadelprobe* und *Hexenmal:* Der Scharfrichter suchte am Körper des Opfers – meist nach totaler Rasur – ein Hexenmal (Narbe, Warze, Muttermal usw.); floß beim Einstechen mit der Nadel kein Blut, galt dies als hexenverdächtig. Bei der *Waagprobe* auf der Hexenwaage machte der Teufel seine angeblichen Komplizen ganz „gering".

Hexensabbat: im Hexenglauben nächtliche Zusammenkünfte der Hexen mit dem Teufel, wobei sie durch die Luft fliegen oder auf Besen, Stecken, Ziegenböcken usw. reiten.

Incubus und *Succubus:* nächtlicher Buhlteufel in männlicher oder weiblicher Gestalt.

Inquisition: Bezeichnung für die „Untersuchung" (inquisitio) durch kirchliche Institutionen (und daraufhin durchgeführte staatliche Verfolgung) gegen Häretiker (Vertreter von Irrlehren) zur Reinerhaltung des Glaubens. Auf älterer Grundlage wurde die Inquisition im Kampf gegen die Ketzer (vor allem Katharer) des 12./13. Jahrhunderts zentralisiert und systematisch ausgebaut. Die Namen von Denunzianten und Zeugen wurden seit dem Ausbau des *Inquisitionsprozesses* im 13. Jahrhundert dem betroffenen „Inquisiten" nicht mitgeteilt, Verteidigung nicht zugestanden, oft nicht einmal Anhörung. Papst Gregor IX. nahm den Bischöfen die Inquisition aus der Hand und richtete 1231/32 die zentralisierte römische Inquisition ein, die sich aber auf die Dauer nur in den südlichen Ländern (besonders ausgeprägte staatlich-kirchliche Inquisition in Spanien seit 1478) halten konnte. Papst Innocenz IV. genehmigte 1252 die Einführung der Folter im Ketzerprozeß. Häresie wurde seit dem 13. Jahrhundert als Majestätsverbrechen (crimen laesae maiestatis) bestraft, im Spätmittelalter mit dem Hexenprozeß verbunden. Der Hexenprozeß wurde als Inquisitionsprozeß geführt. In den konfessionellen Kämpfen des 16./17. Jahrhunderts erfuhren Inquisition und Inquisitionsprozeß (als Ketzerprozeß) kräftige Belebung. Als Maßnahme der Gegenreformation errichtete Papst Paul III. 1542 das sog. Heilige Offizium in Rom (als oberste Instanz für alle Glaubensgerichte der katholischen Kirche). Die Inquisition bestand in einigen katholischen Ländern bis ins 19. Jahrhundert. Nachdem das II. Vatikanische Konzil mit der Erklärung über die Religionsfreiheit 1965 stillschweigend auf die mit weltlichem Zwang verbundene Inquisition verzichtet hatte, wurde das Heilige Offizium, die alte Inquisitionsbehörde, in die Glaubenskongregation umgewandelt.

Peinliche Frage = Folter (Tortur).

Scharfrichter (Nachrichter, Henker): die zur Vollstreckung der Todesstrafe öffentlich bestellte Person, im Strafprozeß (damit im Hexenprozeß) der alten Zeit auch mit der Anwendung der Folter (Tortur) betraut. Scharfrichter standen unter besonderem Rechtsschutz, waren aber wegen ihres unehrenhaften Berufes gesellschaftlich gemieden.

Septuaginta: griechische Übersetzung des hebräischen Alten Testaments, in Alexandrien (Ägypten) im 3.–1. Jahrhundert vor Christus angefertigt.

Abkürzungen biblischer Bücher

Altes Testament

Gen	Das Buch Genesis
Ex	Das Buch Exodus
Lev	Das Buch Levitikus
Num	Das Buch Numeri
Dtn	Das Buch Deuteronomium
1 Sam	Das erste Buch Samuel
2 Sam	Das zweite Buch Samuel
1 Chr	Das erste Buch der Chronik
Ijob	Das Buch Ijob
Ps	Die Psalmen
Spr	Das Buch der Sprichwörter
Koh	Das Buch Kohelet
Weish	Das Buch der Weisheit
Jes	Das Buch Jesaja
Dan	Das Buch Daniel
Hos	Das Buch Hosea
Sach	Das Buch Sacharja

Neues Testament

Mt	Das Evangelium nach Matthäus
Mk	Das Evangelium nach Markus
Lk	Das Evangelium nach Lukas
Joh	Das Evangelium nach Johannes
Röm	Der Brief der Römer
1 Kor	Der erste Brief an die Korinther
2 Kor	Der zweite Brief an die Korinther
Eph	Der Brief an die Epheser
Kol	Der Brief an die Kolosser
Hebr	Der Brief an die Hebräer
2 Petr	Der zweite Petrusbrief
Jud	Der Judasbrief
Offb	Die Offenbarung des Johannes

Apokryphen

1 Hen	Das erste Henochbuch
VitAd	Leben Adams und Evas

Personenregister

von Hans-Jörg Nesner

Buchanzeigen

Religion und Theologie

Arnold Angenendt
Heilige und Reliquien
Die Geschichte ihres Kultes vom
frühen Christentum bis zur Gegenwart
2., überarbeitete Auflage. 1997. 470 Seiten mit 29 Abbildungen,
davon 8 im Text und 21 auf Tafeln. Broschiert

Hans Gerhard Kippenberg
Die Entdeckung der Religionsgeschichte
Religionswissenschaft und Moderne
1997. 342 Seiten. Broschiert

Bernhard Lang
Heiliges Spiel
Eine Geschichte des christlichen Gottesdienstes
1998. 575 Seiten mit 60 Abbildungen. Leinen

Alister E. McGrath
Der Weg der christlichen Theologie
Eine Einführung
Aus dem Englischen von Christian Wiese.
1997. 617 Seiten mit 2 Abbildungen, 3 Karten und 3 Tafeln. Leinen

Axel Michaels (Hrsg.)
Klassiker der Religionswissenschaft
Von Friedrich Schleiermacher bis Mircea Eliade
1997. 427 Seiten mit 23 Abbildungen. Broschiert

Verlag C.H.Beck München

Religion und Theologie

Georg Schwaiger (Hrsg.)
Mönchtum, Orden, Klöster
Von den Anfängen bis zur Gegenwart. Ein Lexikon
17. Tausend. 1998. 483 Seiten. Leinen

Manfred Heim
Kleines Lexikon der Kirchengeschichte
1998. 486 Seiten. Leinen

Heinrich Krauss
Kleines Lexikon der Bibelworte
3., durchgesehene Auflage. 1998. 276 Seiten. Paperback
Beck'sche Reihe Band 1270

Heinrich Krauss/Eva Uthemann
Was Bilder erzählen
Die klassischen Geschichten aus Antike und Christentum in der
abendländischen Malerei
4. Auflage 1998. X, 546 Seiten mit 88 Abbildungen. Leinen

Margarethe Schmidt/Heinrich Schmidt
Die vergessene Bildersprache christlicher Kunst
Ein Führer zum Verständnis der Tier-, Engel- und Mariensymbolik
5. Auflage. 1995. 337 Seiten mit 89 Abbildungen. Leinen
Beck'sche Sonderausgabe

Verlag C.H. Beck München